Waltraud Cornelißen · Alessandra Rusconi
Ruth Becker (Hrsg.)

Berufliche Karrieren von Frauen

Waltraud Cornelißen
Alessandra Rusconi
Ruth Becker (Hrsg.)

Berufliche Karrieren von Frauen

Hürdenläufe in Partnerschaft
und Arbeitswelt

VS VERLAG

Bibliografische Information der Deutschen Nationalbibliothek
Die Deutsche Nationalbibliothek verzeichnet diese Publikation in der
Deutschen Nationalbibliografie; detaillierte bibliografische Daten sind im Internet über
<http://dnb.d-nb.de> abrufbar.

Die diesem Band zu Grunde liegenden Forschungsvorhaben wurden vom Bundesministerium
für Bildung und Forschung (BMBF) und vom Europäischen Sozialfonds für Deutschland (ESF)
gefördert.

1. Auflage 2011

Alle Rechte vorbehalten
© VS Verlag für Sozialwissenschaften | Springer Fachmedien Wiesbaden GmbH 2011

Lektorat: Frank Engelhardt

VS Verlag für Sozialwissenschaften ist eine Marke von Springer Fachmedien.
Springer Fachmedien ist Teil der Fachverlagsgruppe Springer Science+Business Media.
www.vs-verlag.de

Umschlaggestaltung: KünkelLopka Medienentwicklung, Heidelberg
Gedruckt auf säurefreiem und chlorfrei gebleichtem Papier
Printed in Germany

ISBN 978-3-531-17542-3

Inhalt

Vorwort...7

Alessandra Rusconi, Waltraud Cornelißen, Ruth Becker
Einleitung...9

Ruth Becker, Ellen Hilf, Shih-cheng Lien, Kerstin Köhler, Bärbel Meschkutat,
Darja Reuschke, Cornelia Tippel
Bleiben oder gehen?
Räumliche Mobilität in verschiedenen Lebensformen und Arbeitswelten.........21

Johanna Hess, Alessandra Rusconi, Heike Solga
„Wir haben dieselben Ziele …" –
Zur Bedeutung von Paarkonstellationen und Disziplinenzugehörigkeit
für Karrieren von Frauen in der Wissenschaft..65

Nina Bathmann, Dagmar Müller, Waltraud Cornelißen
Karriere, Kinder, Krisen
Warum Karrieren von Frauen in Paarbeziehungen scheitern oder gelingen.... 105

Literatur... 151

Autorinnenverzeichnis.. 161

Vorwort

Der vorliegende Band ist das Produkt einer Zusammenarbeit von drei Forschungs-projekten, die vom Bundesministerium für Bildung und Forschung (BMBF) und vom Europäischen Sozialfonds für Deutschland (ESF) im Rahmen des Program-mes „Frauen an die Spitze" zwischen 2007 und 2010 gefördert wurden. Die drei Projekte gingen auf Anregung des BMBF eine Kooperation ein, um das gemeinsame Thema, die Bedeutung von Paarbeziehungen für die Karrieren von Frauen, aus der Perspektive sehr unterschiedlicher Forschungsvorhaben gemeinsam zu beleuchten.

Der erste Beitrag in diesem Band stammt aus dem Projekt „Raum-zeitliche Mobilitätsanforderungen als Hemmnis beruflicher Karrieren von Frauen in Wirt-schaft und Wissenschaft – Strategien zu ihrer Überwindung", das unter der Leitung von Ruth Becker an der TU Dortmund – zeitweise mit Unterstützung der Sozial-forschungsstelle Dortmund – durchgeführt wurde. Der zweite Beitrag stammt aus dem Projekt „Gemeinsam Karriere machen – Realisierungsbedingungen für Doppelkarrieren in Akademikerpartnerschaften", das von Alessandra Rusconi und Heike Solga am Wissenschaftszentrum Berlin für Sozialforschung (WZB) geleitet wurde. Der dritte Beitrag in diesem Band stammt aus dem Projekt „Karriere-verläufe von Frauen. Paardynamiken und institutionelle Rahmungen in der Rush Hour des Lebens", das von Waltraud Cornelißen am Deutschen Jugendinstitut (DJI) in München geleitet wurde. Die drei Projekte legen ihre jeweiligen Forschungs-befunde hier zum ersten Mal in etwas ausführlicherer Form vor. Der Band richtet sich an soziologisch interessierte Fachkreise, die mehr über die Relevanz von Paarbeziehungen und Paarkonstellationen für die Karrieren von Frauen erfahren wollen. Insbesondere wollen wir Personalverantwortliche in Wirtschaft und Wis-senschaft sowie Verantwortliche in der Politik ansprechen.

Viele haben zum Gelingen dieses Bandes beigetragen. Hier sind natürlich in erster Linie die Autorinnen zu nennen. Wir danken ihnen und all denjenigen, die sie bei ihrer Arbeit tatkräftig organisatorisch und technisch unterstützt haben. Hierzu gehören die studentischen Hilfskräfte des Dortmunder Projektes Julia Kel-ly, Verena Kreuzer, Maeva Mba Obone, Sylvia Michalski, Kathrin Sicks, Sandra Vonnahme, Violetta Wilczek und Ping Xiao, die die Recherche der Kontaktdaten der Probandinnen dort durchgeführt und die Dateneingabe und -editierung besorgt haben. Der Dank gilt weiterhin Frau Heidrun Hentrich und ihrem Team, die die wahrlich nicht einfache Aufgabe der Transkription der Interviews übernommen hat. Nicht zuletzt gilt unser Dank Frau Sabine Kampzcyk, die mit ebenso großem Engagement wie Geduld die verwaltungstechnische Koordination des Projekts in

Dortmund besorgt hat. Weiterhin gilt unser Dank all denjenigen, die die Forschung im beteiligten Projekt am WZB unterstützt haben, so Ralf Künster (Datenmanager) und den studentischen Hilfskräften Angela Berger, Marion Schulz, Agnieszka Skuza, Julia Teschlade, Hannah Ulbrich, sowie Infas Bonn für ihre Arbeit bei der Datenerhebung, -edition und Kodierung. Unser Dank gilt weiterhin Philip Wotschack, Lisa Pfahl und Caren Kunze für ihre wertvolle Unterstützung und die Anregungen, die sie dem Berliner Projekt boten. Ferner gilt unser Dank denjenigen, die das Münchener Forschungsprojekt unterstützt haben, so den studentischen Hilfskräften Miriam Irlesberger, Raphaela Reindl, Verena Kuglstatter und Angelina Fischer, weiterhin Viola Heimeshoff und Stefanie König, die das Team in München als Praktikantinnen auf vielfältige Weise unterstützten, sowie Gudrun Beck-Heirler, Birgit Auld und Anja Truckenbrodt, die das Gros der Interviews transkribierten. Ferner danken wir Ulrike Loch, Jutta Stich und Michael Meuser, die dem Projekt am DJI Anregungen und Beratung boten.

Ein besonderer Dank gilt allen Befragten, die trotz hoher beruflicher Belastungen bereit waren, ausführliche Fragebögen auszufüllen und/oder sich gar an ein- bis dreistündigen Interviews, zum Teil auch mehrmals, zu beteiligen.

Schließlich gilt unser Dank dem Bundesministerium für Bildung und Forschung und dem Projektträger im Deutschen Zentrum für Luft- und Raumfahrt. Beide haben die drei Projekte wohlwollend begleitet und ihnen Spielräume für die Umsetzung der eigenen Vorhaben geboten.

München, Berlin, Dortmund, August 2010

Waltraud Cornelißen   Alessandra Rusconi   Ruth Becker

Einleitung

Alessandra Rusconi, Waltraud Cornelißen, Ruth Becker

1 Stand der Chancengleichheit im Erwerbssystem

Unter dem Titel „female power" befasste sich der *Economist* im Dezember 2009 mit der überall in der ‚reichen' Welt steigenden Erwerbsbeteiligung von Frauen. Er bezeichnete diese Entwicklung als eine der bemerkenswertesten „Revolutionen" der letzten 50 Jahre. Er lässt seine Leser/innen zudem darüber staunen, dass dieser dramatische Wandel nur „kleine Friktionen" erzeugt hat. Dennoch prognostiziert er, dass die Bewältigung dieses Wandels eine der großen Herausforderungen der nächsten 50 Jahre sein wird (The Economist, 30. Dec. 2009). Auch dieser Band befasst sich mit der zunehmenden Erwerbsbeteiligung von Frauen und den Herausforderungen, die dieser Wandel mit sich bringt: Er fragt, wie hoch qualifizierte Paare das Verfolgen zweier Karrieren bewerkstelligen und wie sich die Personalpolitik in Organisationen auf die Zunahme von Frauen in Führungspositionen und deren Folgen für den Alltag in Familien und Betrieben einstellt. Zudem fragt er, was noch zu tun ist, um Frauen die gleichen Chancen wie Männer auf berufliche Entwicklung und beruflichen Erfolg zu sichern und beruflich ambitionierten Paaren ein subjektiv lebenswertes privates Leben, ggf. auch mit Kindern, zu ermöglichen.

Ein Blick in die Statistik

Auch im vereinten Deutschland hat die vom *Economist* beschriebene „Revolution" stattgefunden: Die Erwerbsquote von Frauen stieg zwischen 1991 und 2008 von 61 % auf 70 %, während die der Männer mit einigen zwischenzeitlichen Schwankungen im gleichen Zeitraum bei 82 % verharrte (Statistisches Bundesamt 2008: 159 f.). Diese Entwicklung ist weniger spektakulär, wenn man im Blick behält, dass nicht die Quote der Vollzeit beschäftigten Frauen, sondern die der Teilzeit und geringfügig beschäftigten stieg. Auf den zweiten Blick findet sich aber auch für Deutschland ein Hinweis für die erwähnte „Revolution": Speziell die Akademikerinnen erzielten nach 1990 enorme Beschäftigungsgewinne: Zwischen 1991 und 2008 stieg die Zahl der erwerbstätigen Akademikerinnen um 84 Prozentpunkte (!), während sich die der erwerbstätigen Akademiker nur um 12 Prozentpunkte erhöhte (eigene Berechnungen nach Zahlen des Statistischen Bundesamtes,

Fachserie 1, Reihe 4.1.1, verschiedene Jahrgänge). Auf diese Personengruppe und deren berufliche Chancen konzentriert sich dieser Band.

Vormals vorhandene Geschlechterunterschiede in der formalen Qualifikation haben sich in den letzten Jahrzehnten nivelliert. Während unter den 60- bis 65jährigen 32 % der Männer aber nur 16 % der Frauen einen Fachhochschul- oder Hochschulabschluss haben, gibt es unter den Jüngeren kein solches Bildungsgefälle mehr (Autorengruppe Bildungsberichterstattung 2010: 228). Im Jahr 2008 lag der Frauenanteil an den Hochschulabsolventen bei 52 % (Autorengruppe Bildungsberichterstattung 2010: 299).

Die Karrierechancen von Frauen bleiben dagegen deutlich hinter denen von Männern zurück. Selbst wenn man in Rechnung stellt, dass Hochschulabsolvent/innen erst nach zehn, zwanzig und manchmal erst nach dreißig Jahren in Spitzenpositionen gelangen, können formale Bildungsunterschiede zwischen den Geschlechtern offensichtlich immer weniger zur Legitimation für die ausgeprägten Geschlechterhierarchien im deutschen Erwerbssystem herangezogen werden.

Interessant ist, dass unterschiedliche Berufsfelder Frauen generell unterschiedliche Chancen zum Aufstieg in Spitzenpositionen bieten. Besonders ungünstige Chancen haben Frauen an Hochschulen. Seit den 1980er Jahren ist zwar der Frauenanteil an Promotionen und Habilitationen und seit den 1990er Jahren auch der von Professorinnen gestiegen, doch bis zum Jahr 2008 lag der Frauenanteil bei Neuberufungen weiterhin unter ihrem Anteil an den Habilitationen. Der Frauenanteil an C4/W3-Professuren erhöhte sich zwischen 1998 und 2008 nur von 6 % auf 13 % (CEWS 2010). Damit liegt Deutschland im europäischen Vergleich an vorletzter Stelle, vor Belgien, den Niederlanden und Griechenland mit jeweils 11 % (European Commission 2009: Tab. 3.1). Selbst bei der Besetzung der 2002 neu eingeführten Juniorprofessur wurde mit einem Frauenanteil von 35 % im Jahr 2008 keine Geschlechtergleichheit erreicht (Statistisches Bundesamt 2009). Auch in den Fächern, in denen weit mehr als die Hälfte der Studierenden weiblich sind, wie etwa in den Sprach- und Kulturwissenschaften, ist nur ein Viertel der C4/W3-Professuren von Frauen besetzt. In den Naturwissenschaften und der Mathematik, in denen weit weniger als die Hälfte der Studierenden weiblich sind, beträgt der Frauenanteil an C4/W3-Lehrstühlen sogar nur 8 % und in den Ingenieurwissenschaften 6 % (Statistisches Bundesamt 2009).

Die Karrierechancen der Frauen in der Privatwirtschaft und in öffentlichen Verwaltungen sind zwar etwas besser als in der Wissenschaft, doch auch dort stellten Frauen mit einem Anteil von 21 % an Führungskräften mit umfassenden Führungsaufgaben und Entscheidungsbefugnissen (z. B. Führungspersonen als Direktor/in, Chefarzt/Chefärztin, Handlungsbevollmächtigte/r) im Jahr 2004 nur eine Minderheit dar (Breiholz 2005: 335). Auf der Basis des SOEP 2006 kommt Holst (2009: 33) im Führungskräftemonitor auf einen Frauenanteil von 31 % bei Angestellten in der Privatwirtschaft, von 44 % im öffentlichen Dienst und 30 %

bei Beamt/innen im höheren Dienst. Der Frauenanteil in Führungspositionen variiert auch mit der Beschäftigungsbranche: Er ist am höchsten im Gastgewerbe, gefolgt vom Gesundheits- und Bildungsbereich. Am seltensten sind Frauen im produzierenden und im Versicherungsgewerbe auf Führungspositionen zu finden (Holst 2009: 144). Im europäischen Vergleich bewegt sich Deutschland, was die Frauenanteile an Managementpositionen in der Privatwirtschaft betrifft, im oberen Mittelfeld. Werden nur börsennotierte Unternehmen betrachtet, dann liegt Deutschland nur im unteren Mittelfeld (Holst 2009: 152 f.). 2009 sind Frauen in Deutschland so gut wie gar nicht, nämlich mit einem Anteil von nur 2,5 %, in den Vorständen der 200 umsatzstärksten privaten Unternehmen präsent. Nur sehr selten sind sie in deren Aufsichtsräten vertreten. Hier machen sie 9,8 % aus. Die entsprechenden Frauenanteile im umsatzstarken Teil des Finanzsektors, den größten Banken und Versicherungen, sind zwar etwas höher; aber insgesamt sind Frauen auch dort in den Führungspositionen stark unterrepräsentiert, obwohl sie unter den Beschäftigten insgesamt die Mehrheit stellen (Holst/Wiemer 2010). Mit der zunehmenden Erwerbsbeteiligung von Akademikerinnen ist also bisher keine proportionale Präsenz von Frauen in Spitzenpositionen in Wissenschaft, Verwaltung und Wirtschaft verbunden.

2 Erklärungsversuche für den begrenzten beruflichen Aufstieg von Frauen

Es stellt sich also die Frage, warum die rasche und ungebrochen anhaltende Akademisierung der weiblichen Beschäftigten nicht längst zu einer stärkeren Präsenz von Frauen in Führungspositionen geführt hat. Die Ursachen hierfür sind vielfältig, aber in ihrem Zusammenwirken längst nicht geklärt.

Eine Ursache wird in den Berufsentscheidungen von Frauen gesehen. Von Frauen häufig ‚gewählte' Fächer und Berufe bieten oft geringere Löhne, kürzere Karriereleitern und schlechtere Beförderungschancen als von Männern ‚gewählte' Fächer und Berufe (Allmendinger/Podsiadlowski 2001). Aufgrund von Prozessen statistischer Diskriminierung (England 2005) haben Frauen jedoch auch in ‚männerdominierten' Berufen schlechtere Chancen. Da Arbeitgeber bei Frauen oft mit einer geringeren Karriereorientierung rechnen und bei ihnen eine höhere Bereitschaft erwarten, aufgrund familiärer Verpflichtungen ihr berufliches Engagement zurückzustellen (Stroh/Reilly 1999), ziehen sie häufig(er) Männer für Beförderungen und für Leitungspositionen vor. Sei es aufgrund der geschlechtlichen Segregation des Arbeitsmarktes oder eines diskriminierenden Arbeitgeberverhaltens, sei es aufgrund reduzierter Karrieremöglichkeiten durch Vereinbarkeitsprobleme von Familie und Beruf oder als unbeabsichtigte Folge familienbedingter Erwerbsunterbrechungen – auch heute noch sind Frauen häufiger als Männer auf befristeten und/oder Teilzeitstellen beschäftigt. Aufgrund der z. T. niedrigeren Löhne und unsichereren Beschäftigungsaussichten sind diese Stellen oft auch mit einem hohen Risiko einer eingeschränkten beruflichen Entwicklung verbunden (Gash/McGinnity 2007; Webber/Williams 2008). Wie schließlich der Begriff *„old boys' networks"* signalisiert, werden Frauen auch seltener in informelle Netzwerke einbezogen und haben damit weniger Gelegenheit zum Aufbau vertrauensvoller Arbeitsbeziehungen, die für berufliche Aufstiege wichtig sind (Lorber 1994; Allmendinger/Podsiadlowski 2001).

Das Aufdecken solcher Ausgrenzungs- und Benachteiligungsprozesse gegenüber Frauen im Erwerbssystem stellt eine wichtige Etappe in der Forschung zur Chancengleichheit im Beruf dar. Ein wesentliches Manko dieser Forschung ist jedoch, dass sie Frauen und Männer nur als Einzelindividuen betrachtet und ihre Einbindung in (heterosexuelle) Partnerschaften mit je spezifischen Beziehungskonzepten, Paar- und Familienkonstellationen zu wenig berücksichtigt. Diese vernachlässigten Aspekte werden zunehmend im Rahmen der Doppelkarriereforschung ins Zentrum der Analyse gerückt. Bereits die Pionierarbeit von Rapoport und Rapoport (1969; 1971) betont die raum-zeitlichen Herausforderungen, die Frauen und Männer in Partnerschaften zu bewältigen haben, wenn sie beide einer Karriere nachgehen (wollen) und ihre beruflichen Anforderungen miteinander und mit ihrer Familie koordinieren müssen. Damals wie heute gilt, dass Karrieren in akademischen Berufen, wenn auch für Wirtschafts- und Berufsfelder in unterschiedlicher Weise, hohe Anforderungen an die zeitliche Verfügbarkeit und Flexibilität sowie die räumliche Mobilität der Beschäftigten stellen (Green/Canny 2003; Könekamp/Haffner 2005).

Dass Mobilitätsanforderungen oft im Widerstreit zu den Bedürfnissen von Paaren und Familien nach stabilen Beziehungen und regelmäßiger Kopräsenz stehen, verdeutlicht der Befund, dass Paare im Allgemeinen und insbesondere solche mit Kindern weniger mobil sind als Singles (Kalter 1998; Green/Canny 2003). Die Aufgabe, eine gemeinsame Lebensführung zu organisieren, ist dabei besonders komplex, wenn von beiden Partnern berufliche Mobilität verlangt wird und dies nicht zur gleichen Zeit und zum gleichen Ort. Wird eine Mobilitätsentscheidung zugunsten nur *einer* Karriere getroffen, geht dies oft mit eingeschränkten beruflichen Chancen für den Partner/die Partnerin einher (Jürges 1998; Kalter 1998). Wie in einer Vielzahl von Studien gezeigt wird, kommen diese für Karrieren nachteiligen Rollen des „mitziehenden" Partners, des *„tied movers"*, oder des gebundenen Immobilen, des *„tied stayers"*, auch bei akademisch gebildeten Paaren überdurchschnittlich häufig den Frauen zu (Bielby/Bielby 1992; Büchel 2000; Büchel et al. 2002).

Damit beide Partner ihre Karriere verfolgen können, leben zunehmend mehr Paare in mobilen und multilokalen Lebensformen, die von täglichem Pendeln über das Wochenendpendeln bis hin zur Lebensform des *Living-Apart-Together* reichen (Schneider et al. 2002). Gelingt den Partnern dadurch die Realisierung zweier Karrieren, so ist dies oft mit erheblichen zeitlichen, finanziellen und emotionalen Kosten verbunden (Rhodes 2002; Schneider et al. 2002). Sind Frauen ebenso wie Männer zur Mobilität bereit, nützt ihnen dies beruflich meist weniger als Männern. Es gibt einige Hinweise darauf, dass Arbeitgeber zwar Mobilität und Umzugsbereitschaft erwarten, gleichzeitig aber gegenüber mobilen Wohnformen insbesondere bei Frauen Vorbehalte haben, was deren Chancen für weitere Karriereschritte einschränken kann (Stroh 1999; Rusconi/Solga 2002).

Über räumliche Herausforderungen hinaus sind Paare, die sich zur Karriere auch noch Kinder wünschen, mit einem „Vier-Uhren-Problem" konfrontiert (Sonnert 2005: 101). Sie müssen die zeitlichen Ansprüche zweier Karrieren koordinieren und die Fertilitätsphasen beider Partner berücksichtigen. Die kulturellen, organisatorischen, und institutionellen Kontextbedingungen, unter denen diese Synchronisierung stattfindet, verschärfen die komplexe Zeitproblematik oft. So beinhalten berufliche Laufbahnen in Wissenschaft und Privatwirtschaft Alterserwartungen, wenn nicht gar festgelegte Altersvorgaben (z. B. die Altersgrenze bei der Verbeamtung), für den Zugang zu Positionen und die Abfolge von Karriereschritten. Die kontinuierliche Partizipation im Erwerbssystem wird mit Aufstieg und höherem Einkommen belohnt. Insbesondere in der Privatwirtschaft, wenngleich mit fachspezifischen Unterschieden, herrscht zudem eine ausgeprägte Anwesenheitskultur (Dettmer/Hoff 2005; Könekamp/Haffner 2005), die die Realisierung mobiler Lebensformen und die Vereinbarkeit von Beruf und Familie wesentlich erschwert. Die Situation von berufstätigen Paaren mit Kindern wird noch dadurch komplizierter, dass die zeitliche Lagerung bestimmter Arbeitsanforderungen und die Öffnungszeiten von Betreuungseinrichtungen völlig unterschiedlichen Logiken folgen. So sind das Angebot und die Organisation öffentlicher Kinderbetreuung kaum an die Nachfrage von Paaren angepasst, in denen auch die Frau und nicht nur der Mann einem anspruchsvollen Beruf nachgeht. Insbesondere in Deutschland gelten Kinder und deren Betreuung als eine ‚Privatangelegenheit', vor allem eine der Mütter (Morgan/Zippel 2003; Henninger et al. 2008).

Den oben beschriebenen zeit-räumlichen Konflikten begegnen Paare häufig mit einer Priorisierung der männlichen Karriere, insbesondere nach der Geburt von Kindern (Klein 1996; Becker/Moen 1999; Schulz/Blossfeld 2006). Diese Koordinierungsstrategie birgt angesichts der institutionalisierten Erwartung von kontinuierlicher Erwerbspartizipation und institutionalisierten oder normativen Altersgrenzen im Karriereverlauf ein sehr hohes Risiko für die berufliche Entwicklung von Frauen (Vogel/Hinz 2003). Die besseren Positionen und beruflichen Aussichten von Männern auf dem Arbeitsmarkt scheinen solche Koordinierungsentscheidungen zu Lasten der weiblichen Karriere zu rechtfertigen. Verabredungen, die im Moment für den Haushalt möglicherweise den höheren Nutzen bringen und im Einvernehmen beider Partner erfolgen, können jedoch langfristig für den Haushalt, insbesondere aber für die Frau, hohe Kosten nach sich ziehen.

Die spärliche Forschung zu atypischen Paaren zeigt, dass es dann, wenn Frauen die besseren Positionen innehaben – z. B. aufgrund ihres höheren Alters, Status oder Einkommens –, nicht im gleichen Maße wie bei Männern zu einer Priorisierung der weiblichen Karriere kommt (Hawkes et al. 1980; Bielby/Bielby 1992; Solga et al. 2005). Das haushaltsökonomische Modell der Nutzenmaximierung (Mincer 1978; Becker 1991) kann dies nicht erklären. Es bleibt außerdem eine Erklärung dafür schuldig, warum manche Paare trotz eines männlichen Karrierevorsprungs einem eher egalitären Koordinierungsmuster folgen. Es blendet die Bedeutung von Geschlechtsrollenideologien auf der gesellschaftlichen und die des *Doing Gender* auf der interaktiven Ebene für die Ausgestaltung der familialen Arbeitsteilung aus (Bielby/Bielby 1992; Schulz/Blossfeld 2006). Es ignoriert zudem die Gestaltbarkeit von Lebensphasen und Partnerschaften jenseits ökonomischer Kostenkalküle.

Unterschiedliche Arbeits- und Berufswelten sind, wie gezeigt, unterschiedlich offen für Karrieren von Frauen. Generell gilt sowohl (als Mythos, Norm oder Realität) für sogenannte *high potentials*, junge hoch qualifizierte Nachwuchskräfte, als auch für Führungskräfte: Sie müssen in vielen Bereichen allzeit verfügbar, mobil und flexibel sein. Dies war männlichen Führungskräften gut möglich, da ihre Partnerinnen oft bereit waren, Haus und Kinder zu versorgen und entsprechend der Karriereambitionen und -optionen ihrer Partner, wenn nötig, auch den Wohnort zu wechseln. Wollen Frauen nun selbst berufliche Chancen nutzen, so stellen sie Partnerschaften vor neue Herausforderungen. Trotz ihrer zunehmenden gesellschaftlichen Relevanz ist die Forschung zur Bewältigung raum-zeitlicher Anforderungen durch Frauen, Männer, Paare und deren Arbeitgeber in Deutschland immer noch rar. Was, wenn die Karrieren der Frauen einen hohen und flexiblen Arbeitseinsatz und das Arbeiten an wechselnden Orten verlangen? Ist das Leben in einer Partnerschaft für Frauen dann ein Karrierehindernis? Sind Frauen als Single flexibler, mobiler und beruflich erfolgreicher? Wie und unter welchen Bedingungen gelingt Frauen in Partnerschaften eine eigene Karriere? Welche Rolle spielen ungleiche Chancen von Frauen und Männern auf dem Arbeitsmarkt und wie werden diese in der Paarbeziehung relevant? Das sind die Fragen, denen sich das vorliegende Buch widmet.

3   Zum Inhalt des Buches

Aus der Vielfalt der Barrieren, die eine gleichberechtigte Teilhabe von Frauen am Erwerbsleben behindern, greifen wir in diesem Buch zwei heraus. Unser erster Fokus sind die *privaten Lebensformen* von Frauen und Männern, insbesondere deren Gestaltung in Paarbeziehungen. Der Blick auf Paarbeziehungen ist insofern nicht zufällig gewählt, als in der Lebensphase, in der wichtige Karriereschritte gemacht werden müssen, der übergroße Teil der Bevölkerung in einer Partnerschaft lebt.[1] Den zweiten Fokus bildet die *Arbeitswelt*. Sie stellt den sozialen Kontext dar, auf den sich (hoch qualifizierte) Frauen und Männer, auch solche in Paarbeziehungen und ggf. mit Kindern einstellen müssen, wenn sie Karriere machen wollen.

Der erste Beitrag widmet sich der Frage nach den raum-zeitlichen Mobilitäts- und Flexibilitätsanforderungen für Frauen auf dem Weg zur Spitze und an der Spitze (Becker et al. in diesem Band). Auf der Grundlage quantitativer und qualitativer Erhebungen wird das Mobilitätsverhalten hochqualifizierter Frauen (und Männer) und dessen Auswirkungen auf den beruflichen Erfolg untersucht. Neben einer repräsentativen Bevölkerungserhebung gibt eine Befragung von promovierten bzw. habilitierten Naturwissenschaftlerinnen und Ingenieurinnen Aufschluss über die Strategien von Frauen (und Männern), mit denen diese den tendenziellen Konflikt zwischen beruflichen und privaten raum-zeitlichen Erfordernissen bewältigen. Gleichzeitig werden die Mobilitäts- und Flexibilitätsanforderungen von wirtschaftlichen und wissenschaftlichen Organisationen kritisch hinterfragt und die Möglichkeiten innovativer Konzepte der Vereinbarkeit von raum-zeitlichen Interessen wirtschaftlicher und wissenschaftlicher Organisationen und (hoch qualifizierter) Beschäftigter ausgelotet. Der besondere Beitrag dieses Aufsatzes liegt in der gleichzeitigen Betrachtung der Interessen und Strategien von hochqualifizierten Erwerbstätigen einerseits und der Anforderungen und Lösungsangebote in Wirtschaft und Wissenschaft andererseits.

Der zweite Beitrag zu diesem Buch (Hess/Rusconi/Solga) untersucht die Wissenschaftskarrieren von Frauen in Paarbeziehungen. Zentral für diesen Beitrag ist zum einen die Unterscheidung zwischen den Karrierewegen von Frauen in drei Disziplinen. In der bisherigen Forschung wurden die Hürden für Wissenschaftskarrieren von Frauen vor allem fächerübergreifend und im Vergleich zu anderen Erwerbsbereichen betrachtet. Die Unterschiede zwischen Fachdisziplinen wurden dagegen nur selten systematisch untersucht. Dabei wurde übersehen, dass sowohl Karriereanforderungen, wie z.B. die Notwendigkeit bestimmter Qualifikationen, als auch das Vorhandensein alternativer Karrierewege von Disziplin zu Disziplin variieren (können). Mit einem Vergleich der Karrieren von Frauen in Technik-, Natur- und Sozialwissenschaften will der Beitrag dieses Forschungsdefizit beseitigen. Zum anderen will der Beitrag untersuchen, welche Paarkonstellationen und Koordinierungsstrategien Frauen helfen, die Hürden einer Wissenschaftskarriere zu überwinden und welche eher nachteilig sind. Mit einem Fokus auf die Fächer- und Berufsfelderkonstellationen in Paarbeziehungen wird dieser Beitrag untersuchen, inwiefern sich bei Wissenschaftlerpaaren und „fachhomogenen" Paaren eher Vor- oder Nachteile für die Karrieren von Frauen ergeben. In der Literatur

---

[1] 2004 lebten zum Beispiel 72 % der 35- bis 44jährigen Frauen mit einem Lebenspartner (mit oder ohne Kind) in einem gemeinsamen Haushalt (Heß-Meining/Tölke 2005: 742).

finden sich sowohl Argumente für eine schärfere Konkurrenz zwischen den Partnern (aufgrund der direkteren Vergleichbarkeit der Karrieren) und eine größere Schwierigkeit der Koordinierung (aufgrund der gleichen Anforderungen und der Anti-Nepotismus-Regelungen) [2] als auch Argumente für bessere Unterstützungsmöglichkeiten und mehr Verständnis für die berufliche Beanspruchung des Partners bzw. der Partnerin in Partnerschaften, in denen beide im gleichen Berufsfeld oder in der gleichen Disziplin arbeiten. Mit dem Fokus auf Paarkonstellationen kann dieser Beitrag zur Klärung dieser widersprüchlichen Befunde beitragen. Die Analyse standardisierter Lebensverlaufsinterviews und qualitativer problemzentrierter Interviews in diesem Beitrag ermöglicht es, „objektive" Einflussfaktoren für die Karrierewege von Frauen in der Wissenschaft mit den subjektiven Wahrnehmungen von Frauen sowie paarinternen Aushandlungen zu verbinden.

Der dritte Beitrag (Bathmann/Müller/Cornelißen) befasst sich ebenfalls mit den Karrierewegen von Frauen in Paarbeziehungen, legt aber keinen Schwerpunkt in einem spezifischen Berufsfeld. Seine Besonderheit ist die biografische Retrospektive. Über biografisch-narrative Einzel- und Paarinterviews rekonstruiert er die Abstimmung von Karriereschritten in Paarbeziehungen. Im Anschluss an die Idee der *linked lives*, der verknüpften Lebensläufe (Moen 2003b), wird angenommen, dass die individuellen Karrieren beider Partner wechselseitig voneinander abhängen. Paare, so eine Annahme der Autorinnen, entwickeln eine gemeinsame Lebensführung, die die individuellen Karrieren befördern oder auch begrenzen kann. Dabei wird die Koordinierung der beiden Berufskarrieren und deren Vereinbarung mit Familie und anderen Lebensbereichen als (inter-)aktiver Herstellungsprozess begriffen, der in familiale, soziale, organisationale und institutionelle Kontexte eingebettet ist. Diese Kontexte legen häufig noch eine geschlechterhierarchische Arbeitsteilung und Karriereentwicklung nahe. Im Beitrag wird analysiert, wodurch Partnerschaften weibliche Berufskarrieren typischerweise behindern oder sogar zum Scheitern bringen und wie es manchen Paaren gelingt, zwei Karrieren zu realisieren. Dabei wird sichtbar, was die Karriereforschung bisher zumeist ausgeblendet hat – nämlich, dass und wie karriererelevante Ungleichheiten zwischen den Geschlechtern auch in der Partnerschaft selbst hergestellt werden. Im Beitrag wird gefragt: Wie kommt es dazu, dass einer Karriere – in der Regel der des Mannes – Vorrang eingeräumt wird? Wie und unter welchen Bedingungen gelingt es Paaren, dauerhaft gleichberechtigt zwei Karrieren zu verfolgen? Das empirische Material erlaubt es, die biografische und soziale Genese der Handlungsorientierungen beider Partner zu rekonstruieren. Darüber hinaus ermöglicht es,

---

[2] Anti-Nepotismus-Regelungen wurden etabliert, um „Vetternwirtschaft" vorzubeugen. Sie erschweren auch manche Maßnahmen von Unternehmen zur beruflichen Unterstützung von Partnern, insbesondere Partnerinnen.

nicht nur einzelne karriererelevante Entscheidungen von Paaren, sondern auch deren kumulative Verkettungen zu identifizieren.

Zusammen liefern die drei Beiträge wichtige Hinweise darauf, wie das große Potenzial, das in der zunehmend höheren Qualifikation von Frauen und ihrer steigenden Bereitschaft am Erwerbsleben – auch in verantwortlichen Positionen – zu partizipieren, von Paaren und von Arbeitnehmern genutzt werden kann. Die Beiträge machen deutlich, wie Paare und Unternehmen oder Universitäten versuchen, die Friktionen zu bewältigen, die sich aus der aktiven Teilhabe von Frauen (und Männern) an gesellschaftlichen Systemen mit unterschiedlichen internen Logiken ergeben, so an der Übernahme von Führungspositionen im Erwerbssystem und an einer Paarbeziehung, die oft in der Phase hoher Karriereanforderungen von einer Familiengründung und der Sorge für Kinder begleitet wird.

4 Das Wichtigste in Kürze

Der Beitrag von Becker et al. bestätigt die Bedeutung berufsbedingter räumlicher Mobilität für die berufliche Weiterentwicklung. Solange Frauen Single sind, passen sie sich diesem „Mobilitätsgebot" an, leben sie in einer festen Partnerschaft oder mit Kindern, so lässt ihre Mobilitätsbereitschaft nach. Damit werden ihre Karrierechancen eindeutig schlechter. Zumindest hochqualifizierten Frauen in männlich dominierten Berufsfeldern, wie Naturwissenschaftlerinnen und Ingenieurinnen, sind sich des Risikos einer „Sesshaftigkeit" durchaus bewusst. Auch sie sind aber nur z. T. bereit, den Mobilitätsanforderungen nachzukommen. Karrieren in der Wissenschaft stellen für Frauen eine besondere Herausforderung dar, da die dort verbreiteten langen Qualifikationsphasen in befristeten Beschäftigungsverhältnissen und die externe Berufung auf eine Professur in einer vergleichsweise späten Lebensphase Mobilitätsbereitschaft über lange Jahre einzufordern scheinen. Die Autorinnen nehmen dennoch eine optimistische Perspektive ein, was die Karrierechancen von Frauen betrifft: (Stetige) räumliche Mobilität ist zwar karriereförderlich, aber weder eine notwendige, noch eine hinreichende Bedingung – vor allem nicht für Frauen. Während räumliche Mobilität insbesondere beim Berufseinstieg bzw. nach der Promotion wichtig ist, gelingt es zumindest einigen Frauen, danach sesshaft zu werden, ohne auf eine Karriere zu verzichten. Dieser gegen die antizipierten Regeln einer karriereorientierten Lebensführung erzielte Erfolg wird dabei nicht selten einem „glücklichen Zufall" zugeschrieben.

Auf Arbeitgeberseite wird inzwischen mancherorts über neue Strategien zur Gewinnung hochqualifizierter Kräfte nachgedacht. Dabei wird auch die Anforderung an die räumliche Mobilität der Fach- und Führungskräfte relativiert. Vor allem die absehbaren Folgen der demografischen Entwicklung haben den Anstoß dazu gegeben, wohl aber auch die sinkende Bereitschaft männlicher Hochqualifizierter jeder Mobilitätsanforderung nachzukommen. Ihre Partnerinnen, die oft selbst hoch qualifiziert sind, sind nämlich immer seltener bereit, wegen der Karriere ihrer Partner eigene (berufliche) Interessen zurückzustecken. Jedenfalls promovierte Naturwissenschaftlerinnen und Ingenieurinnen machen ihren Ortswechsel und ihre „Sesshaftigkeit" nicht mehr von den Karriereoptionen ihrer Partner abhängig.

Der Beitrag von Hess, Rusconi und Solga zeigt, dass sowohl disziplinspezifische Karrierelogiken als auch Paarkonstellationen eine wichtige Rolle für die Wissenschaftskarrieren von Frauen spielen, die in einer Akademikerpartnerschaften leben. Wissenschaftlerinnen werden durch die Merkmale ihrer Paarbeziehung in ihrer Berufslaufbahn disziplinspezifisch teils gefördert, teils behindert. Insbesondere Natur- und Technikwissenschaftlerinnen sind gegenüber ihren männlichen Kollegen benachteiligt. Neben deutlichen Verzögerungen beim Erwerb von Qualifikationen, erweisen sich die in diesen Disziplinen vielfältigeren Karrierewege in der Postdoc-Phase auch in anderer Hinsicht als besonders „hürdenreich" für Frauen: Naturwissenschaftlerinnen waren nur halb so oft wie Männer im Ausland tätig. Dies gilt auch für die Technikwissenschaftlerinnen. Hinzu kommen hier noch deutliche Verzögerungen bei der Übernahme von Leitungsaufgaben. Hingegen finden sich in den Sozialwissenschaften, wo Leitungs- und Auslandserfahrungen vergleichsweise seltener Teil der Berufslaufbahn sind, kaum Geschlechterunterschiede. Die Autorinnen kommen zu dem Schluss, dass gerade weniger formalisierte Karrierelogiken besondere Herausforderungen für Frauen in Paarbeziehungen darstellen. Die mit Leitungs- und Auslandstätigkeiten einhergehenden höheren raum-zeitlichen Anforderungen lassen sich schlechter mit der Erwerbstätigkeit des Partners und einer Familie vereinbaren als das Anfertigen einer Habilitationsschrift. Wissenschaftler haben gegenüber ihren Kolleginnen insofern Vorteile, als sie seltener in Doppelverdienerarrangements leben, die ihre Mobilität und zeitliche Flexibilität einschränken könnten, was ihnen eine stärkere Konzentration auf die eigene Karriere ermöglicht als Wissenschaftlerinnen. Der Einfluss von Doppelverdienerarrangements ist dennoch nicht durchweg negativ, sondern hängt von der Berufsfeld- und Fächerkonstellation in Akademikerpartnerschaften ab. Besonders in der Postdoc-Phase hatten Wissenschaftlerinnen in homogenen Partnerschaften einen Vorteil gegenüber ihren Kolleginnen in heterogenen Paarbeziehungen. Sowohl die Übereinstimmung der Berufsfelder wie der Fachgebiete stellt für Wissenschaftlerinnen eine zusätzliche Ressource dar. Dies gilt vor allem für den Erwerb der Habilitation. Eindeutig nachteilig werden die Karrieren von Wissenschaftlerinnen durch eine Familiengründung beeinflusst. Dies gilt insbesondere für die Übernahme von Leitungsaufgaben, so dass weitere Nachteile gegenüber männlichen Kollegen entstehen.

Auch im Beitrag von Bathmann, Müller und Cornelißen erweist sich die Familiengründung als gravierende Hürde für Frauen in Partnerschaften auf dem Weg zu Führungspositionen. Die für diesen Beitrag ausgewählten Paare sind zu

Beginn ihrer Beziehung durch berufliche Egalität gekennzeichnet. Die meisten arbeiten zumindest bis zur Familiengründung mit hohem Einsatz und sehr mobil, mit zum Teil ausgedehnten Fernbeziehungsphasen, in denen sich jeder Partner auf sein individuelles berufliches Fortkommen konzentriert. Nach der Familiengründung sind bei diesen Paaren zwei Verlaufsmuster erkennbar. Im ersten kommt es zu einer *Priorisierung der Berufskarriere des männlichen Partners,* was dem bekannten Muster der Re-Traditionalisierung der familialen Arbeitsteilung entspricht, das schon oft mit der Geburt des ersten Kindes in westdeutschen Familien in Verbindung gebracht wurde. Dieser Prozess wird wesentlich von einem traditionellen Elternschaftskonzept getragen, das der Mutter Präsenz beim Kind und dem Vater die Übernahme der Ernährerrolle nahe legen. Einer möglichen außerfamilialen Kinderbetreuung begegnen diese Paare eher mit Vorbehalten. Die hochqualifizierten Frauen dieses Paartypus geben ihre Erwerbsarbeit allerdings nicht gänzlich auf, sondern arrangieren sich in einem modernisierten männlichen Ernährermodell. Dies mindert ihre weiteren Karrierechancen.

Im Unterschied dazu steht die berufliche Karriere der Frauen in der *Verlaufsform der dauerhaft erfolgreichen Doppelkarrierepaare* nie zur Disposition. Für das Selbstverständnis der Paare ist es zentral, dass beide Partner beruflich erfolgreich sind. Vor diesem Hintergrund sind die Karrierechancen von Frauen deutlich günstiger. Die langfristige Aufrechterhaltung zweier Karrieren wird von den Paaren entweder über die Doppelung des „männlichen" Karrieremodells oder durch alternierende Karriereinvestitionen der Partner und eine Strategie der gemeinsam geteilten Sorge verwirklicht.

Die hier vorgelegten Ergebnisse zeigen insgesamt, dass Paarbeziehungen und Paarkonstellationen sowie Gender-, Elternschafts- und Beziehungskonzepte für die Karrieren von Frauen von erheblicher Bedeutung sind. Allerdings entfaltet das Leben in Paarbeziehungen sehr unterschiedliche Wirkungen auf Frauenkarrieren. Gleichzeitig wird deutlich, dass die hohen Anforderungen an die Flexibilität und Mobilität von High Potentials und Führungskräften in Paarbeziehungen, in denen beide eine Karriere verfolgen, zu erheblichen Koordinierungsproblemen führen. Diese übersteigen die Vereinbarkeitsprobleme, die sich für Zweiverdienerpaare mit geregelter Zeit an einem festen Ort in der Regel ergeben. Doppelkarrierearrangements werden institutionell bisher kaum gestützt.

Arbeitgeber, seien es Unternehmen, Verwaltungen oder Universitäten könnten erheblich dazu beitragen, Paaren das Verfolgen zweier Karrieren auch mit Kindern zu erleichtern. Hierzu würde die Entwicklung von Konzepten gehören, die auch Fach- und Führungskräften mehr Spielräume bei der Festlegung von Arbeitsort und Arbeitszeit bieten und weniger Ansprüche an die Präsenz dieser Kräfte stellen. Die Einführung solcher Konzepte wäre mit Schulungen zu begleiten, denn die Karrierelogiken, die es zu verändern gilt, sind fest in den Kulturen der Organisationen verankert. Die Verwirklichung zweier Karrieren (mit Kindern) setzt auch voraus, dass Paare ihre Arbeitsteilung und ihr Geschlechterrollenarrangement kritisch reflektieren, hinterfragen so dass neue Spielräume in der Gestaltung des Arbeitsalltags letztlich auch Karrieren von Frauen zugutekommen.

Bleiben oder gehen?

Räumliche Mobilität in verschiedenen Lebensformen und Arbeitswelten

Ruth Becker, Ellen Hilf, Shih-cheng Lien, Kerstin Köhler, Bärbel Meschkutat, Darja Reuschke, Cornelia Tippel*

1   Einleitung

Eine Vielzahl von Untersuchungen belegt, dass Flexibilität und Mobilität auf dem (globalen) Arbeitsmarkt immer bedeutsamer werden (prominent: Sennett 1998; Boltanski/Chiapello 2003) und dass gleichzeitig auch in Europa und – im hier interessierenden Kontext – in Deutschland die Mobilität von Erwerbstätigen in den vergangenen zwei Dekaden erheblich zugenommen hat. Dies gilt insbesondere für Hochqualifizierte (Reuschke 2010a) und für jüngere Menschen, wobei in der jüngeren Generation Frauen sogar mobiler sind als gleichaltrige Männer (Ruppenthal 2010). Auch die Brigitte-Studie von Jutta Allmendinger „Frauen auf dem Sprung" zeigt, dass junge Frauen sich beruflich entwickeln wollen und auch bereit sind, dafür umzuziehen. Dabei ist die Bereitschaft umso höher, je besser die Frauen ausgebildet sind (infas 2009).

Diese Karrierebereitschaft junger Frauen bleibt nicht ohne Erfolg: Der Frauenanteil an den Führungskräften steigt seit Jahren an. Zahlen für jüngere Frauen (bis 29 Jahre) zeigen, dass ihr Anteil an Führungskräften mittlerweile in etwa das Niveau des Durchschnitts aller Erwerbstätigen erreicht hat (Kleinert et al. 2007: 104). Die Forschung zeigt aber auch, dass die Anteile von Frauen an Führungskräften in der Altersgruppe 30 bis 45 Jahre deutlich geringer sind als bei Männern (Krell 2010; Holst 2009; Kleinert et al. 2007). Auch sind Frauen in den oberen Führungsebenen nach wie vor wenig vertreten. Frauen haben geringere Führungsspannen als Männer, sie sind in Bereichen mit guten Verdienstmöglich-

---

* Der Text beruht auf einem Projekt mit mehreren Themenschwerpunkten, das von einer inter-disziplinär zusammengesetzten Arbeitsgruppe bearbeitet wird. Die Bevölkerungsbefragung wird schwerpunktmäßig von Darja Reuschke bearbeitet, die Befragung von Naturwissenschaftlerinnen und Ingenieurinnen von Shih-cheng Lien und Cornelia Tippel und die Befragung der Vertreter/innen aus Unternehmen und Wissenschaftseinrichtungen von Ellen Hilf, Kerstin Köhler und Bärbel Meschkutat. Die Projektleitung hat Ruth Becker.

keiten und guten Aufstiegsoptionen deutlich seltener vertreten als Männer. (Krell 2010; Wippermann 2010).

Die geringeren Chancen von Frauen mittleren Alters, in obere Führungspositionen aufzusteigen, korrespondieren mit deutlich erkennbaren Geschlechterunterschieden im Mobilitätsverhalten und dies in eindeutiger Relation zur Lebenssituation: Leben Frauen in Partnerschaften mit Kindern, sind sie deutlich weniger mobil als Männer in dieser Lebenssituation (Ruppenthal 2010). Die private Arbeitsteilung zwischen den Geschlechtern scheint in Lebenspartnerschaften mit Kindern noch wenig egalitär zu sein. Allerdings steigt der Anteil der Partnerschaften mit Kindern, in denen beide Partner/innen voll erwerbstätig sind (ebd.).

Ist es also nur eine Frage der Zeit, bis sich die Geschlechterunterschiede in egalitären Strukturen auflösen? Wird sich das Mobilitätsverhalten von Frauen und Männern angleichen? Und kann dies tatsächlich dazu beitragen, die gläserne Decke zu durchbrechen, die Frauen bisher am Vordringen in Spitzenpositionen hindert? Oder wird sich bei den jungen Frauen die Schere auftun, sobald es darum geht, aus einer mittleren Führungsposition aufzusteigen oder wenn sie sich für familiale Lebensformen entscheiden?

Welche alternativen Strategien (in Bezug auf die räumliche Mobilität) entwickeln Frauen (und Männer), um den Konflikt zwischen beruflichen Mobilitätserfordernissen bzw. -erwartungen und den Interessen der privaten Lebensführung zu lösen? Wie reagieren Unternehmen und Organisationen auf die Tatsache, dass Mobilitätsanforderungen mit den privaten Arrangements ihrer hochqualifizierten Kräfte kollidieren (können)? Werden sich die Erwartungen in Wirtschaft und Wissenschaft neuen Prioritätssetzungen und Verhaltensformen anpassen?

Diesen Fragen geht der folgende Beitrag auf der Grundlage von drei empirischen Erhebungen nach. Gefragt wird nach dem Mobilitätsverhalten unterschiedlicher (hochqualifizierter) Bevölkerungsgruppen im Kontext der beruflichen Entwicklung und unterschiedlicher Lebensformen sowie nach den Mobilitätserwartungen in Wirtschaft und Wissenschaft.

Dargestellt werden zunächst zentrale Ergebnisse einer repräsentativen, standardisierten postalischen Bevölkerungsbefragung in ausgewählten Stadtteilen und Umlandgemeinden von drei Großstädten (Kapitel 3 des Beitrags). Dabei wurden die Stadtteile und Umlandgemeinden so ausgewählt, dass ein hoher Anteil erwerbstätiger, hochqualifizierter Frauen und Männer zu erwarten war. In Kapitel 4 folgen die Ergebnisse einer standardisierten Onlinebefragung von Akademikerinnen, die in den letzten Jahren in „frauenuntypischen" ingenieur- oder naturwissenschaftlichen Fächern promoviert oder habilitiert haben, wobei nur solche Fächer ausgewählt wurden, in denen eine Promotion als Indikator einer weit überdurchschnittlichen Qualifikation gelten kann. Im Kapitel 5 werden schließlich die Ergebnisse einer Befragung von Unternehmen und Wissenschaftseinrichtungen über deren Mobilitätserwartungen und -konzepte dargestellt. Danach folgen in

Kapitel 6 ein zusammenfassendes Fazit und ein Ausblick. Zunächst werden jedoch die Grundlagen der drei Erhebungen kurz vorgestellt.

2 Datengrundlagen und Auswertungsmethoden

2.1 Postalische Bevölkerungsbefragung

In dieser Erhebung wird der Frage nachgegangen, welche Rolle räumliche Mobilität für die berufliche Entwicklung von Frauen und Männern spielt, welche Muster räumlicher Mobilität von Männern und Frauen nach dem Einstieg in das Erwerbsleben zu beobachten sind, worauf Unterschiede zurückzuführen sind, welchen Einfluss die Lebensform für die räumliche Mobilität von Frauen und Männern hat und welche Motive die räumliche Mobilität beeinflussen. Befragt wurden zufällig aus den Melderegistern der drei Stadtregionen Frankfurt am Main, Hamburg und Dresden ausgewählte Personen im Alter zwischen 30 und 50 Jahren[1]. Einbezogen wurden dabei Stadtteile und Umlandgemeinden mit einem hohen Anteil hochqualifizierter Erwerbstätiger[2].

Um genügend Erwerbspersonen zu erreichen, die überregional mobil sind, und um Unterschiede in der beruflichen Situation von Individuen in Abhängigkeit von ihrem Migrationsverhalten herausarbeiten zu können, wurden zwei Stichproben gezogen: Eine Stichprobe von Personen, die über eine großräumige Distanz von mindestens 50 km in das jeweilige Befragungsgebiet gezogen sind und deren Zuzug nicht länger als fünf Jahre zurückliegt („Mobile") und eine zweite Stichprobe von Personen, die mindestens zehn Jahre in den Untersuchungsgebieten leben („Nichtmobile"). Die standardisierte Befragung erfolgte im Sommer 2008. Insgesamt liegen 3.012 auswertbare Fragebögen vor, davon entfallen 50,5 % auf die Gruppe der Mobilen und 45 % auf die Gruppe der Nichtmobilen. 4,6 % der Befragten sind wegen unpassender (Wohndauer im Befragungsgebiet 6 bis 9 Jahre) oder fehlender Angaben keiner der beiden Gruppen zuordenbar[3].

---

[1] In der Altersgruppe der 30 bis 50jährigen ist die höchste berufsbedingte (nicht ausbildungsbedingte) räumliche Mobilität zu erwarten, die im Zentrum der Untersuchung steht.

[2] Stadtregion Frankfurt am Main: Nordend-West und Ost, Westend-Süd in Frankfurt plus Oberursel und Bad Vilbel; Stadtregion Hamburg: Winterhude, Eilbek, Eppendorf in Hamburg plus Bargteheide, Pinneberg und Quickborn; Stadtregion Dresden: Radeberger Vorstadt, Striesen-West und Weißer Hirsch in Dresden plus Freital und Radeberg.

[3] In der Bruttostichprobe war der Anteil der beiden Zielgruppen insgesamt ausgewogen, variierte aber zwischen den Befragungsgebieten, weil in einigen Umlandgemeinden weniger Personen als erwartet leben, auf die die ausgewählten Merkmale der Gruppe der „Mobilen" zutreffen.

2.2 Onlinebefragung von promovierten Naturwissenschaftlerinnen und Ingenieurinnen

In dieser Befragung wird vertiefend das Mobilitätsverhalten von hochqualifizierten Akademikerinnen nach der Promotion im Kontext der Lebensform und die Bedeutung räumlicher Mobilität für die berufliche Entwicklung untersucht und insbesondere alternative Strategien, die die beruflichen und privaten Interessen in Einklang bringen, herausgearbeitet.

Befragt wurden Akademikerinnen, die im Zeitraum 1997 bis 2007 in ausgewählten natur- oder ingenieurwissenschaftlichen Fächern[4] an 15 Universitäten bzw. technischen Hochschulen in Deutschland promoviert bzw. habilitiert haben. Dabei wurden solche Disziplinen ausgewählt, in denen Frauen eine Minderheit bilden, die also besonders „männlich" konnotiert sind, da zu vermuten ist, dass hier das Bild der mobilen und flexiblen männlichen Führungskraft noch am ehesten fest verankert ist. Außerdem wurde die Untersuchung auf Disziplinen beschränkt, in denen weniger als 40 % der Absolvent/innen promovieren, in denen die Promotion also als eine weit überdurchschnittliche akademische Qualifikation gewertet werden kann. Durch das Auswahlverfahren (auf der Grundlage der Internetrepräsentanz)[5] wurden vor allem Wissenschaftlerinnen einbezogen, die nach der Promotion entweder im Wissenschaftssystem verblieben oder als Selbstständige tätig sind oder eine Führungsposition im öffentlichen Dienst oder in der Privatwirtschaft inne haben. Die ermittelte Stichprobe ist also nicht repräsentativ für alle Promovierten der ausgewählten Fachbereiche, vielmehr sind, entsprechend der Zielsetzung der Erhebung, „erfolgreiche" Frauen deutlich überrepräsentiert, da Frauen, die aus der Erwerbstätigkeit ausgeschieden oder in einer wenig profilierten Stelle beschäftigt sind, in der Regel nicht über das Internet aufzufinden sind[6].

Die Befragung fand im Sommer 2008 statt. Insgesamt liegen 1.095 auswertbare Fragebögen vor, dies entspricht einer Rücklaufquote von 37,5 %. Im Frühjahr 2010 wurden zudem 30 ausgewählte Befragte in leitfadengestützten Interviews

---

[4] Folgende Fächer wurden einbezogen: Mathematik, Informatik, Physik, Astronomie, Chemie, Pharmazie, Biologie, Geowissenschaften und Geographie sowie Bergbau, Hüttenwesen, Maschinenbau/ Verfahrenstechnik, Elektrotechnik, Verkehrstechnik, Nautik, Architektur, Innenarchitektur, Raumplanung, Bauingenieurwesen und Vermessungswesen.

[5] Die Auswahl der Befragten erfolgte in mehreren Stufen: Zunächst wurden die Namen aller Frauen ermittelt, die im gewählten Zeitraum an den ausgewählten Universitäten in den ausgewählten Disziplinen promoviert bzw. habilitiert haben. Die Kontaktdaten der Befragten wurden dann über das Internet recherchiert. Die Teilnahme an der Befragung war durch einen Zugangscode auf die ausgewählten Probandinnen beschränkt.

[6] Im Wissenschaftssystem ist die Chance, auch bei einer mittleren Position bei der betreffenden Institution im Internet erwähnt zu werden, deutlich größer als in der Privatwirtschaft. Aus diesem Grund sind Frauen, die in der Wissenschaft verblieben sind, in der Stichprobe gegenüber Frauen in vergleichbarer Position in der Wirtschaft überrepräsentiert.

zu ihrem Umgang mit Mobilitätsanforderungen und ihren Mobilitätsstrategien befragt[7]. Im Fokus standen hier Frauen in Paarbeziehungen in unterschiedlichen Haushaltskonstellationen. Zur Kontrastierung wurden sowohl Befragte mit hoher Mobilität als auch immobile Befragte ausgewählt.

2.3 Expert/inneninterviews mit Vertreter/innen aus Unternehmen und Wissenschaftseinrichtungen

In einer dritten Erhebung wurde mit Hilfe von Expert/inneninterviews der Frage nachgegangen, welche raum-zeitlichen Anforderungen Wirtschaft und Wissenschaft an hochqualifizierte Fach- und Führungskräfte stellen und welche Bedeutung Mobilitätsbereitschaft für den beruflichen Aufstieg zukommt. Es wird danach gefragt, ob Akteur/innen in Organisationen Unterschiede in der Mobilitätsbereitschaft von Frauen und Männern wahrnehmen oder annehmen und ob damit gegebenenfalls unterschiedliche Karriereverläufe begründet werden. Wir betrachten, ob mit der zunehmenden öffentlichkeitswirksamen Diskussion und politischen Thematisierung von „Familienfreundlichkeit" in Unternehmen eine Aufmerksamkeit für und Unterstützung von Doppelkarrierepartnerschaften einher geht. Schließlich riskieren wir einen Blick in die Zukunft: Sind Alternativentwürfe für Karrieren in Unternehmen erkennbar, die nicht mehr das Normalbild des vollzeitberufstätigen, mobilen Mannes mit „Rücken frei haltender Partnerin" und mitziehender Familie voraussetzen oder Singledasein verlangen?

Durchgeführt wurden qualitative Interviews mit 25 Expert/innen aus Unternehmen und Wissenschaftseinrichtungen. Die Auswahl der Unternehmen sollte die Breite des Arbeitsmarktes für Fach- und Führungskräfte sowie Branchenspezifika und die Besonderheiten bestimmter Funktions- und Tätigkeitsbereiche erkennen lassen, frauen- und männerdominierte Branchen beinhalten und innovationsträchtige Zukunftsbranchen einbeziehen[8]. Großunternehmen, konzerngebundene Unternehmen und mittelständische Unternehmen sind in der Auswahl vertreten. Regional verteilen sich die Unternehmen auf die gesamte Bundesrepublik.

Die Personalberatungen wurden als Vermittlungsagenturen für Fach- und Führungskräfte einbezogen, da sie über Praxen berichten können, die über einzelne Unternehmen hinaus gehen.

---

[7] Eine vergleichbare Befragung wird auch bei der Bevölkerungsbefragung durchgeführt. Die Ergebnisse dieser Befragungen liegen jedoch noch nicht vor.

[8] Einbezogen wurden Unternehmen aus den Branchen Energie, Stahl, Metallverarbeitung, Automobilproduktion, Luftfahrt, Chemieindustrie, Informationstechnik/Softwareentwicklung, Bio-/Medizintechnik, Textilindustrie, Finanzdienstleistungen, Einzelhandel, Werbung sowie Personal- und Unternehmensberatung.

Aus der Wissenschaft wurden drei große Forschungseinrichtungen aus dem Bereich der naturwissenschaftlichen und lebenswissenschaftlichen Grundlagenforschung einbezogen, da dies hochinnovative Forschungsfelder mit internationaler Bedeutung und wirtschaftlicher Strahlkraft sind.

Bei den befragten Expert/innen handelt es sich überwiegend um Funktionsträger/innen aus den Bereichen Geschäftsführung, Personalmanagement, Personalentwicklung, Gleichstellungs- und Diversity-Management[9].

2.4 Definitionen und Auswertungsmethoden

Die postalische Bevölkerungsbefragung und die Befragung der Naturwissenschaftlerinnen und Ingenieurinnen sind eng miteinander verzahnt und basieren in Teilen auf identischen Fragen und Definitionen: In beiden Erhebungen werden die (fernräumlichen) Mobilitätsmuster seit Berufsbeginn bzw. seit Abschluss der Promotion retrospektiv erfasst. Die Befragungen enthalten also Elemente einer Längsschnittuntersuchung. Als fernräumliche Mobilität gilt ein Umzug (einschließlich der Begründung einer Nebenwohnung) über eine Entfernung von mehr als 50 km.

Unterschieden wird dabei zwischen beruflichen und nichtberuflichen Umzügen. Als beruflich bedingt gelten dabei solche Umzüge, die mit einer *neuen* beruflichen Tätigkeit der/des Befragten verbunden waren[10]. Neben dem Wechsel der Arbeitsstelle einer abhängigen Beschäftigung zählen hierzu auch der Übergang aus einer Nichterwerbstätigkeit (z. B. Erwerbsarbeitslosigkeit oder Elternzeit oder andere Formen der Nichterwerbstätigkeit) in eine Erwerbstätigkeit sowie der Wechsel des Erwerbsstatus (z. B. Übergang in eine freiberufliche Tätigkeit). Als neue berufliche Tätigkeit definiert wurde zudem der Stellenwechsel innerhalb eines Unternehmens, jedoch nicht, wenn es sich nur um eine Vertragsverlängerung nach einem befristeten Arbeitsvertrag bei Fortsetzung der bisherigen Tätigkeit handelte.

Für die so definierten beruflichen Umzüge wurden jeweils u. a. das Umzugsmotiv, die Lebensform vor dem Umzug und (sofern vorhanden) das korrespondierende Migrationsverhalten des Partners/der Partnerin erfasst. Aus organisatorischen Gründen (Länge des schriftlichen Fragebogens) konnten in der postalischen Bevölkerungsbefragung nur die letzten fünf berufsbedingten Umzüge erfasst werden,

---

[9] Die Vielfalt der Funktionen verweist zugleich auf ein Strukturmoment: Die Frage des Zusammenhangs von Mobilitätsanforderungen und beruflichen Aufstiegschancen in Unternehmen wird in den von uns adressierten Unternehmen innerbetrieblich unterschiedlich verortet.

[10] Für die Zuordnung zu den beruflich bedingten Umzügen ist ausschließlich der Wechsel der Erwerbstätigkeit bzw. des Erwerbsstatus entscheidend, nicht die Frage, ob der Umzug aus individueller Perspektive primär beruflich determiniert war.

während bei der Onlinebefragung alle berufsbedingten Umzüge seit der Promotion unabhängig von deren Zahl erfasst wurden.

Darüber hinaus wurden in beiden Befragungen Zahl und Motive der nicht beruflich bedingten überregionalen Wanderungen nach dem Berufseinstieg bzw. nach der Promotion erhoben. Zu diesen nichtberuflichen Umzügen gehören alle Umzüge, bei denen die bisherige Erwerbstätigkeit der/des Befragten beibehalten wurde oder wenn mit/nach dem Umzug keine Erwerbstätigkeit (mehr) ausgeübt wurde, z. B. weil der/die Befragte zu ihrem Partner/seiner Partnerin gezogen oder zusammen mit ihrem Partner/ihrer Partnerin an einen dritten Ort (z. B. ins Ausland) gegangen ist und dort selbst keine Erwerbsarbeit aufgenommen hat. Zu diesen nichtberuflichen Umzügen liegen jedoch keine komplementären Angaben zur Haushalts- und Lebensform vor.

In der Befragung der Naturwissenschaftlerinnen und Ingenieurinnen sind darüber hinaus auch jene Wechsel der Erwerbstätigkeit bzw. des Erwerbsstatus erfasst, die nicht mit einem (Fern-)Umzug verbunden waren. Bei dieser Befragung kennen wir also die vollständige Erwerbsbiografie seit der Promotion.

In beiden Befragungen wird die berufliche Position an Hand von Tätigkeitsmerkmalen und (bei Angehörigen des öffentlichen Dienstes von Einkommensstufen) erfasst. Für die Gruppe der in unserer Befragung besonders interessierenden Hochqualifizierten wurden insgesamt drei Stufen definiert[11].

Die qualitativen Interviews mit ausgewählten Naturwissenschaftlerinnen und Ingenieurinnen sowie die Expertinneninterviews folgten einem ausführlichen Leitfaden, sie wurden aufgenommen und vollständig transkribiert. Die inhaltsanalytische Auswertung erfolgte nach einem Kodierleitfaden unter Einsatz der Software MaxQDA® und diskursiv im Projektteam.

Im Folgenden werden einige zentrale Ergebnisse dieser empirischen Erhebungen dargestellt.

---

[11] Zu den Hochqualifizierten zählen Beschäftigte mit hochqualifizierter Tätigkeit bis einschl. unteres Management (z. B. Ingenieur/in, Gruppenleitung, Filialleitung, im öffentlichen Dienst ab BAT IIa/ E13/C1 bzw. vergleichbare Besoldung), Beschäftigte mit Führungsposition im mittleren Management, (z. B. Abteilungsleitung, Regionalleitung, im öffentlichen Dienst ab BAT Ib/E14/C2 bzw. vergleichbare Besoldung), Beschäftigte im Topmanagement (im Wissenschaftsbereich Professur). Selbstständige (inkl. Freie Berufe) wurden nach der beruflichen Tätigkeit und dem höchsten Ausbildungsabschluss den Kategorien zugeteilt.

3   Bedeutung der Lebensform für die räumliche Mobilität von Frauen und Männern: Ergebnisse einer standardisierten Bevölkerungsbefragung

In unserer postalischen Bevölkerungsbefragung wurde, entsprechend der Zielsetzung der Untersuchung, ein sehr hoher Anteil hochqualifizierter Erwerbstätiger erreicht (64 % bei den Männern und 39 % bei den Frauen)[12], wobei diese Anteile in der Gruppe der Mobilen (deren Zuzug in das jeweilige Befragungsgebiet maximal fünf Jahre zurückliegt) unter Kontrolle des Alters signifikant höher sind als unter den Befragten, die mindestens seit zehn Jahren in den Befragungsgebieten wohnen („Nichtmobile") (adjustiertes $p \leq 0{,}01$). Die Gruppe der Mobilen ist zudem durchschnittlich jünger als Befragte, die mindestens zehn Jahre im Befragungsgebiet wohnen (Medianalter 36 Jahre vs. 43 Jahre). Betrachtet wird nun zunächst die gesamte erfasste fernräumliche Mobilität.

3.1   Muster beruflicher und nichtberuflicher Umzüge

Die Mobilitätsmuster der postalisch befragten Frauen und Männer nach dem Berufseinstieg unterscheiden sich nur teilweise. Im Ausmaß der Sesshaftigkeit (d. h. keine Umzüge seit dem Berufseinstieg) sind sich Männer und Frauen sehr ähnlich (siehe Tabelle 1). Das gilt sowohl für die Gruppe der Mobilen als auch für die Gruppe der Nichtmobilen"[13]. Auch die durchschnittliche Zahl der Umzüge seit Berufseinstieg ist bei Frauen und Männern mit 2,37 bzw. 2,30 Umzügen (fast) gleich (siehe Tabelle 2, erste Spalte).

Unterschiede zwischen Frauen und Männern bestehen dagegen in der Art der Mobilität: Sowohl unter den Mobilen als auch unter den Nichtmobilen gibt es deutlich mehr Männer als Frauen, die nur Umzüge hatten, die mit einer neuen beruflichen Tätigkeit verbunden waren. Das Migrationsprofil von Frauen ist im Vergleich dazu stärker von ausschließlich nichtberuflichen Umzügen oder einem Mix aus beruflichen und nichtberuflichen Umzügen geprägt (siehe Tabelle 1).

---

[12] Zur Definition hochqualifizierter Erwerbstätiger siehe Abschnitt 2.

[13] Bei den in der Tabelle 1 ausgewiesenen Mobilen, die bisher keinen Umzug hatten, handelt es sich um Personen, die erst nach dem Zuzug ins Befragungsgebiet ihre erste berufliche Tätigkeit aufgenommen haben. Das sind z.B. Jüngere, die während der Ausbildung/des Studiums in das Befragungsgebiet gezogen sind und dort ihre erste Stelle gefunden haben und (noch) nicht erneut umgezogen sind.

Tabelle 1   Migrationsprofile nach beruflichen und nichtberuflichen
Umzügen (gerundete Spaltenprozente)

Berufliche/nicht-berufliche Umzüge	Alle Befragte		Frauen		Männer	
	Mobil	Nicht-mobil	Mobil	Nicht-mobil	Mobil	Nicht-mobil
Keine Umzüge	14	63	12	62	16	65
Nur nichtberufliche Umzüge	14	11	17	12	9	9
Nur berufliche Umzüge	51	19	45	17	60	22
Berufliche & nicht-berufliche Umzüge	21	7	26	9	15	4
gesamt	100	100	100	100	100	100
N	1381	1122	786	718	595	404

N = 35 Befragte waren noch nie berufstätig; n = 362 bzw. 12% der Befragten können wegen fehlender Angaben nicht zu beruflichen und/oder nichtberuflichen Umzügen zugeordnet werden. Für n = 138 ist keine Zuordnung zur Gruppe der Mobilen/Nichtmobilen möglich.
Signifikanztests:
(1) Mobile Frauen und Männer (Spalte 3 u. 5): Chi-Quadrat (df) = 51,09 (1), p ≤ 0,01, Cramers V = 0,19.
(2) Nichtmobile Frauen und Männer (Spalte 4 u. 6): Chi-Quadrat (df) = 12,61 (1), p ≤ 0,01, Cramers V = 0,11.

Quelle: eigene Auswertung

Dies wird auch bestätigt, wenn die *Zahl* der beruflichen und der nichtberuflichen Umzüge betrachtet wird: Werden Effekte des Alters, einer hochqualifizierten Ausbildung und regionale Effekte konstant gehalten, entfallen in der Gruppe der Mobilen durchschnittlich signifikant mehr berufliche Umzüge auf Männer als auf Frauen. Umgekehrt ist die Anzahl nichtberuflicher Umzüge für Frauen durchschnittlich höher als für Männer. In der Gruppe der Nichtmobilen sind Frauen ebenfalls signifikant häufiger als Männer überregional umgezogen ohne eine neue berufliche Tätigkeit aufgenommen zu haben (Tabelle 2, erste Spalte).

Tabelle 2   Geschlechterunterschiede nach Umzugsart und Lebensform
zum Zeitpunkt der Befragung, Mittelwerte und F-Statistik,
nach Stichproben getrennt[1]

Stichprobe ‚Mobile'

Art des Umzugs	Alle Lebens- formen		Singles		Ledige, Lebensgem. o. Kind		Eheliche Lebensgem. o. Kind		Eheliche Lebensgem. m. Kind		LATs, heterosex.	
	M	n	M	N	M	n	M	n	M	n	M	n
I. Berufliche Umzüge												
Männer	1,83	599	1,65	94	1,40	109	1,88	88	2,11	174	2,00	56
Frauen	1,56	791	1,97	125	1,40	124	1,57	118	1,19	233	2,26	74
F-Wert[1]	5,959**		7,080***		0,010		1,641		24,157***		1,192	
II. Nichtberufliche Umzüge												
Männer	0,49	657	0,18	103	0,59	116	0,53	102	0,52	189	0,26	66
Frauen	0,83	844	0,37	131	0,59	137	0,86	125	1,08	245	0,90	81
F-Wert[1]	29,950***		3,977**		0,015		4,244**		23,054***		12,393***	
III. Berufliche & Nichtberufliche Umzüge gesamt[2]												
Männer	2,30	588	1,85	93	1,94	105	2,35	88	2,67	171	2,18	56
Frauen	2,37	774	2,34	121	1,95	123	2,48	115	2,30	230	3,06	72
F-Wert[1]	1,460		9,847***		0,050		0,338		0,809		9,965***	

[1] F-Statistik für Haupteffekt Geschlecht, Kontrollvariablen (Haupteffekte): Alter der Befragten (Jahre), Hochschulabschluss (ja) und Wohnstandort in Stadtregion Dresden (ja).
[2] Nur Fälle mit gültigen Angaben zu beiden Umzugsarten.
M = Mittelwert
Singles = ledige Alleinwohnende, Lebensgemeinschaft = mit dem Partner/der Partnerin in einem Haushalt zusammenlebend, LAT = mit dem Partner/der Partnerin in getrennten Haushalten lebend.
Signifikanz: ** $p \leq 0,05$, *** $p \leq 0,01$

Quelle: eigene Auswertung

Wird nach der Haushalts- und Lebensform zum Zeitpunkt der Befragung unterschieden, lassen sich für die Gruppe der Sesshaften keine Auffälligkeiten erkennen (siehe Tabelle 2, Stichprobe Nichtmobile). In der Gruppe der Mobilen zeigt sich jedoch die Bedeutung der Lebensform für räumliche Mobilität von Erwerbspersonen: Es wird deutlich, dass die häufig in der Literatur vorgebrachte These: „Frauen sind generell weniger mobil als Männer", empirisch nicht haltbar ist, denn Singlefrauen, die zum Zeitpunkt der Befragung ledig und alleinwohnend sind, waren unter Kontrolle weiterer demographischer Merkmale und räumlicher Einflussfaktoren sogar mobiler als ihre männliche Vergleichsgruppe, wenn die Anzahl der Umzüge insgesamt und differenziert nach beruflichen und nichtberuflichen Umzügen be-

Stichprobe ‚Nichtmobile'

Art des Umzugs	Alle Lebens- formen		Singles		Ledige, Lebensgem. o. Kind		Eheliche Lebensgem. o. Kind		Eheliche Lebensgem. m. Kind		LATs, heterosex.	
	M	n	M	N	M	n	M	n	M	n	M	n
I. Berufliche Umzüge												
Männer	0,53	414	0,52	66	0,72	39	0,67	45	0,42	173	0,56	34
Frauen	0,49	734	0,55	97	0,60	53	0,57	98	0,34	283	0,69	54
F-Wert[1]	0,651		0,040		0,405		0,547		0,381		0,397	
II. Nichtberufliche Umzüge												
Männer	0,21	482	0,15	75	0,24	50	0,16	58	0,20	197	0,07	42
Frauen	0,32	808	0,22	102	0,37	60	0,51	103	0,24	324	0,42	59
F-Wert[1]	3,762**		1,120		0,439		1,267		0,791		3,058	
III. Berufliche & Nichtberufliche Umzüge gesamt[2]												
Männer	0,77	402	0,68	66	1,00	39	0,84	45	0,63	165	0,65	34
Frauen	0,81	708	0,77	94	0,92	52	1,15	93	0,60	277	1,16	49
F-Wert[1]	0,043		0,003		0,092		0,058		0,010		1,733	

trachtet wird (siehe Tabelle 2, Stichprobe Mobile). Darüber hinaus unterscheiden sich ledige Frauen und Männer, die derzeit mit ihrem Partner/ihrer Partnerin in einem Haushalt zusammenleben nicht in ihrem Migrationsverhalten.[14]

Geschlechterunterschiede im Migrationsverhalten lassen sich hingegen unter Mobilen, wie Tabelle 2 zeigt, für folgende Lebensformen erkennen:

- Verheiratete, die (zum Zeitpunkt der Befragung) mit ihrem Partner/ihrer Partnerin in einem Haushalt ohne Kind zusammenleben
- Verheiratete, die mit ihrem Partner/ihrer Partnerin in einem Haushalt mit Kind zusammenleben

---

[14] Die Ergebnisse der Geschlechtereffekte ändern sich, wenn (zum Zeitpunkt der Befragung) ledige und geschiedene/getrenntlebende Alleinlebende sowie Ledige und Geschiedene/Getrenntlebende in einer Lebensgemeinschaft ohne Kind zusammen betrachtet werden: Geschiedene/getrenntlebende Männer sind häufiger als geschiedene/getrenntlebende Frauen beruflich umgezogen und geschiedene/getrenntlebende Frauen sind häufiger als geschiedene/getrenntlebende Männer nichtberuflich umgezogen, doch sind die Fallzahlen der Geschiedenen/Getrenntlebenden zu gering (91 Frauen, 50 Männer), um bei einer Unterscheidung nach Geschlecht und Lebensform gesicherte Aussagen machen zu können. Deshalb wird in der Tabelle 1 nach dem Familienstand unterschieden und nur die stärker besetzten Gruppen werden betrachtet.

- Personen in einer (heterosexuellen) Partnerschaft in getrennten Haushalten (im Folgenden auch Living apart together bzw. LAT).[15]

Frauen, die gegenwärtig in diesen Lebensformen leben, sind häufiger als ihre männliche Vergleichsgruppe umgezogen, ohne eine neue berufliche Tätigkeit aufgenommen zu haben, wenn andere demographische Merkmale und räumliche Effekte konstant gehalten werden. Auf (gegenwärtig) verheiratete Männer in einer Lebensgemeinschaft mit Kind entfallen zugleich signifikant mehr berufliche Umzüge als auf Frauen in dieser Lebensform. Wie in Tabelle 3 zu erkennen ist, sind die nichtberuflichen Umzüge von ‚mobilen' verheirateten Frauen darauf zurückzuführen, dass sie, wenn sie gegenwärtig in einer Lebensgemeinschaft mit Kind leben, meistens zusammen mit dem Partner wegen seiner beruflichen Karriere umgezogen sind. Wenn sie gegenwärtig in einer Lebensgemeinschaft ohne Kind leben, sind sie zumeist zum Partner gezogen.[16]

Die Motive für nichtberufliche Wanderungen von LAT-Frauen (siehe Tabelle 3) sind vergleichsweise breit gestreut. Darin spiegelt sich die generelle Heterogenität dieser Lebensform wider (siehe hierzu Levin 2004; Schneider/Ruckdeschel 2003; Reuschke 2010b): Zum einen sind LAT-Partnerschaften oft eine vorfamiliale Lebensform. Die Partner befinden sich noch in der Phase der Beziehungsfindung, möchten sich noch nicht fest binden oder können wegen beruflicher Bedingungen nicht zusammenwohnen. Zum anderen wird Living apart together über kleinräumige Distanzen in einer nachehelichen Lebensphase bewusst gewählt, um die individuelle Freiheit und Selbstbestimmung bewahren zu können. Erfahrungen mit überregionalen Umzügen zusammen mit bzw. zu einem damaligen Partner könnten ein Grund dafür sein, dass ältere Frauen gegenwärtig in einer LAT-Partnerschaft leben, weil sie nicht (wieder) die eigene Stelle für das Zusammenwohnen aufgeben wollen.

---

[15] Mit dem Fokus auf der Bedeutung von Partnerschaft, Kindern und Familie für die räumliche Mobilität von Frauen und Männern und der diesem Ansatz zugrunde liegenden These von geschlechtstypischen asymmetrischen Mobilitätsentscheidungen in Paar- und Familienhaushalten (siehe u. a. Bielby/Bielby 1992; Jürges 1998) werden für diesen Beitrag nur heterosexuelle LATs betrachtet. Darüber hinaus sind in der Stichprobe n = 15 LATs (darunter vier Frauen) in einer gleichgeschlechtlichen Partnerschaft.

[16] Es wurde nach der Anzahl überregionaler Umzüge gefragt, die nicht mit einer neuen beruflichen Tätigkeit in Verbindung standen. Die Befragten sollten dann aus einer Item-Batterie alle Gründe ankreuzen, die für diese Umzüge zutreffen. Im Falle von mehreren nichtberuflichen Wanderungen können die Umzugsmotive nicht genau einem Umzug zugeordnet werden. Die hohe Anzahl Mehrfachnennungen in Tabelle 3 ist darauf zurückzuführen, dass sich die Angaben zum Teil auf mehrere Umzüge beziehen.

Tabelle 3 Motive für nichtberufliche überregionale Umzüge von ‚mobilen' Frauen und Männer nach Lebensform zum Zeitpunkt der Befragung (gerundete Spaltenprozente), Mehrfachangaben[1]

Motive	Frauen				Männer	Alle Befragte
	Alle Lebensformen	Verh., Lebensgem. m. Kind	Verh., Lebensgem. o. Kind	LATs, heterosex.	Alle Lebensformen	Alle Lebensformen
Zuzug zum Partner/zur Partnerin	39	31	54	32	35	38
(in % von Befragte gesamt)	(17)	(17)	(22)	(13)	(9)	(13)
Umzug zusammen mit Partner/in wegen seines/ihres Berufs	41	65	43	21	25	36
(in % von Befragten gesamt)	(17)	(35)	(18)	(8)	(6)	(13)
Gründe, die mit dem (Herkunfts-/Ziel-) Wohnort zu tun haben	10	5	6	21	15	12
Trennung von Partner/Partnerin	11	4	4	18	10	11
Weiterbildung, Aufbaustudium, Praktika/Trainee-Programm	11	6	8	18	13	11
Andere Gründe	11	9	4	9	20	14
n_1 (Befragte mit nichtberuflichem überregionalem Umzug)	367	138	54	34	168	535
n_2 (Befragte gesamt)	869	253	129	83	670	1530
n_1/n_2*100	42	55	42	41	25	35

[1] Nur Frauen und Männer der Stichprobe ‚Mobile'. Aus Platzgründen werden in dieser Tabelle die Gruppen der Singlefrauen und der ledigen Frauen in einer Lebensgemeinschaft ohne Kind nicht abgebildet.
Die Prozentangaben beziehen sich auf die Zahl der Befragten mit nichtberuflichem überregionalem Umzug (n1) Fälle

Quelle: eigene Auswertung

Insgesamt betrachtet ist in der Stichprobe der Mobilen rd. jede dritte Frau schon einmal wegen eines Partners überregional umgezogen (Mitmobilität oder Zuzug zum Partner zusammengefasst) ohne selbst eine neue berufliche Tätigkeit aufgenommen zu haben. Das kann bedeuten, dass sie die Arbeitsstelle beibehalten haben und nach dem Zuzug zum Partner zu ihrer Arbeit ‚zurückgependelt' sind oder dass sie gewollt bzw. ungewollt am neuen Wohnort keiner eigenen Erwerbstätigkeit nachgegangen sind. Inwiefern die Frauen vor dem Umzug erwerbstätig waren und ob sie wegen des Umzugs ihre Erwerbstätigkeit aufgeben mussten (weil sie zum Beispiel im Ausland keine Arbeitsgenehmigung erhalten haben und deshalb keine bezahlte Erwerbstätigkeit aufnehmen konnten, wie eine Befragte anmerkte), kann aus den Daten nicht weiter spezifiziert werden. Im Vergleich dazu trifft diese Art räumlicher Mobilität nur auf rd. jeden siebten männlichen Befragten zu (siehe Tabelle 3).

Die Befunde über das geschlechtstypische Migrationsverhalten werden bestätigt, wenn die Lebens- und Haushaltsform zum Zeitpunkt des beruflichen Umzugs betrachtet wird.[17] Für die beruflichen Umzüge in der Gruppe der Mobilen können folgende Ergebnisse festgehalten werden:

- Das Gros der beruflichen Umzüge entfällt anteilsmäßig bei Männern und Frauen auf eine partnerschaftlich nicht gebundene Lebensphase (siehe Tabelle 4). Der Anteil derjenigen, die schon einmal als Alleinstehende beruflich umgezogen sind, unterscheidet sich ebenfalls nicht signifikant nach dem Geschlecht (38 % Männer und 35 % Frauen) (nicht in Tabelle 4 dargestellt).
- Frauen ziehen häufiger als Männer beruflich um, wenn sie allein wohnende LATs sind (siehe Tabelle 4). Das erklärt sich damit, dass, wie die nachfolgende Tabelle 6 zeigt, Frauen häufiger wegen einer neuen Arbeitsstelle am Wohnort des Partners umziehen.
- Berufliche Umzüge in einer Lebensgemeinschaft mit Kind treffen häufiger auf Männer als auf Frauen zu (siehe Tabelle 4). Insgesamt sind in der Stichprobe der Mobilen 17 % der Männer und 11 % der Frauen schon einmal beruflich in einer Lebensgemeinschaft mit Kind umgezogen (nicht in Tabelle 4 dargestellt).

Tabelle 4   Lebensform zum Zeitpunkt des Umzugs, Gruppe Mobile (gerundete Spaltenprozente)

Lebensform	Frauen	Männer	Alle Befragte
Lebensgemeinschaft ohne Kind	25	26	25
Lebensgemeinschaft mit Kind	11	18	14
LAT ohne Kind	16	11	14
Allein wohnend ohne Partner (alleinstehend)	44	44	44
Sonstige	4	1	3
n (Anzahl beruflicher Umzüge)	1.158	996	2.154

Chi Quadrat-Wert (df) = 55,054 (4), p ≤ 0,01, Cramer's V = 0,16

Quelle: eigene Auswertung

---

[17] Für die fünf letzten beruflichen Umzüge liegen Angaben zur Lebensform zum Zeitpunkt des Umzugs vor; der damalige Familienstand wurde nicht erhoben.

3.2 *Berufsbezogene Umzüge und berufliche Mobilität*

In der kurzen Stichprobenbeschreibung wurde bereits darauf verwiesen, dass der Anteil Befragter in hochqualifizierten beruflichen Stellungen in der Stichprobe sehr hoch ist. Wird die berufliche Position für die erste berufliche Tätigkeit im Vergleich zur jetzigen Tätigkeit ermittelt, weisen 48 % der Männer und 34 % der Frauen eine aufstiegsorientierte Berufslaufbahn auf.[18] Das heißt, ihre berufliche Stellung zum Zeitpunkt der Befragung war höher als beim Berufseinstieg.

Tabelle 5:   Logistische Regression für eine aufstiegsorientierte Berufslaufbahn, Odds Ratios

	Gesamt	Gesamt	Männer	Frauen
	1	2	3	4
Geschlecht (Frauen)	0,735***	0,925	–	–
Alter (Jahre)	1,019**	1,018**	1,018	1,020
Derzeit in Lebensgemeinschaft (ja)	1,233**	1,390***	1,237	1,175
Kind im/außerhalb d. HH (ja)	1,004	1,246	1,398**	0,747**
Anzahl Umzüge mit Stellenwechsel	1,425***	1,417***	1,495***	1,363***
Hochschulabschluss (ja)	1,436***	1,449***	1,191	1,621***
Gegenwärtig in Teilzeit beschäftigt (< 35 h)	0,484***	0,525***	0,412***	0,522***
Gruppe Mobile/Nichtmobile (0/1)	1,293**	1,289**	1,183	1,359**
Stadtregion Dresden (ja)	0,890	0,916	0,866	0,948
Geschlecht*Lebensgem.*Kind	–	0,555***	–	–
n (Befragte)	2460	2460	989	1471
Chi-Quadrat (df)	250,863(9)	263,477(10)	115,017(8)	113,884(8)
-2 Log-Likelihood	2930,844	2918,230	1231,616	1682,770

Signifikanz: ** p ≤ 0,05, *** p ≤ 0,01
Lebensgemeinschaft = mit Partner/in in einem Haushalt (HH) zusammenlebend

Quelle: eigene Auswertung

Für eine aufstiegsorientierte Berufslaufbahn sind berufliche Umzüge wichtig, wie anhand der Regressionsmodelle in Tabelle 5 deutlich wird, in denen Befragte mit einer aufstiegsorientierten Berufslaufbahn im Vergleich zu Befragten mit

---

[18] N = 580 Männer und n = 599 Frauen; für n = 76 Befragte ist eine Zuordnung nicht möglich.

einer gleichbleibenden und einer abstiegsgerichteten Laufbahn nach signifikanten Merkmalsausprägungen untersucht werden. In Tabelle 5 sind die Odds Ratios dargestellt, die zeigen, wie sich die Chance für eine aufstiegsorientierte Berufslaufbahn in Abhängigkeit von den untersuchten Merkmalen ändert[19]. Odds Ratios größer 1 bedeuten eine größere, Werte kleiner 1 eine geringere Chance (siehe Menard 2002: 56–57).

Die Odds Ratios für die Anzahl Umzüge mit Stellenwechsel sind in den Gesamtmodellen und in den getrennten Regressionen für Männer und Frauen jeweils signifikant größer 1. Berufliche Umzüge wirken sich also positiv auf die berufliche Karriere sowohl von Männern als auch von Frauen aus. Dementsprechend zeichnen sich Befragte mit einem beruflich orientierten Migrationsprofil, deren Umzüge nach dem Berufseinstieg immer mit der Aufnahme einer neuen beruflichen Tätigkeit verbunden waren, am ehesten durch eine aufstiegsorientierte Berufslaufbahn aus[20]. Sesshaftigkeit und nichtberufliche überregionale Umzüge sind dagegen nicht förderlich für den beruflichen Aufstieg.

Das wird auch durch folgendes Ergebnis bestätigt: In der Gruppe der Mobilen weisen nur 16 % der Befragten ohne Umzug und 18 % der Befragten mit ausschließlich nichtberuflichen Umzügen eine aufstiegsorientierte Berufslaufbahn auf, während der Anteil der Befragten mit aufstiegsorientierter Berufslaufbahn bei den Mobilen insgesamt 40 % beträgt. Andererseits ist der Anteil beruflicher Abstiege unter den Befragten erhöht, die aus partnerschaftsbezogenen Gründen überregional umgezogen sind, ohne dass der Umzug mit der Aufnahme einer neuen beruflichen Tätigkeit verbunden war: 14 % gegenüber 9 % in der Gesamtstichprobe. Da Frauen, wie gezeigt, insgesamt häufiger zum bzw. mit dem Partner umgezogen sind, ohne dabei selbst eine neue berufliche Tätigkeit aufgenommen zu haben, sind in der Gesamtstichprobe aufstiegsorientierte Berufslaufbahnen eher für Männer zutreffend (siehe Gesamtmodell 1 in Tabelle 5). Der Anteil abstiegsgerichteter Berufslaufbahnen ist zugleich unter Frauen höher als unter Männern (11 % vs. 7 %, Chi Quadrat = 19,19).[21]

Wenig überraschend zeigen die Ergebnisse in Tabelle 5, dass Kinder und ein Leben in einem Familienhaushalt ein Karrierehindernis für Frauen sind. Anhand des Modells 2 wird deutlich, dass die empirisch signifikanten Geschlechterunterschiede in der vertikalen beruflichen Mobilität (Modell 1) auf die Kombination aus

---

[19] Aufgrund verzerrender Effekte des Stichprobendesigns (Zielgruppen, berufliche Situation und Berufsverläufe in der Stadtregion Dresden im Vergleich zu den westdeutschen Befragungsgebieten) wurden die Gruppenzugehörigkeit (Mobile/Nichtmobile) und der Wohnstandort in der Stadtregion Dresden als Dummy-Variablen in die Modelle aufgenommen.

[20] Die Ergebnisse beruhen auf logistischen Regressionen, in denen Merkmale von Befragten mit einem beruflich orientierten Migrationsprofil untersucht wurden und die aus Platzgründen hier nicht dokumentiert werden können.

[21] Zur Kontrolle wechselseitiger Effekte ist die Gruppengröße zu klein.

Geschlecht und einer Lebensgemeinschaft mit Kind zurückzuführen sind. Darüber hinaus reduziert eine Teilzeitbeschäftigung, die bekanntlich in Deutschland eine Frauendomäne ist, die Chance auf einen beruflichen Aufstieg erheblich. Ebenfalls dem Stand der Geschlechterforschung entspricht, dass in dem konditionalen Modell Männer mit Kindern eher als kinderlose Männer eine aufstiegsorientierte Berufslaufbahn aufweisen. Hier spiegelt sich der Vorteil der Anderthalb-Personen-Arbeitskraft (Beck-Gernsheim 1983) mit einer Partnerin wider, die nicht nur die Kinderbetreuung übernimmt, sondern auch den Partner unterstützt.

Der positive Einfluss beruflicher Umzüge für die berufliche Karriere ist etwas stärker für Männer als für Frauen, wenn die Odds Ratios in Tabelle 5 verglichen werden. In der Tat hat sich nach eigener Selbsteinschätzung durch die neue berufliche Tätigkeit nach dem Umzug die berufliche Situation für Männer häufiger eher verbessert als für Frauen (nicht in Tabelle 5 dokumentiert).

Tabelle 6   Motive für berufliche Umzüge, (gerundete Spaltenprozente)

Motive	Frauen	Männer	Alle Befragte	Phi*
Berufliche Verbesserung	37	51	43	0,148
Auslaufen der vorherigen Stelle	19	24	21	0,052
Arbeitsstelle nach Arbeitslosigkeit	10	7	9	0,054
Neue Arbeitsstelle d. Partners/Partnerin	12	3	8	0,177
Neue Arbeitsstelle am Wohnort d. Partners/Partnerin	9	4	7	0,104
Attraktivität der (Zuzugs-)Stadt/Region	9	7	8	n. s.
Sonstige Gründe	8	8	8	n. s.
n (Anzahl beruflicher Umzüge)	1.567	1.250	2.817	

* n. s. = nicht signifikant, ansonsten Signifikanzniveau p ≤ 0,01.
Basis = Umzüge mit Aufnahme einer neuen beruflichen Tätigkeit; Angaben beziehen sich auf berufliche Umzüge mit gültigen Angaben. Für n = 112 bzw. 3,8 % der beruflichen Umzüge liegen keine Angaben zu Umzugsmotiven vor. Gefragt wurde nach dem Hauptmotiv, Mehrfachangaben wurden übernommen.

Quelle: eigene Auswertung

Ein wichtiger Grund hierfür lässt sich in den subjektiven Umzugsmotiven erkennen. In Tabelle 6 sind die Motive für die (max. fünf letzten) beruflichen Umzüge nach Geschlecht dargestellt.[22] Daraus wird deutlich, dass die Hauptmotivation für

---

[22] Von den beruflichen Umzügen, die den Gruppen Mobile/Nichtmobile zugeordnet werden können (insgesamt n = 2.805), entfallen 80 % der Umzüge auf die Gruppe der Mobilen (Männer 83 %

berufliche Umzüge von Männern viel häufiger als bei Frauen in der beruflichen Verbesserung liegt, wohingegen gut jeder fünfte berufliche Umzug von Frauen durch das Umziehen mit dem Partner bzw. den Zuzug zum Partner veranlasst war. Diese Umzüge haben einen stark negativen Effekt auf eine aufstiegsorientierte Berufslaufbahn, wie in Tabelle 7 zu erkennen ist. Das gilt für Frauen und Männer gleichermaßen, betrifft aber zahlenmäßig in erster Linie Frauen, weil Männer nur selten der beruflichen Karriere der Partnerin nachziehen (siehe Tabellen 3 und 6).

Tabelle 7   Logistische Regression für eine aufstiegsorientierte Berufslaufbahn nach Merkmalen beruflicher Umzüge, odds ratios

	Alle Befragte	Männer	Frauen
	1	2	3
Geschlecht (Frauen)	0,529***	–	–
Alter (Jahre)	1,026***	1,039***	1,015
Umzugsdistanz > 300 km	1,064	1,028	1,085
Umzugsmotiv: Umzug mit/zu Partner/in[1]	0,618***	0,459***	0,680***
Innerbetrieblicher Stellenwechsel	1,201	1,203	1,195
Gruppe Mobile/Nichtmobile (0/1)	1,076	0,903	1,215
Stadtregion Dresden (ja)	1,106	1,052	1,170
n (berufliche Umzüge)	2.593	1.163	1.430
Chi-Quadrat (df)	123,952(7)	24,769(6)	18,258(6)
-2 Log-Likelihood	3470,428	1534,631	1930,161

[1] Items „neue Arbeitsstelle/berufliche Tätigkeit d. Partners/Partnerin" und „neue Arbeitsstelle/berufliche Tätigkeit am Wohnort (Region) d. Partners/Partnerin" zusammengefasst (wegen geringer Fallgrößen). Basis: berufliche Umzüge
Signifikanzniveau: *** p ≤ 0,01

Quelle: eigene Auswertung

und Frauen 78 %). Hinsichtlich der Motive für berufliche Umzüge lassen sich zwischen den beiden Gruppen nur geringfügige Unterschiede erkennen, weshalb an dieser Stelle keine getrennte Dokumentation der Ergebnisse nach Stichproben erfolgt: Mobile Männer sind etwas häufiger als Nichtmobile Männer wegen einer beruflichen Verbesserung umgezogen (54 % vs. 43 %, Chi Quadrat (df) = 6,994 (1), Phi = 0,08). Nichtmobile Frauen nennen im Vergleich zur Gruppe mobiler Frauen häufiger den Zuzugsort als ausschlaggebenden Grund für einen beruflichen Umzug (14 % vs. 8 %, Chi Quadrat (df) = 9,621 (1), Phi = 0,08).

3.3 Zwischenfazit

Zusammenfassend zeigen die Ergebnisse der Bevölkerungsbefragung, dass sich das Migrationsverhalten von Männern und Frauen nicht *per se* unterscheidet, sondern dass für das Verständnis unterschiedlicher Migrationsmuster von Männern und Frauen die Betrachtung der Lebensform bedeutsam ist. Das erwerbsarbeitsbezogene Migrationsverhalten von Frauen ist in stärkerem Maße als bei Männern an die Stellung im Haushalts-/Familienzyklus bzw. die Lebensform gebunden. Berufliche Umzüge sind durchschnittlich für Frauen eher als für Männer an ein Singledasein gebunden. In einer Partnerschaft nimmt dann für Frauen die Bedeutung partnerschaftsbezogener nichtberuflicher Umzüge zu. Daraus resultieren für Frauen Karrierehemmnisse, wie die empirischen Ergebnisse sehr deutlich aufzeigen. Die Ausprägung spezifischer Migrationsprofile ist unter Männern hingegen nicht signifikant von der Lebensform abhängig und wird stattdessen von der beruflichen Qualifikation und der beruflichen Stellung bestimmt. Die Ergebnisse geben deshalb Anlass zu der Vermutung, dass Frauen seltener als Männer eine aufstiegsorientierte Berufslaufbahn verfolgen, weil sie insbesondere in Lebensgemeinschaften mit Kindern weniger für den Beruf räumlich mobil sind und sich ihre berufsbezogenen Umzüge viel stärker als bei Männern auf eine Berufseinstiegsphase in einer vorfamilialen Lebensform beschränken.

Im folgenden Kapitel wird das Mobilitätsverhalten (und die Mobilitätsbereitschaft) von hochqualifizierten Naturwissenschaftlerinnen und Ingenieurinnen untersucht.

4 Mobilität, Karriere und Lebensform von hochqualifizierten Naturwissenschaftlerinnen und Ingenieurinnen

Die in unserer Onlinebefragung erfassten promovierten Naturwissenschaftlerinnen und Ingenieurinnen waren zum Zeitpunkt der Befragung im Durchschnitt 37,6 Jahre alt und hatten mit durchschnittlich 31,9 Jahren promoviert[23]. 7,9 % der Befragten sind habilitiert, 12,1 % arbeiten derzeit an ihrer Habilitation. 7,5 % haben ihre Habilitationsabsicht aufgegeben, die Übrigen planen keine Habilitation.

---

[23] Die Promotion liegt im arithmetischen Mittel 6,7 Jahre zurück, der Median liegt jedoch bei 5,6 Jahren, da die Jahrgänge 2004 bis 2007 deutlich höher besetzt sind als die Jahrgänge vor 2004. Das ist zum Teil auf das Auswahlverfahren zurückzuführen, da die Wahrscheinlichkeit, eine Promovierte unter ihrem Promotionsnamen im Internet zu finden, mit dem Abstand zum Promotionsdatum sinkt. Darüber hinaus spielt aber auch die steigende Promotionsrate von Frauen gerade in den männerdominierten Fächern eine Rolle. Da wir auch Frauen befragt haben, die im Untersuchungszeitraum (1997 bis 2007) habilitiert haben, liegt das Promotionsdatum bei 4,8 % der Befragten vor 1997.

Zum Zeitpunkt der Befragung waren 93,1 % der Befragten erwerbstätig, die übrigen waren überwiegend in Mutterschutz bzw. Elternzeit, einige wenige waren erwerbsarbeitslos.

4.1 Verschränkung von beruflicher und räumlicher Mobilität

Beruflicher Wechsel ist nicht notwendig mit räumlicher Mobilität verbunden, so kann das Ergebnis der Tabelle 8 zusammengefasst werden, in der die Mobilitäts-muster der Befragten anhand der Zahl ihrer unterschiedlichen beruflichen Tätig-keiten nach der Promotion dargestellt ist, wobei die beruflichen Veränderungen danach unterschieden werden, ob sie mit fernräumlicher Mobilität verbunden war oder nicht.

Tabelle 8   Mobilitätsmuster der Befragten: Kombinationen von Tätigkeits-wechseln mit und ohne Umzug (in Prozent der Befragten)

Stellenwechsel mit Umzug	Stellenwechsel ohne Umzug						
	0	1	2	3	4	5 bis 9	gesamt
0	0,0	21,6	12,1	5,0	0,9	1,0	40,8
1	17,5	11,7	4,3	2,2	0,9	0,0	36,5
2	7,3	5,1	1,8	0,8	0,1	0,0	15,1
3	2,5	1,1	0,6	0,0	0,0	0,1	4,3
4 bis 6	1,4	1,3	0,5	0,0	0,1	0,0	3,3
gesamt	28,7	40,9	19,3	8,0	2,1	1,1	100,0

n = 2.239
$\chi^2 = 316.998$, df = 20, p ≤ 0,01

Quelle: eigene Auswertung

Insgesamt übten die 1.095 Befragten nach der Promotion 2.242 unterschiedliche berufliche Tätigkeiten aus[24], wobei sie für weniger als die Hälfte dieser Tätigkeiten (45,1 %) fernräumlich umziehen mussten. Hinter diesen Durchschnittszahlen ver-bergen sich jedoch sehr unterschiedliche Mobilitätsmuster: 40,8 % der Befragten sind seit ihrer Promotion nicht beruflich umgezogen. Davon hat die (gute) Hälfte immer noch die erste Stelle nach der Promotion inne, während die andere Hälfte

---

[24] Bei weiteren 74 Tätigkeiten fehlten Angaben zur Mobilität oder zu den Gründen für den Stellen-wechsel, weshalb sie nicht in die Tabelle 8 einbezogen werden konnten.

bis zu 8 weitere Tätigkeiten hatte, ohne für eine dieser Tätigkeiten fernräumlich umgezogen zu sein. Andererseits sind 28,7 % der Befragten für jede ihrer Tätigkeiten nach der Promotion umgezogen, wovon allerdings 61 % immer noch die erste Stelle nach der Promotion inne haben. Immerhin 11 % aller Befragten hatten zwei bis fünf berufliche Tätigkeiten und sind hierfür immer umgezogen. Die übrigen Befragten kombinierten berufliche Wechsel mit und ohne Umzug, wobei immerhin 22 % der Befragten für mindestens zwei berufliche Tätigkeiten fernräumlich umziehen mussten. Im Durchschnitt hatte jede Befragte 2,1 berufliche Tätigkeiten und knapp einen beruflichen Umzug.

Der wichtigste Grund für einen beruflichen Wechsel ist die berufliche Verbesserung, wobei auch hierbei nur in 44,2 % der Fälle umgezogen werden musste. Auch nach Auslaufen eines befristeten Arbeitsvertrags wurde in 68 % der Fälle eine neue Erwerbsarbeit gefunden, ohne dass ein Umzug notwendig wurde[25]. Bei der ersten Erwerbstätigkeit nach der Promotion ist in der Hälfte der Fälle ein Umzug notwendig; geht es um eine Habilitationsmöglichkeit, muss in drei Viertel der Fälle umgezogen werden, das betraf 2 % der Befragten. Bei immerhin 12 % der mit einem Umzug verbundenen Wechsel der Erwerbstätigkeit war ein Umzug zum oder mit dem Partner der Grund.

Tabelle 9   Gründe für den Wechsel der beruflichen Tätigkeit

	Wechsel der Tätigkeit		
	ohne Umzug (n)	mit Umzug (n)	gesamt
berufliche Verbesserung	36,6 % (455)	36,2 % (361)	36,4 % (816)
Vertragsende	34,0 % (422)	22,0 % (219)	28,6 % (641)
Nähe bzw. Umzug zum bzw. mit dem Partner	2,1 % (26)	11,8 % (118)	6,7 % (144)
erste Tätigkeit nach der Promotion	17,1 % (213)	20,6 % (205)	18,6 % (418)
Habilitation Weiterbildung	1,2 % (15)	5,0 % (50)	2,9 % (65)
sonstiges	8,9 % (111)	4,4 % (44)	6,9 % (155)

ohne Umzug n = 1.242, mit Umzug n = 997,
$\chi^2 = 156,925$, df = 5, $p \leq 0,01$, Cramers V = 0,262

Quelle: eigene Auswertung

---

[25] Eine Vertragsverlängerung beim gleichen Arbeitgeber wurde nicht als Wechsel der Erwerbstätigkeit gewertet.

4.2   Bedeutung räumlicher Mobilität für die berufliche Entwicklung von Naturwissenschaftlerinnen und Ingenieurinnen

Angesichts der sehr unterschiedlichen Mobilitätsmuster stellt sich die Frage, ob Befragte, die nach ihrer Promotion häufiger einen Wechsel der Erwerbstätigkeit mit einem Fernumzug oder der Begründung einer Nebenwohnung verbunden haben, eine höhere Position erreichen als Befragte mit geringerer fernräumlicher Mobilität.

Um dieser Frage nachzugehen, werden im Folgenden Merkmale der beruflichen Tätigkeit der Befragten mit ihrem Mobilitätsmuster in Beziehung gesetzt. Um den Effekt des unterschiedlich langen Zeitraums zwischen dem Abschluss der Promotion und dem Befragungszeitpunkt zu eliminieren, wurde ein „Mobilitätsquotient" gebildet, der die Zahl der Umzüge pro Zeiteinheit angibt. Dazu wurde die Zahl der mit einem Wechsel der Erwerbstätigkeit verbundenen Umzüge pro Jahr errechnet und zur besseren Lesbarkeit mit 100 multipliziert. Ein Mobilitätsquotient von 25 bedeutet also, dass die Befragte pro Jahr 0,25 mal umgezogen ist, also in vier Jahren einmal. Bei der Berechnung des Mobilitätsquotienten wurden Umzüge zur ersten beruflichen Tätigkeit nach der Promotion nicht einbezogen, soweit diese in den ersten zwei Jahren nach der Promotion stattfanden. Der Quotient gibt damit Auskunft über die hier interessierende Frage nach der Mobilität, nachdem die erste berufliche Tätigkeit nach der Promotion erreicht ist.

Die Tabelle 10 zeigt den durchschnittlichen Mobilitätsquotienten von Befragten mit unterschiedlicher beruflicher Position zum Zeitpunkt der Befragung. Es ergibt sich ein relativ eindeutiges Bild: Befragte mit Führungspositionen (ab mittlerem Management) haben einen signifikant höheren Mobilitätsquotienten als Befragte in niedrigeren beruflichen Stellungen. Auf der anderen Seite haben freiberuflich Tätige einen signifikant unterdurchschnittlichen Mobilitätsquotienten. Auch zwischen der Position „mittleres Management" und „Topmanagement" differiert der Mobilitätsquotient geringfügig (9,0 zu 11,7, nicht in der Tabelle enthalten), doch ist hier nur der Quotient für das Topmanagement signifikant ($p \leq 0,05$). Die Befragten, die in unserem Sample eine Führungsposition erreicht haben, waren also im Kontext ihrer Berufslaufbahn deutlich räumlich mobiler als die Befragten in niedrigeren beruflichen Positionen – mit Ausnahme der freiberuflich Tätigen. Die freiberufliche Tätigkeit wird offensichtlich vor allem von denjenigen gewählt, für die Sesshaftigkeit einen hohen Stellenwert hat.

Tabelle 10 Mobilitätsquotient von Befragten mit unterschiedlicher
beruflicher Stellung

Berufliche Stellung	n	durchschnittlicher Mobilitäts-quotient	Standardabweichung
Selbstständige Freiberuflerin	56	4,1	9,5
einfache und qualifizierte Tätigkeiten	16	5,1	11,3
hochqualifizierte Tätigkeit	640	6,8	14,9
Führungsposition	262	9,8	15,5
schattiert: $p \leq 0,05$, dunkel schattiert: $p \leq 0,01$, n = 918			

Quelle: eigene Auswertung

Zieht man statt der derzeitigen beruflichen Tätigkeit das Kriterium heran, ob die
derzeitige Beschäftigung nach Einschätzung der Befragten ihrer (formalen) Qualifikation entspricht, so ergeben sich ebenfalls signifikante Unterschiede. Befragte,
die eine Beschäftigung unterhalb ihrer Qualifikation ausüben, waren signifikant
weniger mobil als die Frauen, die eine ausbildungsadäquate Tätigkeit[26] ausüben
(siehe Tabelle 11). Noch höher ist die Mobilität bei denjenigen Befragten, die eine
Tätigkeit über ihrer Qualifikation ausüben, allerdings ist deren Mobilitätsquotient
wegen der geringen Fallzahl nicht signifikant.

Tabelle 11 Mobilitätskoeffizient von Befragten mit Tätigkeit über
oder unter ihrer formalen Qualifikation

Tätigkeit	n	durchschnittlicher Mobilitäts-quotient	Standardabweichung
über Qualifikation	18	10,2	15,8
entsprechend Qualifikation	593	8,4	16,1
unter Qualifikation	353	5,8	12,3
schattiert: $p \leq 0,05$, dunkel schattiert: $p \leq 0,01$, n = 964			

Quelle: eigene Auswertung

[26] Als ausbildungsadäquate Tätigkeit wurden die Tätigkeiten definiert, für die der höchste formale
Ausbildungsabschluss der Befragten (Promotion bzw. Habilitation einschließlich habilitationsadäqua-
te Leistungen) Voraussetzung ist. Bei den Tätigkeiten unterhalb der formalen Qualifikation handelt
es sich überwiegend um Tätigkeiten, für die eine Promotion nicht vorausgesetzt wird, wobei die
Promotion auch hier ein wichtiges Kriterium bei der Stellenbesetzung sein konnte.

Auch der Vergleich der Tätigkeit zum Zeitpunkt der Befragung mit der ersten Tätigkeit nach der Promotion ergibt einen klaren Zusammenhang zwischen der räumlichen Mobilität und dem beruflichen Erfolg: Die 27,4 % Befragten, bei denen eine aufstiegsorientierte Laufbahn erkennbar ist, haben einen (signifikant) fast doppelt so hohen Mobilitätsquotienten als diejenigen mit einer (bisher) gleichbleibenden Entwicklung (siehe Tabelle 13). Gesicherte Aussagen zu den Rahmenbedingungen abstiegsgerichteter Berufslaufbahnen sind wegen der sehr niedrigen Fallzahlen leider nicht möglich. Der sehr hohe, allerdings nicht signifikante Quotient der wenigen Befragten mit einer abstiegsgerichteten Laufbahn ist zum Teil auf Befragte zurückzuführen, die mit ihrem Partner mitgezogen sind und am neuen Wohnort keine adäquate berufliche Tätigkeit gefunden haben, aber auch auf sehr mobile Frauen, die sich im Wissenschaftssystem entgegen ihrer Absicht nicht etablieren konnten.

Tabelle 12   Mobilitätsquotient von Befragten mit aufstiegs- bzw. abstiegsgerichtete Berufslaufbahn

Berufslaufbahn	n	durchschnittlicher Mobilitätsquotient	Standardabweichung
aufstiegsgerichtet	220	11,1	17,1
gelichgerichtet	568	6,1	14,1
abstiegsgerichtet	15	12,4	15,9
schattiert: p ≤ 0,05, n = 803			

Quelle: eigene Auswertung

Ein weiteres Kriterium für den beruflichen Erfolg ist die Frage, ob es den Befragten gelungen ist, ihre Vorstellungen über das Berufsfeld, in dem sie nach der Promotion arbeiten wollten, zu realisieren[27]. Knapp 80 % der Befragten hatten solche Vorstellungen, davon konnten rd. zwei Drittel diese Vorstellungen auch umsetzen, ohne dass sie (im Durchschnitt) mobiler sein mussten als die Gruppe von Befragten, denen es nicht gelang, ihre Vorstellungen umzusetzen. Beide Gruppen haben einen Mobilitätsquotienten von 7,9. Mit 5,9 signifikant (p ≤ 0,05) geringer ist der Mobilitätsquotient derjenigen, die keine bestimmten Vorstellungen hatten. Möglicherweise sind dies diejenigen Frauen, denen die Verwirklichung bestimmter Lebensziele außerhalb des Berufs so wichtig war, dass sie sich nicht auf einen

---

[27] Die Antwortmöglichkeiten waren: Hochschullaufbahn, Forschung und Entwicklung außerhalb der Hochschulen, Führungskraft im Bereich Management in der privaten Wirtschaft/einer öffentlichen Einrichtung oder freiberufliche/selbständige Tätigkeit.

Berufsweg festlegen wollten, um die damit (möglicherweise) verbundenen Einschränkungen zu umgehen.

Auch in den qualitativen Interviews wurde insgesamt die hohe Bedeutung räumlicher Mobilität für die Karriere betont. Für eine gezielte Karriereentwicklung ist es nach Einschätzung der Befragten wichtig, sich bundesweit – und teilweise auch weltweit – auf interessante und karriereförderliche Stellen zu bewerben und solche Angebote anzunehmen. Einige Befragte halten Mobilität für wichtig, um überhaupt eine (unbefristete) Stelle zu bekommen. Des Weiteren werden interessante Auslandserfahrungen als vorteilhaft bei Bewerbungen eingeschätzt. Für das Berufsziel „Professur" ist, so die Einschätzung der Befragten, die Arbeit an unterschiedlichen Universitäten und Instituten ein wichtiges Qualifikationsmerkmal, außerdem ist im Fall der Berufung fast immer ein Umzug nötig.

Für eine Tätigkeit in der privaten Wirtschaft wird Mobilität nicht grundsätzlich als Anforderung potenzieller Arbeitgeber angesehen, aber für wichtig gehalten, wenn es an bestimmten Karrierestufen nicht weitergeht. Folgende Zitate geben die Einschätzungen der Befragten prägnant wider:

„[… um] den optimalen Arbeitsplatz zu finden, muss man einfach, ja deutschland- bis europaweit schauen." (IP21)

„[…], wenn man echt Karriere machen will, dann muss man mobil sein. Weil die Arbeitgeber, die dann passen für das spezielle persönliche Profil, [..] natürlich regional oder international gestreut sind und wenn man [.] sich auf eine bestimmte Stelle bewerben kann, dann ist einfach die Auswahl an Arbeitgebern [sehr klein]. Gibt's vielleicht fünf, zehn innerhalb von Europa, wo das gut passen könnte, wo man dann Karriere machen könnte und dann muss man eben mobil sein, wenn man das nicht ist, dann muss man Abstriche in der Karriere machen und sich halt mit dem begnügen, was vor Ort machbar ist." (IP16)

Die Befragten, die zum Zeitpunkt des Interviews seit einigen Jahren immobil waren, berichten, dass sie sich gegen Mobilität entschieden und damit bewusst berufliche Nachteile in Kauf genommen haben bzw. davon ausgehen, dass ihre berufliche Entwicklung auf einer bestimmten Stufe stehen bleibt. Im Wissenschaftssystem kann dies eine befristete Mittelbaustelle in der Forschung, eine befristete Vertretungsprofessur an einer Fachhochschule oder eine unbefristete Mittelbaustelle im Wissenschaftsmanagement sein. In der Privatwirtschaft ist dies eine Fachkarriere ohne Personalverantwortung oder eine Geschäftsführung in einem kleinen Unternehmen. Bis zu einer bestimmten Position ist also ein Stellenwechsel innerhalb eines Unternehmens möglich; streben die Befragten darüber hinaus einen beruflichen Aufstieg an, halten sie berufliche und räumliche Mobilität für sehr wichtig. Die immobilen Befragten haben also durchaus inhaltlich attraktive Stellen, sehen aber wenig Möglichkeiten, in Toppositionen vorzudringen. Sie setzen andere Prioritäten, beispielsweise familiäre oder private, eine anspruchsvolle, verantwortliche Beschäftigung ist ihnen dennoch sehr wichtig.

> „Ich denke, wenn man Karriere machen möchte, ist Umzugsmobilität wichtig. Für mich beantworte ich solche Fragen mit nein. Ich bin nicht bereit umzuziehen. Weil ich Kinder habe, und Familie und Beruf muss unter einen Hut gebracht werden. Es geht nicht nur um meine Karriere." (IP12)

Die Vorstellung der Notwendigkeit räumlicher Mobilität für eine Karriere scheint selbst bei denjenigen Befragten fest verankert, die relativ hohe Positionen ohne räumliche Mobilität erreicht haben. Diese Befragten führen ihren beruflichen Erfolg auf „Glück" oder „Zufall" zurück oder betonen, dass „es sich so ergeben" hat. Von den in der Wissenschaft tätigen Befragten wird jedoch auch die Bedeutung von sozialen und beruflichen Netzwerken betont, die Mobilität zum Teil ersetzen können und teilweise wichtiger seien als Mobilität.[28] Für einen solchen Karriereweg ist räumliche Mobilität eher kontraproduktiv:

> „Ich bin während des Studiums zweimal umgezogen, weil man uns sagte, dass das wichtig ist, ins Ausland zu gehen und zwar hab [ich] dann auch woanders promoviert als Diplom gemacht und dann auch als Postdoc noch mal gewechselt und musste aber feststellen, dass es eher ein Verlust ist an Netzwerken als ein Gewinn. Es ist eigentlich besser, man bleibt, weil die, die bleiben, dann auf die Dauer doch eher gefördert werden. Also ich denke, dass Mobilität nur sinnvoll ist, wenn man behütet mobil ist, also von irgendjemandem irgendwohin geschickt wird, der einem versichert, dass er einen wieder holt oder wenn man dann da bleiben will [an der neuen Stelle]." (IP10)

4.3 Mobilitätsmuster von Naturwissenschaftlerinnen und Ingenieurinnen in unterschiedlichen Lebensformen

Angesichts der deutlich gewordenen potenziellen Konflikte zwischen (antizipierten) Mobilitätserfordernissen und persönlichen Interessen stellt sich die Frage, wie diese potenziellen Konflikte gelöst werden und welche Rolle die Lebensform für das Mobilitätsverhalten spielt. Dieser Frage soll im Folgenden nachgegangen werden.

Die überwiegende Mehrheit der Befragten lebt in einer Partnerschaft (83,7 %), davon leben wiederum 86,5 % mit ihrem Partner oder ihrer Partnerin in einem Haushalt, 13,5 % gehören zu den LATs (Living apart together). Die Partnerschaf-

---

[28] In der privaten Wirtschaft tätige Befragte erwähnten das Thema Netzwerke nicht.

ten bestehen im Durchschnitt seit 10,9 Jahren. 57 % der Befragten sind (noch) kinderlos, die Befragten mit Kindern haben im Durchschnitt 1,7 Kinder. Knapp zwei Drittel der Befragten wohnen in einer Hauptwohnung zur Miete, etwas über ein Drittel wohnt im Eigentum.

In der Befragung der Naturwissenschaftlerinnen und Ingenieurinnen bestätigt sich der Befund aus der Bevölkerungsbefragung über den Einfluss der Lebensform auf das Mobilitätsverhalten: Zwar ergibt der Vergleich der Mobilitätsquotienten von Befragten in unterschiedlichen Lebensformen zum Zeitpunkt der Befragung nur für Frauen, die mit einem Partner/einer Partnerin und Kindern zusammen leben, einen signifikant geringeren Mobilitätsquotienten (von 5,6), während sowohl Alleinlebende als auch mit Partner/in Lebende höhere Quotienten haben (8,5 bzw. 8,7), die allerdings nicht signifikant sind[29]. Doch der Vergleich der Art des Wechsels der beruflichen Tätigkeit mit der Lebensform zum Zeitpunkt des Wechsels zeigt einen signifikanten Zusammenhang (siehe Tabelle 13).

Tabelle 13 Tätigkeitswechsel mit und ohne Umzug nach Lebensform der Befragten zum Zeitpunkt des Tätigkeitswechsels

Umzug	zusammen lebend ohne Kind(er)	zusammen lebend mit Kind(ern)	Partner-schaft, getrennter Haushalt	Single ohne Kind	Single mit Kind(ern)	Allein mit Kind(ern), Partner in getrenn-tem Haus-halt	gesamt
ja	41,4 % (353)	26,6 % (133)	59,5 % (247)	57,7 % (241)	44,7 % (17)	29,7 % (11)	44,3 % (1.002)
nein	58,6 % (500)	73,4 % (367)	40,5 % (168)	42,3 % (177)	55,3 % (21)	70,3 % (26)	55,7 % (1.259)

n = 2.261
χ^2 = 138,765, df = 5, p $\leq$ 0,01, Cramers V = 0,248

Quelle: eigene Auswertung

Bei den 2.261 neuen beruflichen Tätigkeiten, für die uns Angaben zur räumlichen Mobilität und zur Lebensform vorliegen, zeigt sich sehr deutlich: Frauen, die in einer Partnerschaft mit Kindern leben, wechseln ihre Tätigkeit ganz überwiegend (73,4 %) ohne Umzug. Bei Alleinlebenden mit Kind ist der Anteil der

---

[29] Die fehlende Signifikanz ist vermutlich darauf zurückzuführen, dass die Lebensform zum Zeitpunkt der Befragung nur ein indirekter Indikator für den Zusammenhang zwischen Lebensform und Mobilität zum Zeitpunkt der Mobilitätsentscheidung ist. Zum Zeitpunkt der Befragung mit Kindern Lebende waren möglicherweise lange Zeit als Single mobil (und vice versa).

Tätigkeitswechsel mit Umzug weit überdurchschnittlich, aber nur, wenn keine LAT-Partnerschaft besteht.

Eine Partnerschaft mit Kindern stellt, so lässt sich resümieren, auch für hochqualifizierte Naturwissenschaftlerinnen und Ingenieurinnen, also Frauen, die einen frauenuntypischen Beruf gewählt haben, ein Mobilitätshemmnis dar.

Der daraus entstehende Konflikt wird, darauf deuten sowohl einige Ergebnisse unserer quantitativen Analyse als auch der qualitativen Interviews hin, in vielen Fällen durch eine Verlagerung der Familienphase auf die Zeit nach der beruflichen Etablierung zu lösen versucht: Die mobilste Phase ist die Phase unmittelbar nach der Promotion: 29,5 % der Befragten sind direkt im Jahr der Promotion für eine neue berufliche Tätigkeit umgezogen, über ein Drittel der Befragten (34,5 %) ist im zweiten bis vierten Jahr nach der Promotion in Zusammenhang mit einem beruflichen Wechsel umgezogen, teilweise wegen einer Postdoc-Stelle, teilweise für einen Einstieg in die Privatwirtschaft. Je ein weiteres Fünftel ist in den Jahren fünf bis neun sowie zehn Jahre und mehr nach der Dissertation umgezogen. Knapp die Hälfte der letztgenannten Umzüge (45,2 %) war mit der Berufung auf eine Professur verbunden.

Auch in den qualitativen Interviews vertraten die Befragten überwiegend die Meinung, dass räumliche Mobilität vor allem in der Phase der beruflichen Etablierung nach der Promotion wichtig ist. Mobilität wird in der Etablierungsphase nicht nur für notwendig, sondern auch für positiv gehalten, um neue Erfahrungen zu sammeln. Ein Großteil der Interviewten betont aber, dass es wichtig ist, eine Perspektive zu haben, um dauerhaft an einem Wohnort bleiben zu können. Der Wunsch der Mehrheit der Befragten ist es, nach der Etablierungsphase eine unbefristete Stelle antreten zu können, die dem inhaltlichen Profil der Frauen entspricht und die Möglichkeit bietet, dort „sesshaft" zu werden. In diesem Zusammenhang stellt eine Tätigkeit in der Wissenschaft aufgrund der vergleichsweise prekären Stellen und der langen Qualifizierungsphasen eine Besonderheit dar. Die Berufung auf eine Professur erfolgt in den meisten Fällen nach der Familiengründung und ist mit einem Umzug verbunden: Um Familie bzw. eine dauerhafte Partnerschaft mit den Mobilitätsanforderungen beim Antritt einer Professur zu vereinbaren, wählen die Professorinnen mobile Wohnformen oder ziehen mit dem gesamten Haushalt um, wodurch es für den Partner zu beruflichen Nachteilen kommen kann. Die finanzielle und räumliche Unsicherheit wird von den interviewten Wissenschaftlerinnen als sehr belastend empfunden.[30] Einige Befragte halten eine dauerhafte Partnerschaft bzw. eine Familiengründung erst nach Antritt einer unbefristeten Stelle und damit einer sicheren räumlichen Perspektive für möglich.

---

[30] Dies geht ebenfalls aus den Kommentaren in der Onlinebefragung hervor.

4.4 Unterschiedliche Strategien des Umgangs mit Kariere und räumlicher Mobilität – eine Typisierung von Naturwissenschaftlerinnen und Ingenieurinnen

Zwar belegen die Ergebnisse der quantitativen Analyse der Onlinebefragung sowohl die Bedeutung räumlicher Mobilität für die berufliche Entwicklung als auch die mobilitätshemmende Wirkung eines Lebens in einer Partnerschaft mit Kindern, doch lassen die Daten auch eine bemerkenswerte Vielfalt des Umgangs mit Karriere und Mobilität erkennen.

Um diese Vielfalt sichtbar zu machen, wurden mit Hilfe einer Clusteranalyse unterschiedliche Typen des Umgangs mit Karriere und Mobilität identifiziert.

Die Analyse ergab insgesamt fünf Cluster, wobei einige Fälle (z. B. ältere, alleinlebende Frauen oder Paare, in denen die Frau eine Führungsposition bekleidet und der unterstützende Partner entweder in Teilzeit beschäftigt ist oder keiner Erwerbsarbeit nachgeht), wegen zu geringer Fallzahlen nicht zugeordnet werden konnten. Folgende Cluster wurden identifiziert:

a) Das größte Cluster sind die mobilen, jungen allein wohnenden Frauen (25,8 %, n = 154, Durchschnittsalter: 35,7). Sie stehen noch am Anfang ihrer Karriere und waren bisher sowohl räumlich als auch beruflich mobil: Sie leben erst seit kurzer Zeit (durchschnittlich 3,7 Jahre) an ihrem jetzigen Wohnort. Jede vierte hat einen Partner, mit dem sie nicht zusammen lebt. Die Frauen dieser Gruppe üben eine hochqualifizierte Tätigkeit aus, die ihrer Qualifikation entspricht.

b) Fast ebenso häufig sind die mobilen, jungen Frauen in Partnerschaften vertreten (22,4 %, n = 134, Durchschnittsalter: 34,6). Auch sie stehen noch am Anfang ihrer Karriere und üben eine hochqualifizierte Beschäftigung aus, die ihrer Qualifikation entspricht. Sie leben aber mit ihrem Partner in einem Haushalt, beide Partner üben eine Vollzeitbeschäftigung aus. Seit ihrer Promotion waren sie sowohl beruflich als auch räumlich mobil und leben erst seit kurzem an ihrem jetzigen Wohnort (durchschnittlich 3,9 Jahre).

c) Etwas seltener sind die immobilen, jungen Frauen in Partnerschaften (20,2 %, n = 121, Durchschnittsalter: 35,1), die mit ihrem Partner, aber ohne Kind(er) in einem Haushalt leben und seit ihrer Promotion nicht aus beruflichen Gründen umgezogen sind. Sie leben im Durchschnitt 11,7 Jahre an ihrem Wohnort. Beruflich waren sie trotzdem mobil, seit ihrer Promotion haben sie mehrmals die Stelle gewechselt. Sowohl sie als auch ihr Partner sind Vollzeit beschäftigt.

d) Die vierte Gruppe sind immobile Frauen mit Familienorientierung (20,6 %, n = 123). Sie sind etwas älter (Durchschnittsalter: 39,3) und leben in einem Haushalt mit ihrem Partner und Kind(ern). 56,1 % dieses Typs üben eine Tätigkeit unterhalb ihrer Qualifikation aus und sind zu einem großen Teil Teilzeit beschäftigt, der männliche Partner sorgt in diesen Haushalten für einen Großteil des Einkommens. Seit ihrer Promotion waren sie immobil und leben durchschnittlich seit 12,5 Jahren an ihrem Wohnort.

Zu dieser Gruppe gehört z. B. Frau K.

Frau K. und ihr Mann sind beide promoviert und sind auch bereits seit der Promotion zusammen. Nach der Promotion erhielt Frau K. von ihrem Doktorvater das Angebot, mit ihm das Institut zu wechseln. Das neue Institut liegt in derselben Region, ist aber sehr weit entfernt. Zunächst richtete sich Frau K. in der neuen Stadt ein Zimmer ein, am Wochenende pendelte sie zu ihrem Mann zurück. Nach der Geburt ihres Kindes gab sie die Nebenwohnung auf und reduzierte ihre Arbeitszeit. Jetzt pendelt sie an fünf Tagen in der Woche in das Institut. Die Familie hat sich entschlossen, ihren Wohnsitz beizubehalten. Frau K. ist als wissenschaftliche Angestellte beschäftigt und arbeitet als Projektleiterin. Sie ist zufrieden mit ihrer Arbeit, sie macht ihr Spaß und sie ist froh, dass sie sich gut mit ihrem Familienleben vereinbaren lässt. Die tägliche Pendelzeit empfindet sie aber als große Belastung. Frau K. ist befristet angestellt und wird projektweise verlängert. (vgl. IP02)

Hier wird ein typisches Muster der immobilen Frauen mit starker Familienorientierung deutlich. Um ihren Wohnsitz beizubehalten, nehmen sie lange tägliche Pendelzeiten in Kauf, die oft als belastend empfunden werden. Die Tätigkeit soll interessant und anspruchsvoll sein und sich mit dem Familienleben vereinbaren lassen. Eine Führungsposition oder Karriere wird jedoch nicht angestrebt, vielmehr wird der beruflichen Entwicklung des männlichen Partners der Vorrang eingeräumt. Sobald er eine unbefristete Tätigkeit mit Aufstiegsmöglichkeiten erreicht hat, wird die Familie immobil.

e) Dagegen stellen lässt sich der Typ der mobilen „Power-Frau" mit Kind(ern) und Führungsposition (11 %, n = 66). Diese Frauen sind ebenfalls etwas älter (Durchschnittsalter: 40,2) und leben mit ihrem Partner und Kind(ern) in einem Haushalt zusammen, zumeist sind beide Partner Vollzeit beschäftigt und können als Doppelkarrierepaar bezeichnet werden. Die Frauen hatten seit der Promotion mindestens drei Stellen und üben inzwischen eine Führungsposition im Wissenschaftssystem oder im mittleren bzw. im Topmanagement aus. Nach der Promotion sind sie einige Male umgezogen, im Durchschnitt leben sie seit 6,6 Jahren an ihrem Wohnort. Ihre Umzüge haben teilweise zu Beginn ihrer Karriere, als sie noch keine Kinder hatten, stattgefunden.

Eine der Befragten dieser Gruppe ist Frau P.

Frau P. hat mit ihrem jetzigen Mann zusammen studiert, danach sind beide zusammen für die Promotionsstelle von Frau P. umgezogen. Nach ihrer Promotion blieb Frau P. in der gleichen Stadt und arbeitete in einem Ingenieurbüro und bekam in dieser Zeit zwei Kinder. Ihr Mann erhielt das Angebot, für ein Projekt im europäischen Ausland zu arbeiten. Zunächst pendelte ihr Mann jedes Wochenende nach Deutschland zurück, dann erhielt Frau P. die Möglichkeit, zu ihrem Mann zu ziehen und in Telearbeit weiter für ihren Arbeitgeber zu arbeiten. Mit den Kindern zog sie zu ihrem Mann. Frau P. konnte im Ausland Kontakte knüpfen und bekam nach kurzer Zeit ein Angebot für eine interessante Stelle an einer Universität am Wohnort ihres Mannes. Nach einiger Zeit trafen beide die Entscheidung, nach Deutschland zurückzukehren, Frau P. begann, sich in Deutschland zu bewerben, sie bekam einen Ruf auf eine Professur. Mit den Kindern zog sie zurück, um die Stelle anzutreten. Nach Abschluss eines Projekts konnte auch ihr Mann wieder in Deutschland für sein Unternehmen arbeiten und zog nach. Auf Grund der Professur hat die Familie nun eine langfristige Perspektive an ihrem Wohnort. Frau P. bewertet die Entscheidung, ihrem Mann ins Ausland zu folgen, als sehr positiv und hält diese Erfahrung für mitentscheidend für ihren Ruf auf die Professur. (vgl. IP21)

Ein typisches Muster der Paare, in denen beide Partner Karriereambitionen verfolgen und Mobilitätsanforderungen ausgesetzt sind, wird hier deutlich: Beide Partner geben sich die Möglichkeit, interessante Angebote anzunehmen, für eine bestimmte Zeit werden getrennte Wohnsitze in Kauf genommen. Währenddessen versucht der zurückbleibende Partner/die Partnerin, eine auch für seine/ihre Entwicklung attraktive Tätigkeit am neuen Wohnort des Partners/der Partnerin zu bekommen und zieht dann nach. In der längerfristigen Perspektive geht es darum, in einer Region für beide Partner/innen eine interessante berufliche Tätigkeit zu finden, um als Paar zusammenleben und möglicherweise eine Familie gründen zu können.

Partnerschaften, in denen die Frau immer wieder der Karriere des Partners nachzieht, konnten in der Stichprobe und in den Interviews nicht identifiziert werden, dieses Muster scheint für die promovierten Naturwissenschaftlerinnen und Ingenieurinnen untypisch zu sein. Das dargestellte Muster, wonach die Partner sich mit dem Nachziehen gewissermaßen abwechseln und dabei versuchen, eigene berufliche Chancen wahrzunehmen, ist dagegen typisch.

4.5 Zwischenfazit

Auch die Befragung promovierter Natur- und Ingenieurwissenschaftlerinnen bestätigt die karrierebegünstigende Wirkung räumlicher Mobilität. Sie zeigt auch, dass hochqualifizierte Frauen – auch wenn sie in einem männerdominierten Feld arbeiten – diesen Mobilitätserfordernissen nur in bestimmten Lebensphasen (in denen sie räumliche Mobilität oft als positiv empfinden) nachkommen. Vergleicht man die quantitativen Daten, die einen relevanten Anteil von nur wenig mobilen Frauen mit beruflichem Erfolg belegen, mit den Aussagen in den qualitativen Interviews, so scheint es fast, als wäre der Mobilitätsmythos in den Köpfen stärker als der tatsächliche Effekt räumlicher Mobilität für die berufliche Entwicklung von Frauen. Dieser Mythos wird aufrechterhalten, wenn berufliche Erfolge ohne eine besondere Mobilitätsbereitschaft auf „Glück" oder Zufall zurückgeführt werden. Partnerschaft an sich ist noch kein Mobilitätshindernis für Frauen. Leben Frauen jedoch mit ihren Partnern zusammen, wirkt das tendenziell mobilitätshemmend. Verstärkt wird dieser Effekt, wenn sie in Partnerschaften mit Kindern leben. Auch die Tatsache, dass in unserer Clusteranalyse der Typ „tied mover" nicht identifiziert werden konnte und statt dessen ein Cluster gefunden wurde, bei dem einmal den Mobilitätserfordernissen der Partnerin und das andere Mal denen des Partners Priorität eingeräumt wird, deutet auf einen Wandel des Geschlechterverhältnisses zumindest in der untersuchten Gruppe hochqualifizierter Frauen in einem männerdominierten Berufsfeld hin.

In einem weiteren Kapitel wird nun der Frage nachgegangen, inwieweit auch bei den Mobilitätserwartungen von Wirtschaft und Wissenschaft ein Wandel erkennbar ist.

5.   Mobilitätserwartungen von Wirtschaft und Wissenschaft

5.1 Anforderungen an (weibliche) Führungskräfte in Unternehmen

Wirtschaft und Wissenschaft werben inzwischen offensiv um weibliche Fach- und Führungskräfte und betonen ihr Interesse, mehr Frauen in Führungspositionen bringen zu wollen. Das bestätigen auch die befragten Unternehmensvertreter/innen. Es wird stolz berichtet, wenn das Unternehmen vergleichsweise viele Frauen in Führungspositionen vorweisen kann, und es ist legitimationsbedürftig geworden, wenn ein Unternehmen nur wenige Frauen in Führungspositionen hat.

> „Wir sind da ja schon besser geworden, wenn man mal rein die Prozentsätze und die absoluten Zahlen von Frauen in Führungspositionen sieht. Aber das ist ein langer, steiniger Weg, bis man die auch ganz in die Spitze bringt." (U12)

In allen befragten Unternehmen – mit einer Ausnahme – sind Frauen in Führungspositionen deutlich in der Minderheit. In den Führungsnachwuchsprogrammen sind sie stärker vertreten und es wird offensiv um Frauen geworben[31].

---

[31] Dies zeigt sich im Übrigen auch daran, wie die Unternehmen ihre Personalentwicklung für Fach- und Führungsnachwuchs auf ihren Internetseiten darstellen: Die Bilder werden „diverser": mehr Frauen, mehr Menschen mit nichtweißer Hautfarbe, mehr ältere Beschäftigte.

Führungskräfte werden überwiegend im eigenen Unternehmen entwickelt und aus den eigenen Reihen rekrutiert. Von Führungskräften wird erwartet, dass sie sehr gut qualifiziert und überdurchschnittlich leistungsbereit sind. Unternehmensinterne Beweglichkeit, also die Bereitschaft zu mehrfachem Positions- und Bereichswechsel wird positiv bewertet und von Führungskräften mit weiteren Karriereambitionen auch erwartet. Arbeitgeberwechsel in der Vita von externen Bewerber/inne/n werden branchen- und funktionsbereichsspezifisch unterschiedlich gewertet, d. h. im Controlling werden häufige Arbeitgeberwechsel nicht gern gesehen, im Vertrieb zeichnen mehrere Wechsel Kandidat/innen positiv aus. „Jobhopper" möchte jedoch kein Unternehmen, da vermutet wird, dass sie nicht bereit sind, sich längerfristig an das einstellende Unternehmen zu binden. Auslandsaufenthalte sind ein „nice to have" mit zunehmender Bedeutung. Bewerber/innen, Frauen wie Männer, bringen diese Erfahrungen zunehmend mit. Heutige Hochschulabsolvent/innen haben vielfach schon in der Schulzeit oder als Studierende Auslandsaufenthalte absolviert. Englische Sprachkompetenz ist heute ein „must have" für (angehende) Fach- und Führungskräfte in international agierenden Unternehmen.

Bedeutsamer als die formalen Qualifikationen, die vorausgesetzt werden, ist für die Rekrutierung die kulturelle Passung der Kandidat/innen mit dem Unternehmen, also die Erwartung, dass ein/e Bewerber/in sich in die Unternehmens-, Betriebs- und Führungskultur einfügen wird.

> „,Cultural fit' (...) Passt das in unsere Unternehmenskultur rein, ja oder nein? Das ist ein ganz ausschlaggebender Faktor. Viele fachkompetente Leute sind hier schon gescheitert, weil sie die Kultur nicht verinnerlicht haben, gelebt haben." (U11)

Neben und jenseits von Qualifikation und Leistung spielen also Faktoren wie homosoziale und habituelle Ähnlichkeit zu Entscheider/innen und unternehmensinternen Umwelten, Werteorientierungen usw. eine Rolle für die Personalentscheidungen. Diese Faktoren können als informelle Hindernisse für Frauen wirken[32] und gelten als eine Ursache für die sogenannte „Gläserne Decke", an die viele karriereorientierte Frauen stoßen[33].

Mobilitätsbereitschaft wird von (potenziellen) Fach- und Führungskräften in unterschiedlichem Ausmaß erwartet. Im folgenden Abschnitt gehen wir auf Mobilitätsanforderungen und die Wahrnehmung der Mobilitätsbereitschaft von

---

[32] Die Frauen- und Geschlechterforschung, die Management- und die Elitenforschung hat die Schließungsmechanismen, die hier für Frauen, Minderheiten und soziale Aufsteiger/innen wirken können, vielfältig belegt (vgl. dazu klassisch Kanter 1977; weiter u. a. Krell 2010; Müller 2008; für die Elitesoziologie: Hartmann 2004)

[33] Einigen unserer Gesprächspartnerinnen ist das Phänomen vertraut: „Ich finde, die gläserne Decke ist eine sehr schöne fast poetische Beschreibung einer ganz anderen Form von Decke. Aus meiner Sicht ist das eine dicke Decke, die vollgestopft ist mit Männern und nicht aus Glas." (U2)

hochqualifizierten Frauen und Männern in Wirtschafts- und Wissenschaftsorganisationen ein.

5.2 Mobilitätsanforderungen und Mobilitätsbereitschaft

Von Führungsnachwuchskräften wird grundsätzlich erwartet, dass sie zeitlich flexibel, engagiert und mobil sind.[34] Dabei haben in den letzten zwei Dekaden offenbar alle Mobilitätsformen (Fernpendeln, Dienstreisen mit Übernachtungen, Umzüge aufgrund von Versetzungen oder Stellenwechseln wie auch Multi-Mobilität) an Bedeutung zugenommen (Ruppenthal 2010). Unsere Befunde bestätigen dies für die Ebene der Unternehmen und dies nicht nur für Großunternehmen, sondern auch für kleine und mittlere Unternehmen, die sich auf den nationalen und internationalen Markt ausrichten.

> „Also es hat sich rasant verändert, was ich vorhin gesagt hab, […] wir haben hier in unserer kleinen Welt gelebt, waren dann plötzlich deutschlandweit unterwegs, jetzt sind wir international unterwegs, also die Mobilitätsanforderungen, die werden noch höher werden." (U08)

Im Folgenden gehen wir auf die Mobilitätsformen ein, die in den unterschiedlichen Funktions- und Tätigkeitsbereichen gefordert werden. In allen Funktionsbereichen, in denen Produkte bzw. Dienstleistungen verkauft und vor Ort entwickelt, installiert, angepasst, implementiert werden müssen, sind Anwesenheiten beim Kunden unabdingbar.

So sind z. B. in der Softwareindustrie die Entwickler/innen oft wochen- und monatelang beim Kunden eingesetzt:

> „Also ich bin jetzt seit zehn Jahren in der IT-Branche und die Anforderungen an die Mobilität waren früher deutlich geringer. Dort hat man in der Regel dann […] im Büro gesessen und hat hier entwickelt oder konzipiert oder implementiert und seit einigen Jahren ist es so, dass der Kunde möchte, dass die Arbeit bei ihm […] vor Ort erfolgt, so dass wir immer höhere Anforderungen an die Mobilität der Mitarbeiter stellen und die Mitarbeiter, gerade die jüngeren, aber auch immer mehr dazu bereit sind." (U01)

Projektarbeit bei und mit den Kunden leisten u. a. auch Unternehmensberater/innen und Werbefachleute. Maschinen- und Anlagenbauingenieur/innen betreuen

---

[34] Den Autorinnen ist bewusst, dass es hohe Anforderungen an zeitliche Flexibilität und räumliche Mobilität auch in anderen, niedrig(er) entlohnten Segmenten des Arbeitsmarktes gibt, die für die betroffenen Beschäftigten (und ihre privaten Lebensarrangements) große Härten bedeuten können.

den Aufbau ihrer Produkte vor Ort. Hochspezialisierte Bio-Medizin-Apparaturen werden auf dem internationalen Markt inklusive der Einweisung verkauft, wofür die hochqualifizierten Entwickler/innen ebenfalls vor Ort sein müssen. Qualitätsbeauftragte in Industrieunternehmen überprüfen ihre Zulieferer. Manager/innen aus Einzelhandelszentralen betreuen Aufbau und Eröffnung neuer Filialen, Bezirksleiter/innen besuchen die Niederlassungen und Filialen in regelmäßigen Abständen. Dies sind nur einige Beispiele für Tätigkeitsbereiche mit ausgeprägten Reiseanforderungen und längeren Abwesenheitszeiten vom Stammbetrieb. Beschäftigte, die in diesen Bereichen tätig werden (wollen), stellen diese Mobilitätsanforderungen nicht in Frage. Wer in diesen Funktions- und Tätigkeitsbereichen arbeiten wolle – so die Expert/innen – wisse, worauf er bzw. sie sich einlasse und akzeptiere das.

Um einen Teil der Reisetätigkeit zu substituieren, nutzen Unternehmen moderne Telekommunikationsmöglichkeiten (z. B. Videokonferenzen, Internetkommunikation, E-Collaborating), vor allem um Kosten und Energie zu sparen. Dienstreisen bleiben aber aufgrund der hohen Bedeutung persönlicher Kontakte notwendig. Basisressource in Organisationen und in Geschäftsbeziehungen ist Vertrauen, das nicht nur technisch vermittelt aufgebaut und stabilisiert werden kann, sondern auf berechenbaren Beziehungen zwischen Personen beruht[35]. Angesichts von häufigen Umstrukturierungen und Fusionen wird diese Vertrauensarbeit immer wieder neu gefordert.

Berufliche Positionswechsel erfordern zum Teil Ortswechsel. Die Bereitschaft, für eine andere berufliche Position umzuziehen, wird bei potenziellen Führungskräften zwar grundsätzlich voraus gesetzt, aber nicht alle Kandidat/innen sind dazu bereit und nicht alle Aufstiege in Unternehmen erfordern diese Form von Mobilität. Umgekehrt sind auch nicht alle Positionswechsel mit Aufstieg verbunden.

„Wer wirklich Karriere machen möchte, kommt in manchen Punkten auch nicht dran vorbei, vielleicht mal mobil zu sein. Auf der anderen Seite haben wir hunderte Führungskräfte, die noch nie räumlich mobil waren und trotzdem bis ganz nach oben gekommen sind, weil wir eben hier [in der Region] im Schwerpunkt sitzen." (U12)

Hier wird noch einmal deutlich, dass die Anforderung, für die berufliche Karriere den Wohnort zu wechseln, abhängig von Standort und Aktionsradius des Unternehmens und vom Tätigkeitsbereich der Beschäftigten ist.

In der Wahrnehmung der Unternehmensvertreter/innen ist die Bereitschaft, aus beruflichen Gründen umzuziehen bzw. nicht umzuziehen, unabhängig vom Geschlecht der Kandidat/innen.

---

[35] Zur geschlechtersensiblen Reflexion über Vertrauen in Organisationen vgl. Deters 1995.

„Ich hab in der Tat schon erlebt, dass Frauen abgelehnt haben, wegen Mobilitätspro-
blemen, aber es haben halt eben auch unglaublich viele Männer abgelehnt, deshalb
könnt ich da jetzt nicht sagen, ob das bei Frauen häufiger passiert als bei Männern.
Uns fehlt da einfach die Vergleichsgröße, weil wir wie gesagt auf Topebene zu wenige
Kandidatinnen haben." (U12)

Lebensphasenspezifisch stellen die Unternehmen unterschiedliche Bereitschaft
zu beruflicher Umzugsmobilität fest: Ohne Kinder sind Fach- und Führungskräfte eher mobilitätsbereit, hier gibt es zumindest bei den jüngeren Beschäftigten
kaum Unterschiede zwischen Männern und Frauen. Einschränkungen in der
Mobilitätsbereitschaft nehmen die von uns befragten Expert/innen wahr, wenn
Kinder vorhanden sind, und dies bei beiden Geschlechtern, allerdings bei Frauen
häufiger. Nach der Familienphase mit Kindern steigt dann die Mobilitätsbereitschaft wieder. Eine geringere Mobilitätsbereitschaft gibt es offenbar zunehmend
auch bei Männern im Fall von der Pflege- bzw. Betreuungsbedürftigkeit von
Familienangehörigen.

Vereinzelt werden aus den lebensphasenspezifischen Mobilitätsbereitschaften
vorsichtige Schlüsse auf mögliche alternative Karrierewege gezogen:

„Es ist häufig so, dass die Mobilität in der Familienphase einfach abnimmt, und
wenn dann die Kinder aus dem Haus sind, und die Eltern noch nicht in dem Zustand,
dass man sagt, man sollte sie nicht alleine lassen, dass dann so 'ne Phase kommt,
wo man sagt, also ich wäre auch dazu bereit noch mal rauszugehen. Und ich erlebe
gerade viele Personen jenseits der 50, die in dieser Situation sind, die dann auch auf
uns zukommen (…) Also von daher sage ich ja, es ist eher so etwas, wo es so'n Gap
in der Lebensmitte gibt, wo man weniger mobil ist und dann Richtung Ende des
Berufslebens steigt die Mobilität wieder eher." (U02)

Eine besonders anspruchsvolle Mobilitätsform sind Auslandsentsendungen. In
Bezug auf Auslandsmobilität wird berichtet, dass in den allermeisten Fällen die
klassische Arbeitsteilung herrsche: Der Hauptverdiener Mann übernimmt den
Auslandsjob, die Ehefrau zieht mit und übernimmt die Familienarbeit. Allerdings
spüren die von uns befragten Unternehmen teilweise Problemdruck, geeignete
Kandidat/innen für einen Auslandseinsatz zu gewinnen.

„Wir hatten vor ungefähr zehn, zwölf Monaten 'ne sehr attraktive Position in Asien
zu besetzen und hatten vielleicht so zehn, zwölf Kandidaten in Deutschland, die
fachlich und von dem Standpunkt, wo sie grad in ihrer Laufbahn waren, dafür in
Frage kamen. Wir haben keinen einzigen davon gewinnen können, diese Aufgabe
zu übernehmen. Entweder bei einer Person war der Lebenspartner erkrankt und
brauchte hier 'ne vernünftige medizinische Betreuung. Der zweite war geschieden

und wollte nicht so weit weg von den Kindern sein. Bei dem dritten stand die Frau kurz vor der Beförderung, das wollte er nicht gefährden. Bei der nächsten waren die Eltern schwer erkrankt." (U04)

Die aus Sicht dieses Unternehmens in Frage kommenden männlichen Führungskräfte machten in diesem Beispiel also Hinderungsgründe in der privaten Lebenssituation geltend (pflegebedürftige Angehörige, Kinder, Karriere der Partnerin), also Gründe, die traditionell eher bei Frauen vermutet werden.

Forschungen zu „Expatriates" und dem neuen Typ des „Globalmanagers"[36] zeigen, dass Auslandsaufenthalte nicht automatisch Sprünge auf der Karriereleiter zur Folge haben. Sie können auch ein Verharren auf der Karriereebene bedeuten, während daheimgebliebene Konkurrenten durch Aktivieren von Netzwerken und Seilschaften vorbeiziehen[37]. Hinzu kommen Fremdheitserfahrungen und Irritationspotenziale von Rückkehrer/innen, die von ihnen bewältigt und vom entsendenden Unternehmen dann bearbeitet werden müssen (vgl. Mense-Petermann 2009; Minssen 2009; Pohlmann 2009)[38]. Ob Auslandserfahrungen für eine Karriere „ganz nach oben" unabdingbar sind oder nicht, dazu gehen die Einschätzungen und Erfahrungen unserer Gesprächspartner/innen auseinander.

„Es gibt Unternehmen, die sagen, es müssen mindestens zwei Erfahrungen im Ausland, zwei wichtige Positionen im Ausland besetzt worden sein, und dann auch noch in zwei verschiedenen Kontinenten, bevor es überhaupt in den oberen Führungskreis geht." (U23)

„Wenn Sie vor zehn Jahren jemandem gesagt haben, du kannst dieses und jenes im Ausland machen, dann war damit häufig verbunden [...] das Thema, wenn ich da einen guten Job mache und ich komme zurück, dann mache ich Karriere. Das hat sich sehr verändert. Also der Auslandsaufenthalt ist zwischenzeitlich nicht mehr automatisch ein Karriereschritt." (U02)

---

[36] „Globalmanager" sind global agierende Manager/innen, die dauerhaft beruflich international mobil sind, deren Auslandsaufenthalte sich also nicht auf einen oder wenige Auslandsentsendungen beschränken. Dieser neue Managertypus erfährt als Leitidee hohe Aufmerksamkeit v. a. in der Wirtschaftspresse. In vielen Unternehmen ist dieser Typus aktuell noch mehr Leitbild denn Realität (bspw. bei VW, vgl. Mense-Petermann/Klemm 2009), allerdings nimmt offenbar die Bedeutung in internationalen Konzernen zu (exemplarisch für den Konzern Reckitt Benckiser: Becht 2010).

[37] „Wir weisen allerdings auch darauf hin, dass jeder Entsandte Unternehmer in eigener Sache sein sollte. Es gilt, das Netzwerk zu Hause zu pflegen und sich selbst darum zu kümmern, nicht in Vergessenheit zu geraten." (Siegfried Russwurm, Personalvorstand von Siemens, im Interview, Harvard Business Manager, Juni 2010: 46)

[38] Die hier referierte Literatur scheint implizit vom männlichen auslandsentsandten Manager auszugehen. Es fehlen Hinweise auf weibliche Auslandsentsandte.

Hochqualifizierte Beschäftigte beiderlei Geschlechts, die nicht (mehr) in hohem Maße mobil sein wollen, orientieren sich inhaltlich anders (Wechsel in interne Abteilungen o. Ä.) und nehmen dafür bewusst auch einen „Karriereknick" in Kauf. Die befragten Unternehmensvertreter/innen nehmen das häufiger bei Frauen wahr, betonen aber, dass auch viele Männer zu Gunsten von familiären, sozialen und regionalen Bindungen auf weiteren beruflichen Aufstieg verzichten. In diesem Zusammenhang ist darauf zu verweisen, dass Führungspositionen im Zuge von Lean Management und Fusionen insgesamt weniger werden, so dass das Aufstiegsversprechen, das in früheren Jahren karriereorientierten Angestellten implizit gegeben wurde, für immer weniger potenzielle Führungskräfte eingelöst werden kann. Insofern richten sich auch viele zunächst karriereorientierte Nachwuchskräfte auf mittlerer Ebene mehr oder weniger zufrieden ein (vgl. dazu Kotthoff/ Wagner 2008).

Karrierewege und -optionen in der Wissenschaft unterscheiden sich strukturell erheblich von Karrieren in der Wirtschaft und die Mobilitätsanforderungen sind andere. Akademische Qualifizierungsphasen sind in der Regel mit befristeter Beschäftigung und Ortswechseln verbunden, sofern man nicht in Regionen mit einem dichten Besatz einschlägiger Wissenschaftseinrichtungen residiert. Lebenslaufbezogen herrschen sehr lange unsichere Berufsperspektiven mit hohem Scheiternsrisiko. Verschärfend wirkt sich die mit der Ausweitung der Drittmittelforschung zunehmende Ausbreitung prekärer Beschäftigungsverhältnisse (Teilzeit, Aneinanderreihung befristeter Verträge) an Hochschulen und Forschungseinrichtungen aus[39].

Die von uns befragten Expert/innen aus renommierten naturwissenschaftlichen und lebenswissenschaftlichen Einrichtungen beschrieben die Mobilitätsanforderungen für ihre Forschungsfelder und -disziplinen, die sich von anderen Fächern zum Teil deutlich unterscheiden. Drittmittelbeschäftigte Wissenschaftler/ innen in der Promotions- oder Postdoc-Phase sind hier z. B. teilweise abhängig von der beruflichen Mobilität ihrer Forschungsgruppenleitung. Arbeitsaufenthalte an anderen Forschungseinrichtungen im In- und Ausland sind teilweise auch erforderlich, weil hochspezialisierte Anlagen und Labors, die am Beschäftigungsort nicht vorhanden sind, für die eigene Forschung genutzt werden müssen. Auslandsaufenthalte in angesehenen einschlägigen Wissenschaftseinrichtungen gelten als notwendig, um wissenschaftliche Reputation aufzubauen, ebenso wie Reisen zu Tagungen im In- und Ausland. Letztere Anforderung wird aber nach Aussage der Expert/innen in der Regel nicht als Belastung, sondern als Chance und Anerkennung erfahren, die eigenen Forschungsergebnisse der (internationalen) wissenschaftlichen Gemeinschaft präsentieren zu dürfen. Der Ruf auf eine Professur ist

---

[39] Diese Entwicklung wird als wesentliche Ursache für die zunehmende Kinderlosigkeit des wissenschaftlichen Mittelbau gesehen (Metz-Göckel et al. 2010).

ebenfalls meistens mit einem Umzug bzw. der Etablierung eines zweiten Wohnsitzes verbunden, da Hausberufungen bei akademischen Karrieren die Ausnahmen
sind. Forscher/innen mit dem Ziel Professur stellen die Mobilitätsanforderungen im
Verlauf ihrer Karriere offenbar nicht in Frage. Die Expert/innen betonen allerdings,
dass die Hauptbelastung während der wissenschaftlichen Karriere weniger die
räumlichen als die zeitlichen Flexibilitäts- und Verfügbarkeitsanforderungen in
diesen forschungsintensiven Arbeitsfeldern seien, besonders für Wissenschaftler/
innen mit Kindern.

Neue Perspektiven mit geringeren Mobilitätsanforderungen bieten Karrieren
im Wissenschaftsmanagement: Hier werden auf der Ebene von Fakultäten und
Instituten zunehmend mehr hochqualifizierte Dauerstellen auf mittlerem Niveau
geschaffen, die den Betrieb von Forschung und Lehre managen, ohne selbst noch
darin involviert zu sein.

5.3 Betriebliche Maßnahmen zur Bewältigung von Mobilitätsanforderungen

Befragungen von Führungskräften haben ergeben, dass Mobilitätsanforderungen
zu den Barrieren für eine bessere Vereinbarkeit von Beruf und Familie für betrof-
fene Führungskräfte zählen (Gerlach/Schneider 2010). Im Folgenden beschreiben
wir, wie die in unserem Sample versammelten Betriebe ihre Führungskräfte dabei
unterstützen, die betrieblichen Mobilitätsanforderungen mit ihren privaten raum-
zeitlichen Interessen zu vereinbaren.

Zur Substitution von Geschäftsreisen setzen Unternehmen verstärkt auf
E-Collaborating, Videokonferenzen usw. In erster Linie tun sie dies, um Reise-
und Arbeitskosten zu sparen, zum Teil auch aus Gründen des Umweltschutzes. Mit
den sinkenden Kosten für die entsprechende Technik wachsen diese Möglichkeiten, Geschäftsreisen zu reduzieren.[40] Sie eignen sich vor allem bei eingespielten
Geschäftskontakten. Wegen der hohen Bedeutung von Vertrauen und Bindung in
internen und externen Geschäftsbeziehungen, die nur durch persönlichen Kontakt
aufgebaut und gepflegt werden, bleiben Reisen jedoch bedeutsam.

Die telekommunikativen und informationstechnischen Möglichkeiten werden
zum Teil auch genutzt, um Fach- und Führungskräften „home office"-Tage einzuräumen, so dass diese weniger pendeln oder nicht umziehen müssen.

Berufliche Positionswechsel, die mit Ortswechseln verbunden sind, erfordern nicht immer den Umzug der Führungskraft. Betriebe sind zum Teil auch
bereit, ihren Angestellten entgegenzukommen, so dass die Ausübung der neuen
Position unter Beibehaltung des Wohnsitzes möglich wird. Fernpendeln wird in

---

[40] „Chat statt Jet" betitelt z. B. die Wirtschaftswoche einen Beitrag in ihrer Ausgabe vom 26.4.2010.

einigen Unternehmen ebenfalls akzeptiert. Ob solche Optionen angeboten werden, hängt jedoch vom Funktionsbereich und konkreten Tätigkeitsanforderungen der Position, aber auch von der strategischen Ausrichtung der Unternehmens- und Standortpolitik ab: So gibt es auch Beispiele von Unternehmen, die von ihren Führungskräften explizit verlangen, vor Ort ihren ersten Wohnsitz einzunehmen, weil sie im kommunalen bzw. regionalen Umfeld des Betriebes wirken sollen.

Wenn für das Unternehmen wichtige Führungskräfte betriebsbedingt umziehen müssen, unterstützen besonders Großunternehmen sie dabei, vor allem durch die Bereitstellung oder Vermittlung von Dienstleistungen wie der Vermittlung einer neuen Wohnung, der Finanzierung des Umzugs etc. Besonders umfangreich werden „Expatriates", also Führungskräfte, die ins Ausland entsandt werden, unterstützt. Die Konzerne haben für diese Fälle in der Regel Dienstleistungspakete, helfen auch bei der Suche nach Schulen für die Kinder; es gibt vorbereitende Sprachkurse, kulturelle Einführungsseminare, Schnupperreisen für die Führungskraft und die/den Lebenspartner/in. In einigen Fällen bemühen sich solche Großunternehmen auch, an international herausragenden Standorten die vorhanden Netzwerke zu nutzen, um ggf. der begleitenden Partnerin (seltener: dem begleitenden Lebenspartner) ebenfalls eine Arbeitsstelle zu vermitteln. Dies wird aber als Ausnahme beschrieben.

Maßnahmen zur Familienfreundlichkeit von Unternehmen beinhalten bislang meist flexible Arbeitszeitgestaltung, Telearbeit, Kinderbetreuung und Vermittlung von haushaltsbezogenen Dienstleistungen. Zunehmend wird die Pflege von Angehörigen ein Problem für die Führungskräfte im mittleren Alter und schränkt ihre Verfügbarkeit für die Unternehmen ein. Berichtet werden in diesem Kontext vor allem Fälle, in denen männliche Führungskräfte sich in der Verantwortung für Pflegebedürftige sahen[41]. Einige Unternehmen weiten deshalb ihre Angebote aus, nicht nur bei der Vermittlung von Kinderbetreuung, sondern auch bei der Vermittlung von Dienstleistungen für Senioren zu helfen.

Karriereorientierte Beschäftigte, die „an die Spitze" wollen, scheinen nicht die wichtigste Zielgruppe von Maßnahmen zur Familienfreundlichkeit zu sein. Von ihnen wird eher erwartet, dass sie mobil und zeitlich flexibel sind und ihre Privatleben entsprechend selbst organisieren. Es gibt die oben beschriebenen Maßnahmen, die jedoch – so scheint es – vor allem Einzelfalllösungen sind und nicht systematischer Bestandteil einer familienfreundlichen Personalpolitik.

Dezidierte Dual-Career-Strategien, die die Folgen beruflicher Mobilität für die in solchen Partnerschaften lebenden Führungskräfte mildern würden, sind

---

[41] Dies deutet auf veränderte Arrangements in der privaten Lebensführung einiger männlicher Führungskräfte hin. Dass diese Fälle berichtet werden, heißt nicht, dass weibliche Führungskräfte nicht auch pflegen, sondern vor allem, dass es unseren Gesprächspartner/innen berichtenswert erscheint, dass Männer es auch tun und darüber offenbar auch im Betrieb sprechen.

offenbar noch die Ausnahme. In dieser Hinsicht scheint sich in den vergangenen Jahren noch nicht sehr viel bewegt zu haben. Schulte fand 2005 noch kaum Ansätze von DCC-Maßnahmen in Unternehmen. Auch unsere aktuellen Befunde lassen noch kaum systematische Überlegungen zur Milderung von Mobilitätsanforderungen in der „Rushhour des Lebens" erkennen. Zwar bemühen sich Unternehmen teilweise, dem/der mitziehenden Partner/in eine Perspektive zu bieten, meist jedoch in Form von Bildungsgutscheinen, finanziellen Entschädigungen etc. und nicht durch Vermittlung einer geeigneten Beschäftigung. Bisher werden DCC-Themen von (potenziellen) Führungskräften auch nur selten nachgefragt. Die in der Literatur zum Teil berichteten Anti-Nepotismus-Regelungen[42], die für im selben Unternehmen beschäftigte Paare problematisch werden können, wurden nur aus einem Unternehmen berichtet. In diesem Unternehmen dürfen liierte oder verheiratete Paare nicht am gleichen Standort Führungskraft sein. Umgekehrt wurden aber auch mehrere Beispiele von DCC innerhalb eines Unternehmens berichtet, so ist beispielsweise an einem Stahlstandort der Ehemann Betriebsleiter und die Ehefrau Führungskraft im Controlling. Die Aufmerksamkeit der Unternehmen für DCC könnte jedoch in Zukunft deutlich ansteigen.

„Wobei wir auch bei den Männern zunehmend an diese Dual-Career-Couples stoßen, also Frau Rechtsanwältin, Frau Ärztin, Frau Lehrerin usw. Wo man merkt, die Frauen sind nicht mehr so bereit, ihre beruflichen Tätigkeiten hinter die des Mannes zurückzustellen. Das ist ein Thema." (U02)

Der Wissenschaftsbereich scheint für Doppelkarrierepartnerschaften inzwischen etwas sensibilisierter zu sein. Die Wissenschaft als Arbeitsmarkt für Frauen und die akademischen Karrieren von Frauen erfahren vor dem Hintergrund der Debatten um demografischen Wandel und Innovationsfähigkeit des Wirtschaftsstandorts Deutschland eine zunehmende Aufmerksamkeit. Die geringe Repräsentanz von Frauen in wissenschaftlichen Spitzenpositionen und in traditionell männlich dominierten Wissenschaftsdisziplinen erscheint zunehmend als Innovationshemmnis. Die Wissenschaftspolitik setzt deshalb seit einigen Jahren einen ihrer Schwerpunkte darauf, die Gleichstellung von Frauen in der Wissenschaft zu fördern. Es liegen inzwischen viele Studien und Handlungsempfehlungen vor, die Frauen- und Gleichstellungsbeauftragten der Hochschulen haben zunehmend Mitstreiter/innen in Stabstellen für die Themenbereiche Gleichstellung, Diversity Management und Familienfreundlichkeit. „Think tanks" wie das Centrum für Hochschulentwicklung CHE, Organe wie der Wissenschaftsrat und die Deutsche Forschungsgemeinschaft DFG als wichtigste Forschungsförderungsinstitution, aber auch die Exzellenz-

---

[42] Mit solchen Regeln soll jeder Anschein von Nepotismus vermieden werden, also die Vergabe von Positionen über verwandtschaftliche Beziehungen.

initiative der Bundesregierung setzen die Gleichstellung von Wissenschaftlerinnen als zentrales Ziel auf die Agenda und fordern entsprechende Aktivitäten von den Wissenschaftseinrichtungen.[43] Hochschulen und Wissenschaftseinrichtungen bauen ihre Aktivitäten hin zu mehr Familienfreundlichkeit und zum Teil explizite DCC-Strategien aus, auch, um Wissenschaftler/innen mit Familie beruflich bedingte Umzüge zu erleichtern. Zum Teil tun sie dies in regionalen Netzwerken mit Kommunen und Unternehmen, die das Interesse teilen, hochqualifizierte Beschäftigte für ihre Standorte zu gewinnen bzw. zu binden.[44]

Die jüngere Generation hochqualifizierter Beschäftigter fordert Work-Life-Balance offenbar stärker ein als die ältere, mit welchen Erfolgen, ist noch unklar. Es gibt zwar Maßnahmen und Willensbekundungen von Unternehmen zu Familienfreundlichkeit, Work-Life-Balance und Gleichstellung, aber es bleibt zu untersuchen, ob dies in erster Linie „talk" ist oder praktisch wirksame „action"[45]. Der demografische Wandel und der damit einhergehende Mangel an hochqualifizierten Arbeitskräften könnte die „action" deutlich befördern:

> „In zehn Jahren werden wir wahrscheinlich dankbar sein für jeden Topkandidaten, den wir kriegen. Und von daher könnt ich mir vorstellen, dass wir in zehn Jahren auch in der Lage sind, so als Arbeitgeber sehr klar machen müssen, was der Vorteil dessen ist, bei uns zu arbeiten. Und der Vorteil kann nicht darin bestehen, dass wir die Leute zwingen, jedes zweite Jahr umzuziehen und irgendwie räumlich flexibel zu sein, wenn sie das nicht wollen." (U12).

6   Fazit

Die Ergebnisse unserer Erhebungen bestätigen einerseits die bekannten Fakten: Räumliche Mobilität ist für die Karriere förderlich, wenn sie mit der Aufnahme einer neuen beruflichen Tätigkeit verbunden ist. Frauen passen sich, so scheint es, diesem „Mobilitätsgebot" an, solange sie Single sind. Eine feste Partnerschaft bzw. Ehe und vor allem ein Leben mit Kindern steht einer solchen Anpassung jedoch in vielen Fällen weiterhin entgegen. Ihre statistische Chance auf eine Karriere wird damit eindeutig geringer. Zumindest hochqualifizierten Frauen, die sich in einem männlich dominierten Feld bewegen, wie die von uns befragten Naturwissen-

---

[43] Besonders die DFG-Gleichstellungsstandards dürften in ihrer mittelfristigen Wirksamkeit kaum zu unterschätzen sein.
[44] Zur bisherigen Ausprägung der Familienorientierung an deutschen Hochschulen vgl. Bihler/Langer/Müller 2010.
[45] Zur Unterscheidung von „talk" und „action" als Analysekategorien vgl. Mense-Petermann 2009 in Anlehnung an Brunsson 1994.

schaftlerinnen und Ingenieurinnen, ist das mit dem Wunsch nach Sesshaftigkeit verbundene Risiko durchaus bewusst, denn sie schätzen das Mobilitätsgebot überwiegend sehr hoch ein, sind aber nur zum Teil bereit, sich diesen Bedingungen zu beugen. Eine besondere Herausforderung stellt hier das Wissenschaftssystem mit seinen mit befristeten Beschäftigungen verbundenen langen Qualifikationsphasen und der im Falle einer Berufung auf eine Professur notwendige, meist fernräumliche Mobilität in einer vergleichsweise späten Lebensphase.

Die Ergebnisse unserer Erhebungen lassen sich jedoch auch anders interpretieren: (Stetige) räumliche (Fern-)Mobilität ist zwar karriereförderlich, aber weder eine notwendige, noch eine hinreichende Bedingung – vor allem nicht für Frauen. Wichtig scheint räumliche Mobilität vor allem in der Phase des Berufseinstiegs bzw. nach Abschluss der Formalqualifikation (Promotion). Danach gelingt es zumindest einem Teil der Frauen, sich räumlich zu etablieren, ohne auf eine berufliche Weiterentwicklung zu verzichten. Gelingt dies, wird der gegen die antizipierten Regeln einer karriereorientierten Lebensführung erzielte Erfolg jedoch nicht selten einem „glücklichen Zufall" zugeschrieben.

Dass ein solcher „Zufall" immer häufiger eintreten kann, dafür gibt es – zumindest außerhalb des Wissenschaftssystems – durchaus Hinweise, denn in den Unternehmen wird, wenn auch nicht überall, über neue Strategien zur Gewinnung hochqualifizierter Kräfte durchaus nachgedacht und dabei auch die bisher weitgehend unhinterfragte Forderung nach räumlicher Mobilität relativiert. Dies geschieht vor allem im Hinblick auf die absehbare demografische Entwicklung, die die Angebots-Nachfrage-Relation für hochqualifizierte Kräften zu Gunsten der Hochqualifizierten verschieben wird, ist aber wohl auch eine Reaktion auf die Tatsache, dass auch männliche Hochqualifizierte nicht mehr jeder Forderung nach räumlicher Mobilität nachkommen wollen. Denn die Partnerin, die bereit ist, wegen seiner beruflichen Entwicklung ihre (beruflichen) Interessen zurückzustecken, findet sich, zumindest unter den hochqualifizierten Frauen, zunehmend seltener. Es dürfte ein deutliches Zeichen sozialen Wandels sein, dass wir den Typ „tied stayer" bzw. „tied mover" unter den promovierten Naturwissenschaftlerinnen und Ingenieurinnen nicht gefunden haben.

„Wir haben dieselben Ziele ..." – Zur Bedeutung von Paarkonstellationen und Disziplinenzugehörigkeit für Karrieren von Frauen in der Wissenschaft

Johanna Hess, Alessandra Rusconi, Heike Solga

1 Immer noch zu wenig Frauen an der Spitze

Mit der höheren Bildungs- und Arbeitsmarktbeteiligung von Frauen haben sich die Lebens- und Erwerbsverläufe akademisch gebildeter Männer und Frauen deutlich angenähert. Dennoch haben hoch qualifizierte Frauen auch bei gleichem Bildungs-niveau schlechtere Berufsaussichten und Karrierechancen als hoch qualifizierte Männer. Frauen in Führungspositionen stellen nach wie vor nur eine Minderheit dar. Im Hochschulsystem sind Frauen in leitenden Positionen mit einem Anteil von 13 % an den C4/W3-Professuren besonders rar (Statistisches Bundesamt 2010: 27).

Trotz steigender Frauenanteile auf allen Stufen der akademischen Laufbahn bleibt das Hochschulsystem, das historisch unter Ausschluss von Frauen entstanden ist (Zimmer et al. 2007), eine von Männern geprägte Welt. Seine Fachkulturen, Leitbilder, Arbeitszeiten und Zeitordnungen der Karriereschritte setzen zumeist eine berufszentrierte Lebensführung voraus, wie sie der ‚männlichen Normalbio-grafie' unterstellt wird (Geenen 1994; Moen 2010). Die Idealbesetzung für eine Spitzenposition in Wissenschaft, Privatwirtschaft und Politik ist, wer jederzeit verfügbar, zeitlich und räumlich flexibel ist und eine geradlinige lückenlose Be-rufsbiografie vorweisen kann. Diese Biografie setzt ein „Anderthalb-Personen-Konstrukt" (Beck-Gernsheim 1983) voraus, durch das Berufstätige „durch eine stillschweigende Hintergrundarbeit" einer weiteren Person entlastet werden. Wer derartigen berufszentrierten Lebensverläufen nicht folgen will oder kann, etwa aufgrund eines ebenfalls karriereorientierten Partners, muss mit beruflichen Nach-teilen rechnen.

Mit diesem Beitrag untersuchen wir, welche Hürden Frauen die Realisierung einer akademischen Laufbahn erschweren und wie diese überwunden werden können. Wir konzentrieren uns auf einen bisher zu selten berücksichtigten Aspekt in der Forschung – nämlich den Einfluss von Paarbeziehungen. Da akademisch gebildete Frauen in Partnerschaften mehrheitlich mit gleichfalls hoch qualifizierten und erwerbstätigen Partnern zusammenleben (während Akademiker häufiger eine Partnerin ohne Hochschulabschluss haben), stellen Akademikerpartnerschaften für Frauen eine zusätzliche Herausforderung für Karrieren im Wissenschaftssystem dar (Rusconi/Solga 2007). Aufgrund dieser Lebenssituation sind Wissenschaftlerinnen mit der Anforderung konfrontiert, die eigene Karriere mit der ihrer Partner sowie mit einem Familienleben zu koordinieren. Nur selten halten ihre gleichermaßen qualifizierten Männer ihnen – z. B. durch Teilzeitarbeit oder Nichterwerbstätigkeit – den Rücken für ihr berufliches Vorwärtskommen frei.

Paare, in denen beide Partner über einen akademischen Abschluss verfügen, sind gleichwohl keine homogene Gruppe. Sie weisen *erstens* unterschiedliche Konstellationen hinsichtlich der jeweiligen individuellen Merkmale der Partner/innen auf, die die Gelegenheitsstrukturen und Handlungsmöglichkeiten von Paaren beeinflussen. Beispielsweise bestimmen die Berufsfelder der beiden Partner die Notwendigkeit und den Umfang räumlicher Mobilität mit. *Zweitens* unterscheiden sich Paare darin, wie sie die Kinderbetreuung gestalten und mit Mobilitätsanforderungen umgehen. Uns interessiert in diesem Beitrag, welche Paarkonstellationen und Koordinierungsmodi Frauen helfen, die Hürden einer Wissenschaftskarriere zu überwinden, und welche eher nachteilig sind.

Zentral für unseren Beitrag ist nicht zuletzt die Unterscheidung zwischen den Karrierewegen von Frauen in den männlich dominierten Technik- und Naturwissenschaften und denen in den eher ‚gemischten' Sozialwissenschaften, die zum Teil unterschiedlichen Anforderungen und Karrierelogiken folgen.[1] Lange Qualifikationsphasen gehören zu den Gemeinsamkeiten von Hochschulkarrieren, gleichwohl variiert beispielsweise die Verbreitung und Notwendigkeit der Habilitation sowie von Auslandsaufenthalten stark zwischen den Disziplinen (Zimmer et al. 2007). Habilitationen sind häufiger in den Natur- und Sozialwissenschaften, Auslandsaufenthalte in der Postdoc-Phase eher in den Naturwissenschaften und die Übernahme von Leitungsaufgaben eher in den Technikwissenschaften zu finden (vgl. Abschnitt 4.2).

Unterschiede zwischen Disziplinen zeigen sich nicht nur in den Karrierewegen, sondern auch in den Paarkonstellationen. Sozialwissenschaftlerinnen haben seltener einen Partner aus der gleichen Disziplin und/oder mit einer Tätigkeit in der Wissenschaft als Technik- und Naturwissenschaftlerinnen (vgl. Abschnitt 4.3). Vor diesem Hintergrund interessiert uns, inwiefern Unterschiede in den Karrierewegen von Frauen verschiedener Disziplinen einerseits auf fächerspezifische Logiken und Anforderungen und andererseits auf Unterschiede in den Paarbeziehungen zurückzuführen sind.

---

[1] Wir sprechen von männlich oder weiblich *dominierten Disziplinen*, wenn der zahlenmäßige Anteil von männlichen oder weiblichen Studierenden überwiegt.

2 Was wissen wir über die Rolle von Fachdisziplinen und Paarkonstellationen?

Prozesse der Benachteiligung von Frauen in der Wissenschaft wurden vorwiegend fächerübergreifend untersucht (z. B. Krais 2000). Die Erklärungen sind vielfältig und reichen von einer ungleichen Bestätigungskultur von Professor/innen gegenüber Doktorandinnen und Doktoranden, speziellen Formen der Nachwuchsrekrutierung (homosoziale Kooption) über Unterschiede in der Berufsorientierung von Studierenden, die Benachteiligung von Frauen auf der vertraglichen Ebene bis hin zu einer geringeren Einbindung von Frauen in wissenschaftliche Netzwerke (Lind/Löther 2007; Zimmer et al. 2007). Bisher gibt es nur wenige Arbeiten, die sich mit der Bedeutung disziplinärer Unterschiede für die Karrieren von Frauen befassen. Diese liefern erste Hinweise darauf, dass fachspezifische Rahmungen die wissenschaftlichen Karrieren von Frauen beeinflussen. Diese Arbeiten behandeln dies bisher jedoch entweder am Rande ihrer eigentlichen Forschungsschwerpunkte (Geenen 1994; 2000; Engler 2001; Vogel/Hinz 2004) oder unterscheiden sich stark in der jeweiligen Perspektive auf Disziplin und Fachkultur in Abhängigkeit vom gewählten theoretischen oder methodischen Design (Holzbecher et al. 2002; Heintz et al. 2004; Lind/Löther 2007).

Einen Überblick über bisherige Forschungsarbeiten zu disziplinären Unterschieden wissenschaftlicher Karrierewege liefert die Studie von Lind und Löther (2007). Anhand der nach Fachbereich variierenden Frauenanteile auf den unterschiedlichen Karrierestufen zeigen die Autorinnen, dass geschlechtertypische Selektionsprozesse in den einzelnen Fächern an unterschiedlichen Stationen des wissenschaftlichen Karriereverlaufs stattfinden. Frauen in den Ingenieurwissenschaften sind bereits vor dem Studium stark unterrepräsentiert, und auch diejenigen, die Ingenieurwissenschaften studieren, haben es in ihrem Berufsverlauf schwerer als Männer (Solga/Pfahl 2009). Hingegen sinkt der Frauenanteil in den Sozial-, Rechts- und Wirtschafts- sowie den Kulturwissenschaften vor allem zwischen Studienabschluss und Promotion, während er sich in den Humanwissenschaften erst nach der Promotion auf dem Weg zur Habilitation bedeutend verringert. Der überproportionale Verlust von Frauen in Fächern mit sehr hohen weiblichen Studierendenzahlen verweist auf ihre schlechte Integration und Förderung auch in diesen Fächern (Lind/Löther 2007: 264). Eine Ursache dafür ist, dass sich selbst in weiblich dominierten Fächern tradierte Geschlechterkonzepte hartnäckig halten (Geenen 2000: 102) und gerade hier Männer aufgrund ihres Minderheitenstatus ein ausgeprägtes Qualifikations- und Distinktionsbedürfnis entwickeln, das von Professor/innen als ‚besondere Leistung‘ honoriert wird (Holzbecher et al. 2002).

Darüber hinaus gibt es Arbeiten, die eine Differenzierung sogenannter ‚Fachkulturen‘ für die Erklärung von Geschlechterunterschieden bei der Realisierung von Wissenschaftskarrieren heranziehen. Anhand von Fallstudien in vier Diszi-

plinen (Botanik, Meteorologie, Pharmazie und Architektur) zeigen Heintz et al.
(2004), dass beispielsweise mit dem jeweiligen Grad der Standardisierung wissenschaftlicher Verfahren oder der sozialen Organisationsform wissenschaftlicher
Arbeit disziplinenspezifisch ein unterschiedlicher Spielraum für geschlechtliche
Zuschreibungen verbunden ist.

Schließlich wird in Untersuchungen zu Karrieren von Frauen in männlich
dominierten Disziplinen, wie den Natur- und Technikwissenschaften, die Bedeutung der privaten Lebenssituation und speziell von Partnerschaften für die
Berufsverläufe von Frauen inner- und außerhalb der Wissenschaft hervorgehoben (Haffner 2007; Könekamp 2007). Sie liefern Hinweise dafür, dass in diesen
Disziplinen die Organisation der Arbeit und der Berufsethos sehr stark an der
berufszentrierten, ‚männlichen Normalbiografie' ausgerichtet sind und beruflicher Erfolg demgemäß eher Personen zukommt, die von familiären Aufgaben
durch eine/n nicht erwerbstätigen Partner/in entlastet werden. Diese Hinweise
auf eine Sonderstellung der Natur- und Technikwissenschaften sind allerdings
mit Vorbehalt zu behandeln, da der Vergleich mit anderen Disziplinen, wie den
Sozialwissenschaften, fehlt.

In der Arbeitsmarktforschung wurden Paarbeziehungen und ihre konstitu-
tiven Merkmale bisher nur selten systematisch berücksichtigt. Erst im Rahmen
der Doppelkarriereforschung werden diese vermehrt als Rahmenbedingung für
individuelle Berufsverläufe in den Blick genommen. Die Verflechtung von Berufskarrieren im Paar wird dabei selten als ein relationaler Prozess konzipiert, in
dem das Wechselspiel der individuellen Merkmale der beiden Partner interaktiv
bearbeitet und durch Prozesse auf der außer- und innerpartnerschaftlichen Ebene
beeinflusst wird und dabei eine geschlechtsspezifische Wirkungsweise entwickelt
(Moen 2003a; Rusconi/Solga 2008). Die Frage nach dem Einfluss verschiedener
Paarkonstellationen auf die Karrieren von Frauen konnte daher bislang nicht systematisch geklärt werden.

Ergebnisse belaufen sich, wie in dem Beitrag von Solga et al. (2005) zur Alterskonstellation, auf ausgewählte Merkmale oder werden eher am Rande von anderen
Forschungsfragen behandelt. So verweist Sonnert (2005: 114) bei seiner Untersuchung der Bedeutung von sozialem Kapital für Doppelkarrieren darauf, dass
die Arbeit im gleichen Berufsfeld für Paare, insbesondere für Frauen, von Vorteil
für die eigene Karriere sein kann – unter anderem aufgrund eines gegenseitigen
Verständnisses für wissenschaftstypischen Arbeitsweisen (z. B. lange Arbeitszeiten
und Forschungsreisen) oder der gegenseitigen Hilfe im Beruf (z. B. durch eine wech-
selseitige Unterstützung bei wissenschaftlichen Publikationen oder gegenseitige
Beratung in sozialen, administrativen oder politischen Aspekten). Der männliche
Partner gelte in Form von sozialen oder professionellen Beziehungen als Ressource,
von der Frauen – vor allem bei einer Gleichheit oder Ähnlichkeit des Faches – profitieren können. Zudem würden verheiratete Frauen leichter in soziale und profes-

sionelle Netzwerke integriert als Single-Frauen, wodurch die Partnerschaft selbst indirekt eine weitere Ressource für Frauen darstellt (Sonnert 2005: 115).

Im Gegensatz dazu argumentieren Könekamp und Haffner (2005: 98), dass für Karrieren in technik- und naturwissenschaftlichen Berufen die Tätigkeit im gleichen Beruf nachteilig für die berufliche Entwicklung von Frauen sei. Aufgrund ähnlicher Anforderungen im Berufsleben entstünden im Alltag von beruflich homogenen Akademikerpaaren Probleme, wie die Verknappung der Ressource Zeit oder Einschränkungen der Mobilität, auf die innerhalb der Paarbeziehung nach wie vor mit traditionellen Arbeitsteilungsarrangements reagiert werde.

Sowohl die Ergebnisse von Sonnert (2005) als auch von Könekamp und Haffner (2005) deuten darauf hin, dass die Berufsfeld- und Fächerkonstellation von Paaren nicht als geschlechterneutrale, sondern als vergeschlechtlichte Rahmungen von Karrieren zu denken sind. Die Gegenüberstellung der unterschiedlichen Ergebnisse ist jedoch problematisch, da den Untersuchungen keine einheitliche Definition des Berufsfeldes zugrunde liegt. Während Könekamp und Haffner die Berufsfeldkonstellation über die Fächer der Abschlüsse beider Partner definieren, bestimmt Sonnert sie über die beruflichen Tätigkeitsfelder.

Wir werden daher systematisch herausarbeiten, inwiefern Berufsfeld- *und* Fächerkonstellationen einen begünstigenden oder einen hemmenden Einfluss auf die Realisierung wissenschaftlicher Karrieren von Frauen haben. Das Berufsfeld ‚Wissenschaft' ist dabei gegenüber anderen beruflichen Feldern, wie Privatwirtschaft oder Schuldienst, durch besondere Merkmale gekennzeichnet. Dazu gehören unter anderem die in der Wissenschaft typischen langen Qualifikationsphasen, eine geringere Entlohnung auf den unteren Karrierestufen sowie eine höhere Unsicherheit aufgrund befristeter Vertragsformen (Zimmer et al. 2007). Einen Einfluss der Fächerkonstellation im Paar erwarten wir aufgrund unterschiedlicher Karriereanforderungen, der Organisation der Arbeit (wie z. B. die Präsenz am Arbeitsplatz bei Laborarbeit) und – wie Heintz et al. (2004) zeigen – unterschiedlicher Fachkulturen.

Die Verbindung von strukturellen Rahmenbedingungen von Wissenschaftskarrieren in drei Disziplinengruppen (Natur-, Technik- und Sozialwissenschaften) und Paarkonstellationen ergibt sich aus der Annahme, dass sich der „auf der Makroebene des Arbeitsmarktes vorgefundene Mechanismus der Marginalisierung von Frauen in professionalisierten Berufen auf der Mikroebene der Paarbeziehung widerspiegelt" (Könekamp/Haffner 2005: 97). Die innerpartnerschaftliche Koordinierung gestaltet sich folglich in Abhängigkeit von disziplinenspezifischen Karriereanforderungen, aber auch – so unsere Sicht in diesem Beitrag – von deren Be- und Verarbeitung in Paar. In diesem Sinne konstituiert sich über die jeweiligen Berufsfeld- oder Fächerkonstellation der Paare die Gelegenheitsstruktur des Paares und insbesondere der Frauen. Wir untersuchen in diesem Beitrag, inwiefern es mit Blick auf diese Gelegenheitsstrukturen für Frauen günstiger ist, einen Partner zu haben, der ebenfalls als Wissenschaftler tätig ist, und welche Bedeutung der

(Un-)Ähnlichkeit von Fächerlogiken im Paar (d. h. der Fächerkonstellation) zukommt. Dabei fragen wir auch, ob Berufsfeld- und Fächerhomogenität bei Sozialwissenschaftlerinnen mit anderen Koordinierungsstrategien und damit anderen Gelegenheitsstrukturen für wissenschaftliche Karrieren verbunden sind als bei Natur- oder Technikwissenschaftlerinnen.

Mit Blick auf die vorhandenen Wissenslücken bearbeiten wir vier Leitfragen: (a) Welchen Hürden begegnen Frauen in den Sozial-, Technik- und Naturwissenschaften bei der Realisierung von Berufskarrieren in der Wissenschaft? (b) Lassen sich Unterschiede in den Karrierewegen von Frauen aus den jeweiligen disziplinären Karrierelogiken und -anforderungen erklären? (c) Oder erklären sich diese Differenzen auch aus Unterschieden in der privaten Lebenssituation (d. h. den Paarkonstellationen) der Frauen in den unterschiedlichen Disziplinen? (d) Was lernen wir aus den Antworten zu diesen Fragen darüber, wie Frauen (die in einer Paarbeziehung leben) die Hürden in einer wissenschaftlichen Karriere ‚überwinden‘ können und welche innerpartnerschaftlichen Koordinierungsmodi ihnen dabei helfen?

3   Wer? Wie? Was? ...

3.1 Wissenschaftler/innen und ihre Partner/innen

Unsere Analysen basieren auf standardisierten und qualitativen Interviews mit Wissenschaftler/innen aus den Sozial-, Natur- und Technikwissenschaften. Dieses Vorgehen ermöglicht es, ‚objektive‘ Einflussfaktoren für die Wissenschaftskarrieren von Frauen in diesen drei Disziplinen zu identifizieren und mit deren subjektiven Wahrnehmungen sowie paarintern ausgehandelter Koordinierung zu verbinden. Im Wintersemester 2008/09 wurden mit Wissenschaftler/innen von 18 deutschen Universitäten (in Groß- und mittelgroßen Städten) standardisierte, computergestützte telefonische Lebensverlaufsinterviews (CATI) durchgeführt. Befragt wurden dabei nur wissenschaftliche Beschäftigte, die seit mindestens zwei Jahren in einer Partnerschaft lebten und deren Partner/innen (zum Interviewzeitpunkt) ebenfalls einen Studienabschluss hatten.[2] In unserem Sample unterscheiden wir vier universitäre Karrierestufen:

- nicht promovierte Mitarbeiter/innen (Promovend/innen),
- promovierte Mitarbeiter/innen, bei denen die Promotion maximal drei Jahre zurücklag,

---

[2] Interviews mit Wissenschaftler/innen in gleichgeschlechtlichen Paarbeziehungen bleiben aufgrund der zu geringen Fallzahl in den Analysen dieses Beitrags unberücksichtigt.

- promovierte Mitarbeiter/innen, bei denen die Promotion mindestens vier Jahre zurücklag, und Juniorprofessoren/innen,
- Professoren/innen (C3/C4 bzw. W2/W3).

Für jede Personengruppe wurden nach Geschlecht und Disziplin jeweils 30 bzw. bei Professoren/innen 35 Interviews angestrebt (insgesamt 750 Interviews). Zudem sollten 500 Interviews mit ihren Partner/innen durchgeführt werden.[3] Realisiert wurden 767 Interviews bei den Wissenschaftler/innen und 552 Partnerinterviews, wobei nicht in allen Gruppen die angestrebte Fallzahl erreicht werden konnte (Tab. 1). Dies betrifft die Gruppe der Wissenschaftler/innen, deren Promotion nicht länger als drei Jahre zurücklag, die größtenteils mit Interviews der zweiten Promoviertengruppe ausgeglichen werden konnte, sowie die Gruppe der Professorinnen in den Technikwissenschaften (bei denen die Grundgesamtheit bereits extrem klein ist).

Tabelle 1   Realisierte Interviews mit Wissenschaftler/innen nach Karrierestufe, Geschlecht und Disziplin (absolute Anzahl)

Disziplin	Promovend/innen		Promovierte bis zu 3 Jahre nach 1. Studienabschluss		Promovierte über 3 Jahre nach 1. Studienabschluss		Professor/innen	
	Mann	Frau	Mann	Frau	Mann	Frau	Mann	Frau
Technikwiss.	29	32	22	15	46	36	37	13
Naturwiss.	31	35	21	28	42	44	36	32
Sozialwiss.	34	38	26	22	38	31	42	37
Gesamt	94	105	69	65	126	111	115	82
Realisiert in Bezug auf Stichprobenplan	104%	117%	77%	72%	140%	123%	110%	78%

Quelle: Gemeinsam Karriere machen, eigene Berechnungen

---

[3] Die Grundgesamtheit der Stichprobe basiert auf einer Internetrecherche in den Mitarbeiterverzeichnissen von 18 Universitäten. Für ausgewählte sozial-, technik- und naturwissenschaftliche (nicht Medizin) Fachbereiche wurden ein Personenverzeichnis und eine (erste) Klassifikation nach Karrierestufen erstellt. Auf dieser Grundlage erfolgte eine Zufallsziehung innerhalb der nach Geschlecht, Karrierestufe, Disziplin und regionalem Kontext definierten Zellen. Über ein kurzes Eingangs-Screening wurde sichergestellt, dass die Person den Stichprobenkriterien entsprach und bereit war, eine Kontakttelefonnummer für ihre/n Partner/in zu vermitteln. War dies der Fall, wurde sie um ein (vollständiges) Interview gebeten. Anschließend wurde der/die Partner/in für das Partnerinterview kontaktiert.

In den Telefoninterviews wurden für den Zeitraum seit dem ersten Studienabschluss bis zum Interviewzeitpunkt detaillierte Angaben zu allen Ausbildungs- und Hochschulabschlüssen sowie monatsgenaue Angaben zu allen Aktivitäten der Berufsbiografie (inkl. Erwerbsunterbrechungen, Arbeitslosigkeit oder sonstige Aktivitäten) sowie zu allen Partnerschaften und Kindern (inkl. Angaben zur Kinderbetreuung bis zum sechsten Lebensjahr) erhoben. Zudem wurde für jede Episode dieser Berufsbiografie das überwiegende Wohn-, Erwerbs- und Arbeitsteilungsarrangement des Paares erfragt. Am Ende des Interviews wurden alle Interviewpartner/innen nach ihrer Bereitschaft zu einer weiteren Befragung gefragt, die von ca. 96% der Wissenschaftler/innen und der Partner/innen erklärt wurde.

Alle panelbereiten Wissenschaftlerinnen wurden nach einem theoriegeleiteten Sampling-Verfahren in die Auswahl der qualitativen Interviewpartnerinnen einbezogen. Die darin festgelegten Gruppen unterscheiden sich in Bezug auf Disziplinzugehörigkeit, Karrierestufe, Kinder und Paar-Karriere-Konstellation der Frauen zum Zeitpunkt des Interviews.[4] Durch diese Variation wird eine maximale Heterogenität der vorab festgelegten Merkmalskombinationen im Sample garantiert (Campbell/Cook 1979), die kontrastierende Fallvergleiche bestimmter Teilgruppen bei der Auswertung ermöglicht (Kluge/Kelle 2001).

Dem von Glaser/Strauss (1967) formulierten Sättigungsprinzip für qualitative Interviews folgend, wurden jeweils zehn bis zwölf themenzentrierte Interviews angestrebt. Insgesamt wurden 33 Interviews[5] mit Wissenschaftlerinnen realisiert darunter elf Professorinnen und 24 Frauen mit Kindern. Darüber hinaus hatten 14 Frauen einen wissenschaftshomogenen und 19 einen fachhomogenen Partner.

Die Erhebung der qualitativen Interviews folgte der Methode des problemzentrierten Interviews nach Witzel (2000). Auf der Grundlage eines Leitfadens mit einem Katalog an offenen Fragen erlaubt diese Interviewform die Konzentration auf vorab als relevant eingestufte Lebensereignisse und Handlungsbereiche und bietet zugleich Raum für die Selbstthematisierungen der Befragten. Um die Rekonstruktion der faktischen Sequenzierung der Karriere- und Partnerschaftsphasen im Interview zu erleichtern, wurde aus den Daten der quantitativen Befragung für jede Interviewpartnerin eine persönliche Verlaufsgrafik erstellt. Dieses Verfahren der dokumentengestützten Rekapitulation ermöglicht den Befragten, Erläuterungen zu den (institutionell) sichtbaren ,turning points' abzugeben sowie weitere zu benennen.

Die Auswertung der transkribierten und anonymisierten Interviews erfolgte durch den verlaufsstrukturierten Themenvergleich, der auf der qualitativen Codie-

---

[4] Bei der Paar-Karriere-Konstellation haben wir unterschieden zwischen Paaren, bei denen beide Partner eine Karriere haben (d.h. Doppelkarrierepaare), und solchen, bei denen nur der Mann oder nur die Frau eine Karriere hat.
[5] Die Bereitschaft, an einem zweiten Interview teilzunehmen, war ausgesprochen hoch und lag bei circa 70% der erneut kontaktierten Personen.

rung von thematisch zusammenhängenden Einheiten im Interviewmaterial basiert (Witzel 2000). Entlang der interessierenden Themenfelder wurden den Textstellen Codes zugewiesen, um die (Selbst-)Beschreibungen und Argumentationen der Befragten zunächst in Paraphrasen, später in systematische Kategorien zu überführen. Dieses Vorgehen erleichtert den thematischen Vergleich von Teilgruppen der Befragten, d. h. eine fallübergreifende Kontrastierung ‚typischer Themen'.

3.2 Promotion und Postdoc-Phase auf dem Prüfstand

Die folgenden Abschnitte sind der empirischen Analyse der Karrierewege und Partnerschaften der Wissenschaftler/innen gewidmet. Hier unterscheiden wir nach zwei Karrierephasen. Als erste ‚zu erklimmende' Karrierestufe untersuchen wir den Abschluss einer Promotion und berücksichtigen dabei auch den Zeitaspekt. Wir analysieren, wer es geschafft hat, innerhalb von sechs Jahren nach dem ersten Studienabschluss zu promovieren.[6] Für die Analyse des Einflusses der Paarkonstellationen werden hier die jeweiligen Konstellationen ein Jahr vor der Promotion betrachtet; bei Wissenschaftler/innen, die zu diesem Zeitpunkt (noch) keine Promotion hatten, werden die Paarkonstellationen fünf Jahre nach Studienabschluss einbezogen.[7] Als zweites analysieren wir die Vorbereitung des Übergangs auf eine Professur in der Postdoc-Phase. Wie im nächsten Abschnitt gezeigt wird, gibt es hier Disziplinenunterschiede in der Verbreitung von Habilitation und/ oder Leitungsfunktion. Für beides werden wir den Einfluss der Paarkonstellationen untersuchen, in der die Wissenschaftler/innen ein Jahr vor dem Erreichen dieser Karriereereignisse lebten.[8]

Die *Berufsfeldkonstellation* wird als (wissenschafts-)homogen bezeichnet, wenn zu den oben genannten Zeitpunkten beide Partner im Wissenschaftssystem als Angestellte, Beamt/innen oder Stipendiat/innen tätig gewesen sind. Die *Fächerkonstellation* ist über den ersten Studienabschluss definiert und gilt als

---

[6] Dieser Zeitraum gilt für Wissenschaftler/innen mit dem in Deutschland noch üblichen Diplom, Magister und ähnlichen Abschlüssen. Für Wissenschaftler/innen, die als ersten Abschluss einen Bachelor oder ein 1. Staatsexamen erworben haben, wird dieser Zeitraum um zwei Jahre verlängert, d. h. hier gelten Promotionen bis zu acht Jahre nach dem Studienabschluss als dem Wissenschaftsbereich „karrierekonform".

[7] Grundgesamtheit dieser Analysen sind alle befragten Wissenschaftlerinnen. Die Rechtszensierung wird durch die Abschlusskohorte kontrolliert.

[8] Bei der Habilitation sind alle promovierten Wissenschaftlerinnen (einschließlich Professorinnen) die Grundgesamtheit; bei den Analysen zur Leitungsfunktion werden alle Befragten einbezogen, bei denen der Interviewzeitpunkt mindestens zwölf Jahre nach dem Studienabschluss lag, sowie all jene, die eine Leitungsfunktion bereits zu einem früheren Zeitpunkt übernommen haben. Für Wissenschaftlerinnen, die zwölf Jahre nach dem Studienabschluss (noch) keine Leitungsaufgabe ausgeübt haben, werden die Paarkonstellationen elf Jahre nach dem Studienabschluss einbezogen.

fachhomogen, wenn beide Partner über einen ersten Abschluss in der gleichen Disziplin verfügen.[9]

Auf Basis des quantitativen Samples werden wir zuerst deskriptiv die Geschlechter- und Disziplinenunterschiede in den Berufsverläufen *vor* und *nach* der Promotion beschreiben,[10] um eine Antwort auf unsere ersten beiden Forschungsfragen zu liefern, (a) welchen Hürden Frauen im Verfolgen einer Wissenschaftskarriere gegenüberstehen und (b) welche Disziplinenlogiken für Frauen eher förderlich oder nachteilig sind. In einem zweiten Schritt werden wir Antworten auf die dritte Frage (c) suchen, nämlich ob Disziplinunterschiede auch durch Differenzen in den Paarkonstellationen erklärt werden können. Dabei werden die quantitativen Deskriptionen mit den Auswertungen der qualitativen Interviews verknüpft. Uns interessiert, inwiefern sich Ähnlichkeiten und Divergenzen entlang der Berufsfeld- und Fächerkonstellation im Paar und zwischen den Disziplinen zeigen. Durch die Verbindung des quantitativen und qualitativen Materials und die themenspezifische Fallkontrastierung nach Strukturmerkmalen werden wir Thesen zur Wirkungsweise der Paarkonstellationen und Koordinierung für die Wissenschaftskarrieren von Frauen herausarbeiten. Diese werden in einem dritten Schritt mittels multivariater Analysen überprüft (zu den Details siehe Abschnitt 4.4).

Abschließend sei darauf hingewiesen, dass unsere Ergebnisse nicht auf alle Wissenschaftler/innen an Universitäten verallgemeinert werden können, da wir für unsere Fragestellung ‚nur' Wissenschaftler/innen untersuchen, die zum Interviewzeitpunkt in einer Partnerschaft lebten. Unsere Aussagen beziehen sich also auf *Wissenschaftler/innen in Paarbeziehungen.*

4 … Wieso? Weshalb? Warum?

4.1 „Ich weiß es nicht, ob man sagen kann, man trennt beruflich von privat; man trennt das überhaupt nicht. Man betrachtet das zusammen" –
Karriere- und Familiencharakteristika von Wissenschaftler/innen[11]

Die befragten Wissenschaftler/innen waren zum Interviewzeitpunkt je nach Karrierestufe zwischen knapp 29 und 54 Jahren alt (Tab. 2).[12] Bei den Professor/innen

---

[9] In Anlehnung an die Klassifikation der Fächergruppen des Statistischen Bundesamtes unterscheiden wir zwischen elf Disziplinen.

[10] Quantitative Deskriptionen wurden hinsichtlich der Karrierestufe und Disziplinen gewichtet, so dass – wie im Stichprobenplan vorgesehen – die Disziplinen immer zu gleichen Anteilen vertreten sind.

[11] Bei den im Folgenden verwendeten Zitaten in den Überschriften handelt es sich um Zitate aus unseren qualitativen Interviews.

[12] Berechnet wurde der Median. Er gibt Auskunft über das Alter zum Interviewzeitpunkt, das 50 % des Samples erreicht haben. Auch im Folgenden wird für Informationen über Alter oder Dauer der

gab es deutliche Altersunterschiede: Professorinnen waren im Schnitt sechs Jahre jünger als Professoren (dies weist auf eine noch stärkere Unterrepräsentanz von Frauen in früheren Generationen hin). Beim ersten Studienabschluss waren die männlichen Wissenschaftler aller Karrierestufen im Schnitt 26 Jahre alt, Wissenschaftlerinnen ein Jahr jünger. Im Median haben die promovierten Wissenschaftler/innen und Professor/innen mit Anfang 30, d. h. etwa fünf Jahre nach dem (ersten) Studienabschluss, promoviert. Auch hier gab es kaum Geschlechterunterschiede. Anders sieht es bei der Habilitation aus. Sie wurde von den Professoren – im Median – 14 Jahre nach dem Studienabschluss erworben, von den Professorinnen nach 15,5 Jahren.

Tabelle 2   Ausgewählte Merkmale der Wissenschaftler/innen nach Karrierestufe und Geschlecht (Median in Jahren)

		Alter bei...				Dauer seit 1. Studienabschluss bis...			
		Inter-view	1. Ab-schluss	Promo-tion	Habili-tation	zur Promo-tion	zur Habili-tation	zum 1. Kind	Dauer aktu-eller Part-ner-schaft
Promo-vend/innen	M	30.8	26.7	–	–	–	–		7.8
	F	28.7	25.4	–	–	–	–		6.4
Promo-vierte	M	39.0	25.9	31.4	–	5.4	–	9.4	13.1
	F	38.8	25.5	31.4	–	5.4	–	7.0	15.9
Profes-sor/innen	M	54.1	25.7	30.8	37.3	4.8	14.3	8.0	29.2
	F	48.4	25.1	30.8	39.0	5.2	15.5	12.0	24.9

Quelle: Gemeinsam Karriere machen, eigene Berechnungen

In Bezug auf die Partnerschaft zum Interviewzeitpunkt ist festzustellen, dass es sich um langjährige Paarbeziehungen handelte. Bei den promovierten Wissenschaftler/innen und Professor/innen lag ihre durchschnittliche Dauer zwischen 13 und 30 Jahren. Disziplinenübergreifend war die Bindung an eine/n Partner/in be-

---

Median genommen – und nicht der Durchschnitt oder das arithmetische Mittel. Der Median ist weniger anfällig für Extremfälle und erlaubt für Ereignisse, die (noch) nicht bei allen Personen des Samples stattgefunden haben (z. B. Habilitation oder Geburt des ersten Kindes), das gesamte Sample für die Berechungen zu berücksichtigen.

reits zu Beginn der beruflichen Laufbahn weit verbreitet. Knapp drei Viertel aller Wissenschaftler/innen lebten bereits zum *Studienabschluss* in einer Partnerschaft, von denen drei Viertel bis zum Interviewzeitpunkt andauerten. Wissenschaftlerinnen lebten etwas häufiger in einer Partnerschaft als ihre männlichen Kollegen (77,5 % vs. 71 %) und häufiger auch mit dem gleichen Partner während ihres – bis zum Interviewzeitpunkt beobachteten – beruflichen Werdegangs (79 % der Frauen, die in einer Partnerschaft beim Studienabschluss lebten, vs. 74,5 % der Männer). *Fünf Jahre* nach dem Studium bzw. ein Jahr vor der Promotion gab es hier keine Geschlechterunterschiede mehr. Die überwiegende Mehrheit der Wissenschaftler/innen hatte eine/n Partner/in (89 %). *Zwölf Jahre* nach Studienabschluss lebten ebenfalls fast alle befragten Wissenschaftler/innen in einer Partnerschaft (95 %).

Wissenschaftlerinnen waren im Schnitt 23 Monate jünger als ihre Partner, Wissenschaftler hingegen elf Monate älter als ihre Partnerinnen. Die Hälfte der Wissenschaftler hatte eine Partnerin, die noch studierte, als er bereits sein Studium abgeschlossen hatte (vs. 31 % der Wissenschaftlerinnen).

Hinsichtlich der Kinder gab es nur bei den Professor/innen deutliche Unterschiede: Während 85 % der Professoren Väter (im Schnitt von zwei Kindern) waren, hatten nur drei Viertel der Professorinnen (im Schnitt) ein Kind. Ebenfalls drei Viertel der promovierten Wissenschaftler/innen hatten (mindestens) ein Kind, während von den Promovend/innen drei Viertel (noch) keine (leiblichen) Kinder hatten. Für den Zeitpunkt der Geburt des ersten Kindes existieren gleichfalls deutliche Unterschiede sowohl zwischen den als auch innerhalb der Karrierestufen: Promovierte Frauen hatten ihr erstes Kind im Schnitt sieben Jahre nach ihrem Studienabschluss und somit zwei Jahre früher als ihre männlichen Kollegen. Im Unterschied dazu fand bei den Professoren die Geburt des ersten Kindes schon acht Jahre nach dem Studienabschluss und damit vier Jahre früher als bei ihren Kolleginnen statt.

4.2   „… nicht jede Postdoc-Stelle ist gleich einer Postdoc-Stelle …" –
Unterschiede in den Karrierewegen zwischen Disziplinen

Die *Promotionsphase* markiert fächerübergreifend einen zentralen Schritt in der individuellen Berufslaufbahn. Gleichwohl existieren Disziplinenunterschiede in den Karrierewegen bis zur Promotion. Wissenschaftler/innen in den Naturwissenschaften promovierten schneller nach ihrem ersten Studienabschluss als Sozial- und Technikwissenschaftler/innen. Die Hälfte der promovierten Wissenschaftler/innen und Professor/innen in den Naturwissenschaften hat bereits 4,3 Jahre nach dem Studienabschluss promoviert, in den Technik- und Sozialwissenschaften lag der Median hingegen bei 5,7 Jahren. Darüber hinaus war die Dauer bis zur Promotion für

Technikwissenschaftlerinnen ein Jahr länger als bei ihren männlichen Fachkollegen (Median der Frauen: 6,5 Jahre nach Studienabschluss; Männer: 5,4 Jahre).[13]

Ein Jahr *vor* der Promotion war die überwiegende Mehrheit der promovierten Wissenschaftler/innen und Professor/innen entweder erwerbstätig oder Stipendiat/in. Auch hier existieren deutliche Geschlechterunterschiede: In allen Disziplinen waren Frauen mit 80 % etwas seltener erwerbstätig oder Stipendiat/innen als Männer (86 %).[14] Disziplinenunterschiede zeigten sich in der vertraglichen Arbeitszeit: Während in der Promotionsphase nur 10 % der Technikwissenschaftler/innen eine Teilzeit-Stelle hatten, waren es bei den Sozialwissenschaftler/innen fast viermal und bei den Naturwissenschaftler/innen sogar mehr als fünfmal so viele.[15] In allen Disziplinen waren häufiger Frauen als Männer in Teilzeit beschäftigt.

Auch die Karrierewege in der *Postdoc-Phase* unterschieden sich deutlich zwischen den Disziplinen. Dies betrifft *erstens* die Verbreitung und das Timing der Habilitation. Sie war in den Technikwissenschaften wesentlich seltener als in den Natur- und Sozialwissenschaften. Die Hälfte der Professor/innen in den Technikwissenschaften hatte *nicht* habilitiert – im Vergleich zu nur 24 % der Professor/innen in den Natur- und 29 % in den Sozialwissenschaften. In den Naturwissenschaften wurde zudem die Habilitation schneller nach Studienabschluss erworben als in den Sozialwissenschaften. Die Hälfte der Professor/innen in den Naturwissenschaften habilitierte nach 12,7 Jahren; in den Sozialwissenschaften dauerte dies zwei Jahre länger. Hier existierten erneut deutliche Geschlechterunterschiede in den Disziplinen. Insbesondere in den Naturwissenschaften hatten wesentlich mehr Professorinnen nicht habilitiert (34 %) als Männer (14 %).[16] Zudem hatten Männer sowohl in den Natur- als auch den Sozialwissenschaften die Habilitation schneller nach Studienabschluss erworben. Auch hier sind die Geschlechterunterschiede in den Naturwissenschaften besonders groß. Die Hälfte der Professoren hatte nach 10,9 Jahren habilitiert – im Vergleich zu 16,3 Jahren bei den Professorinnen. In den Sozialwissenschaften war diese Differenz mit nur einem halben Jahr deutlich geringer. Ein Jahr *vor* der Habilitation waren fast alle Wissenschaftler/innen erwerbstätig oder Stipendiat/innen (95 %). Stipendien gab es allerdings eher in den Natur- und Sozialwissenschaften (ca. 9 %), während sie in den Technikwissenschaften kaum vorkamen. Naturwissenschaftlerinnen hatten

---

[13] In den Naturwissenschaften war die Dauer bis zur Promotion bei Frauen auch etwas länger (vier Monate) als bei Männern, in den Sozialwissenschaften hingegen um etwa drei Monate kürzer.

[14] Die anderen Frauen waren arbeitslos, gingen einem Studium nach (inkl. Promotionsstudium ohne Stipendium), waren in Erziehungs-/Elternzeit oder taten etwas anderes.

[15] Diese Unterschiede zeigen sich für Beschäftigungen sowohl innerhalb als auch außerhalb der Wissenschaft.

[16] Auch in den Technikwissenschaften habilitierten weniger weibliche als männliche Professoren; in den Sozialwissenschaften ist das Gegenteil der Fall. In beiden Disziplinen sind die Geschlechterunterschiede allerdings geringer (10 bzw. 5 Prozentpunkte).

wesentlich häufiger ein Stipendium (17%) als ihre männlichen Fachkollegen (3%) oder Sozialwissenschaftlerinnen (10%). Hinsichtlich der vertraglichen Arbeitszeit gab es zu diesem Zeitpunkt keine Geschlechterunterschiede.

Zweitens sind in der Postdoc-Phase deutliche Disziplinenunterschiede bei der Übernahme von Leitungsaufgaben zu beobachten. Innerhalb des Wissenschaftsbereichs hatten Technikwissenschaftler/innen häufiger mindestens eine Erwerbstätigkeit mit Leitungsverantwortung für mindestens fünf Mitarbeiter/innen (37%) – im Vergleich zu nur 27,5% der Natur- und 21% der Sozialwissenschaftler/innen. Darüber hinaus übernahmen Sozialwissenschaftler/innen Leitungsaufgaben später: Im Median knapp acht Jahre nach dem Studienabschluss versus sechs Jahre in den Natur- und sieben in den Technikwissenschaften. Die Geschlechterunterschiede innerhalb der Disziplinen hinsichtlich der Ausübung von Leitungsfunktionen fallen mit maximal 6 Prozentpunkten gering aus. Gleichwohl konnten Frauen – insbesondere in den Technikwissenschaften – erst später als Männer Leitungsfunktionen ausüben (Technikwissenschaften: im Schnitt 2,5 Jahre später; Sozialwissenschaften: elf Monate; Naturwissenschaften: zwei Monate).

Deutliche Geschlechter- und Disziplinenunterschiede zeigen sich *drittens* in der Verbreitung von Beschäftigungen (Erwerbstätigkeiten oder Stipendien) im Ausland. In der Postdoc-Phase hatte fast ein Drittel der Naturwissenschaftler/innen mindestens eine Auslandtätigkeit; bei den Technik- und Sozialwissenschaftler/innen waren es nur 15% bzw. 13%.[17] Naturwissenschaftler/innen waren im Schnitt mit 3,5 Jahren zudem rund sechs Monate länger im Ausland tätig als Wissenschaftler/innen in den anderen Disziplinen. Ferner waren in den Technik- und Naturwissenschaften in dieser Karrierephase Männer doppelt so häufig wie Frauen im Ausland tätig (Naturwissenschaften: 40% der Männer vs. 23% der Frauen; Technikwissenschaften: 19% vs. 10%).

Viertens existieren Disziplinenunterschiede hinsichtlich der Verbreitung von Erwerbstätigkeiten außerhalb der Wissenschaft. Am seltensten waren sie in den Naturwissenschaften. Nur 9% der befragten Naturwissenschaftler/innen waren in der Postdoc-Phase außerhalb der Wissenschaft tätig – im Unterschied zu 13,5% der Sozial- und 19% der Technikwissenschaftler/innen. Erwerbstätigkeiten außerhalb der Wissenschaft waren in den Sozial- und Naturwissenschaften von kürzerer Dauer als in den Technikwissenschaften.[18] In den Technik- und Naturwissenschaften waren in der Postdoc-Phase nur geringfügig mehr Männer als Frauen außerhalb der Wissenschaft beschäftigt; in den Sozialwissenschaften hingegen

---

[17] Ähnliche Disziplinenunterschiede gab es auch bei Auslandsaufenthalten im Rahmen von deutschen Anstellungen und Stipendien.

[18] In allen Disziplinen lagen die Erwerbstätigkeiten außerhalb der Wissenschaft häufig deutlich vor der Habilitation bzw. der Übernahme von Leitungsaufgaben.

etwas mehr Frauen als Männer.[19] In allen drei Disziplinen waren Frauen etwas kürzer als Männer außerhalb der Wissenschaft beschäftigt.

Zusammenfassend zeigt sich folgendes Bild: In den Karrierewegen der Wissenschaftler/innen existieren beträchtliche *Disziplinenunterschiede*, die sowohl die Verbreitung und das Timing von Qualifikationen als auch die Übernahme von Leitungsaufgaben sowie Aktivitäten im Ausland betreffen. In den Technikwissenschaften spielt die Habilitation nur eine untergeordnete Rolle; dafür sind hier häufiger die Übernahme von Leitungsaufgaben in der Postdoc-Phase sowie Erfahrungen außerhalb des Wissenschaftsbereichs anzutreffen. Bei den Natur- wie Sozialwissenschaften sind dagegen formale Qualifikationen bedeutsam. In den Naturwissenschaften sind dabei sowohl die Zeiten bis zur der Promotion als auch bis zur Habilitation kürzer als in den Sozialwissenschaften.

Innerhalb der Karrierewege gibt es insbesondere in den Technik- und Naturwissenschaften markante *Geschlechterunterschiede*: Frauen erwerben ihre akademischen Qualifikationen etwas später und im Fall der Habilitation zu einem geringeren Anteil als Männer; sie sind seltener im Ausland und üben tendenziell auch seltener Leitungsaufgaben aus. Stärkere Unterschiede in den wissenschaftlichen Karrierewegen von Frauen und Männern gibt es damit vor allem in den beiden Disziplinen, die in geringerem Maße formalen Qualifizierungslogiken folgen (Technikwissenschaften) oder die überdies weitere Anforderungen stellen (Naturwissenschaften). In diesen Disziplinen ist das Timing von Qualifikationen bei Frauen deutlich verzögert; zudem sind Frauen hier hinsichtlich der Übernahme von Leitungsaufgaben und Auslandstätigkeiten – die hier wie Habilitationen eine wichtige Rolle für den Wechsel auf eine Professur spielen – benachteiligt. In den Sozialwissenschaften sind diese Erfahrungen seltener Kennzeichen von Berufslaufbahnen in der Wissenschaft; hier gibt es kaum Geschlechterunterschiede. Als erstes Zwischenfazit lässt sich daher festhalten, dass weniger formalisierte (wie in den Technikwissenschaften) und durch höhere Mobilitätsanforderungen gekennzeichnete Karrierelogiken (wie in den Naturwissenschaften) für Frauen eine größere Hürde auf dem Weg zur Professur darstellen als für Männer. Eine geringere Bedeutung der Habilitation in diesen Fächern nützt Frauen wenig, denn der Frauenanteil bei den C4/W3-Professuren ist mit 6 % in den Technik- und 8,4 % in den Naturwissenschaften deutlich geringer als bei den Promotionen (12,4 % bzw. 31,7 %) (GWK 2009: 7; Statistisches Bundesamt 2009: 60/61, 64/65). Ursache dafür könnte sein, dass hier Karrieren noch weniger ‚planbar' sind und sich diese Karrierelogiken räumlich und zeitlich schlechter mit der Karriere des Partners und einer Familie vereinbaren lassen.

---

[19] Die Geschlechterunterschiede betragen maximal 5 Prozentpunkte.

4.3 „Ich vergleiche mich mit ... Männern ..., wo anderthalb Leute mindestens an der Karriere arbeiten. Nämlich die, die den Rücken frei halten, die drei Kinder betreuen und immer überall mit hin und her ziehen." – *Unterschiede in den Paarkonstellationen und Koordinierungsmodi zwischen Disziplinen*

Die Paarkonstellationen der Wissenschaftler/innen, die zum Zeitpunkt unserer Befragung in einer Partnerschaft lebten, unterscheiden sich deutlich zwischen den drei Disziplinen. Insbesondere Frauen in den Technikwissenschaften lebten seit ihrem Studienabschluss in einer Paarbeziehung (67 % sogar mit dem gleichen Partner). Mit einem Median von 13 Jahren handelt es sich um langjährige und früh geschlossene Paarbeziehungen. Auch rund 60 % der Natur- und 51 % der Sozialwissenschaftlerinnen hatten seit dem Studienabschluss den gleichen Partner. Die Paarbeziehungen der Naturwissenschaftlerinnen waren im Schnitt knapp 3,5 Jahre und der Sozialwissenschaftlerinnen knapp 2,5 Jahre kürzer als bei den Technikwissenschaftlerinnen – gleichwohl war auch bei ihnen der berufliche Werdegang mit langjährigen Paarbeziehungen verbunden.

Fünf Jahre nach Studienabschluss hatten knapp 90 % der Frauen einen Partner. Drei Viertel dieser Wissenschaftlerinnen lebten zu diesem Zeitpunkt in *Doppelverdiener-Arrangements, d. h.* sie und ihr Partner waren (voll oder in Teilzeit) erwerbstätig oder Stipendiat/innen. Dabei existierten Doppelverdiener-Arrangements am häufigsten bei Technikwissenschaftlerinnen (83 %) und am seltensten bei den Sozialwissenschaftlerinnen (69 %); Naturwissenschaftlerinnen nahmen eine mittlere Position ein (76 %). Im Unterschied dazu waren nur 55 % der Partnerinnen von Wissenschaftlern zu diesem Zeitpunkt erwerbstätig oder Stipendiatin.

Auch zwölf Jahre nach dem Studienabschluss stellen Doppelverdiener-Arrangements die mehrheitliche Lebensform der Wissenschaftler/innen dar – und auch hier war sie wesentlich häufiger bei Frauen als bei Männern zu finden (82 % vs. 68 %). Doppelverdiener-Paare waren nun etwas häufiger bei Frauen in den Naturwissenschaften (89 %) als in den Sozial- und Technikwissenschaften (81 % bzw. 77 %).

Bereits hier werden einige Karrierenachteile für Frauen in Partnerschaften sichtbar: Wissenschaftlerinnen lebten bereits beim Start ihres beruflichen Werdegangs deutlich häufiger mit einem erwerbstätigen Partner zusammen, während ihre männliche Kollegen zu diesem Zeitpunkt aufgrund des (kleinen) Altersvorsprungs häufiger einen größeren Entscheidungsspielraum hatten, weil ihre Partnerinnen in der Regel noch studierten (vgl. Abschnitt 4.1). Auch in den weiteren Karrierephasen mussten sie wesentlich häufiger als ihre männlichen Kollegen die Erwerbstätigkeit ihrer Partner mitberücksichtigen. Inwieweit diese Doppelverdiener-Konstellation die wissenschaftliche Karriere von Frauen negativ oder positiv beeinflusst hat, könnte – angesichts der Unterschiede in den disziplinären Karrierelogiken und berufsfeldspezifischen Anforderungen – auch von der jeweiligen Berufsfeld- und

Fächerkonstellation im Paar sowie der innerpartnerschaftlichen Koordinierung von zwei Karrieren abhängen.

4.3.1 „Wenn wir beide Wissenschaftler wären, dass da manche Entscheidungsprozesse einfacher wären, weil man nicht so viel erklären müsste." – Berufsfeldkonstellationen

Ein Jahr *vor der Promotion* (bzw. fünf Jahre nach dem Studienabschluss) lebte ein Drittel (35 %) der Frauen in einer wissenschaftshomogenen Partnerschaft, d. h. beide Partner waren in der Wissenschaft als Angestellte oder Stipendiat/in beschäftigt. Bei den Männern waren es nur halb so viele (17 %). Am häufigsten hatten Wissenschaftlerinnen einen Partner mit einer Tätigkeit außerhalb der Wissenschaft (45 %).[20] In den Naturwissenschaften lebten Frauen häufiger mit einem Wissenschaftler zusammen (43 %) als Technik- und Sozialwissenschaftlerinnen (30 %). Auch *zwölf Jahre nach dem Studienabschluss* war ein Drittel der Frauen Teil eines Wissenschaftspaares (32 %), aber nur 16 % der männlichen Wissenschaftler.[21] Wissenschaftspaare waren auch zu diesem Zeitpunkt verbreiteter bei Frauen aus den Naturwissenschaften (40 %) als aus den Technik- und Sozialwissenschaften (30 % bzw. 27 %).

In den drei Disziplinen und in allen Karrierephasen wurde die Wissenschaftshomogenität von allen (qualitativ interviewten) Frauen in Wissenschaftspaaren als positiv empfunden. Die geteilte Identifikation als Wissenschaftler/in verbindet die Partner bereits zu Beginn der beruflichen Laufbahn. Das gemeinsame Wissen über die Zwänge und Anforderungen in bestimmten Qualifikationsphasen und für Karriereschritte in der Wissenschaft erhöht das gegenseitige Verständnis für Arbeitsrhythmen im Berufsalltag. Dies wird als unterstützend für die Realisierung der eigenen und der gemeinsamen beruflichen Entwicklung wahrgenommen. Es sei „weniger Vermittlung zwischen den Welten nötig", begründet eine Juniorprofessorin in den Sozialwissenschaften ihre positive Einschätzung. Lange Arbeitszeiten können ohne größere Konflikte realisiert werden, auch die Arbeit zu Hause oder am Wochenende gehört zur gemeinsamen Realität von Wissenschaftspaaren.

---

[20] Zu diesem Zeitpunkt waren weitere 19 % der Frauen unseres Samples nicht im Wissenschaftsbereich tätig. Dies betraf häufiger Sozialwissenschaftlerinnen. Von ihnen waren 30 % erwerbstätig, 28 % gingen einem Studium nach (inkl. Promotionsstudium ohne Stipendium), ein Fünftel war in Erziehungs-/Elternzeit und 4 % waren arbeitslos.

[21] Zu diesem Zeitpunkt hatten weitere 47 % der Wissenschaftlerinnen einen Partner mit einer Tätigkeit außerhalb der Wissenschaft, während weitere 21 % der Frauen unseres Samples nicht im Wissenschaftsbereich tätig waren. Dies war seltener bei Naturwissenschaftlerinnen (vgl. Abschnitt 4.2). Von ihnen waren 50 % erwerbstätig, ein Fünftel war in Erziehungs-/Elternzeit und ein weiteres Fünftel arbeitslos. Die anderen gingen einer sonstigen Aktivität nach.

Entscheidend für diese positive Wahrnehmung sei die geteilte Haltung zum Beruf. Dazu gehöre auch, mit dem Partner in einer ähnlichen finanziellen Lage zu sein und vor allem in der Promotionsphase nur wenig Geld für viel Arbeit zu erhalten. Überdies vereinfache die geteilte Kenntnis des akademischen Feldes eine strategische Planung und Abstimmung der Karriereschritte. Die Partner/innen treten hier als Berater/innen für einander auf und können gegenseitig von den Netzwerken profitieren.

Es gibt allerdings verlaufsspezifische Besonderheiten bei der Wahrnehmung der Wissenschaftshomogenität. Die Ähnlichkeit der beruflichen Realität, d. h. ein ähnlicher beruflicher Status, wird disziplinenübergreifend vor allem während der Promotionsphase als positiv hervorgehoben. In der Postdoc-Phase wird die Gleichzeitigkeit der Karriereschritte in Wissenschaftspaaren hingegen eher als schwierig wahrgenommen. Eine Belastung wird dabei vor allem von jenen Frauen thematisiert, die zusammen mit ihrem Partner noch nicht endgültig beruflich etabliert sind, da die räumliche und vertragliche Planungsunsicherheit von zwei wissenschaftlichen Karrieren die Koordinierung während der Postdoc-Phase erschwert. Dazu erhöht die Überschneidung entscheidender beruflicher und familiärer Ereignisse in dieser Phase die Koordinierungsanforderungen (vgl. Abschnitt 4.3.4).

Die Äußerungen der Frauen in berufsfeldheterogenen Partnerschaften sind vielfältiger. Allgemein werden die unterschiedlichen Berufsfelder von den Frauen als Erfahrungserweiterung und Bereicherung thematisiert. Einige erleben das andere Berufsfeld ihrer Partner als positiv, weil sie die Koordination von zwei Karrierewegen in der Wissenschaft als noch schwieriger wahrnehmen. Andere sähen es hingegen aufgrund einer (vermeintlich) größeren zeitlichen Flexibilität als Vorteil, wenn ihr Partner ebenfalls in der Wissenschaft tätig wäre. Im Unterschied zu den Frauen in Wissenschaftspaaren thematisieren auf allen Karrierestufen viele dieser Frauen Konflikte mit dem Partner bezüglich der Koordinierung der jeweiligen Arbeitsanforderungen. Gegenstand dieser Konflikte sind das nicht vorhandene Verständnis seitens des Partners für die (entgrenzte) Arbeitsweise in der Wissenschaft und die mangelnde Wertschätzung für die wissenschaftliche Tätigkeit. „Und wir haben immer wieder Konflikte darüber, [...] wessen Arbeit mehr wert ist", erklärt eine wissenschaftliche Assistentin in den Sozialwissenschaften. Die ‚Vermittlungsarbeit', die die Frauen in diesen Beziehungen leisten müssen, wird als eine zusätzliche Belastung erlebt. Bei diesen Paaren stellen jedoch Überschneidungen und Ähnlichkeiten im Fach ein wichtiges Bindeglied für das gegenseitige Verständnis innerhalb der Paarbeziehung dar (vgl. Abschnitt 4.3.2).

Auch bei den Wissenschaftlerinnen mit Partnern aus anderen Berufsfeldern als der Wissenschaft zeigen sich karrierephasenabhängige Wahrnehmungen dieser Berufsfeldkonstellation. Hier wird es nach der Promotion eher als positiv empfunden, wenn sich die Logiken und Anforderungen der Berufsfelder unterscheiden und die Karriereschritte nicht zeitgleich realisiert werden müssen. Als unterstützend wird zudem empfunden, wenn ihre Partner geregelte Arbeitszeiten oder unbefristete Verträge haben. Diese Partner gelten dann als der „ruhende Pol" und tragen zu einer gefühlten besseren Planbarkeit der Karrieren und Stabilität in der Paarbeziehung bei, was den Frauen die Weiterverfolgung ihrer als unsicherer wahrgenommenen wissenschaftlichen Karriere erleichtert.

Zusammenfassend wird die Übereinstimmung des wissenschaftlichen Berufsfeldes als unterstützend wahrgenommen, wobei das Verständnis für gegenseitige Arbeitsweisen und Karriereanforderungen besonders hervorgehoben wird. Die Wissenschafts*homogenität* der Partnerschaft könnte für die Realisierung einer wissenschaftlichen Karriere von Frauen daher einen Vorteil darstellen und z. B. die kürzeren Promotionszeiten der Naturwissenschaftlerinnen mit erklären, da bei ihnen der Anteil an Wissenschaftspaaren am höchsten ist. Die Wissenschafts*heterogenität* könnte in diesem Sinne nachteilig für Frauen sein, da die Partner weniger Verständnis für die Karriereanforderungen ihrer Frauen zeigen. Zwar äußern sich insbesondere Sozialwissenschaftlerinnen kritisch zu dieser Paarkonstellation, betreffen könnte dies jedoch auch die Frauen in den Technik- und teilweise auch Naturwissenschaften aufgrund der dort weniger formalisierten Karrierewege.

In der Postdoc-Phase könnte sich die Wissenschafts*homogenität* jedoch in einen Nachteil umkehren – insbesondere in Disziplinen mit weniger formalisierten Wegen. Gerade Auslandsaufenthalte oder Leitungsfunktionen, Karriereanforderungen, die sich in Wissenschaftspaaren an beide Partner (zumeist zu unterschiedlichen Zeiten) richten, bringen ein räumliches Koordinierungsproblem mit sich. Da Naturwissenschaftlerinnen häufiger in solchen Partnerschaften leben, könnte dies zu einer größeren Einschränkung ihrer beruflichen Entwicklung als in den anderen Disziplinen führen, weil sie in der Postdoc-Phase möglicherweise bestimmte Gelegenheiten nicht in Erwägung ziehen oder wahrnehmen können.

4.3.2 *„Wenn es dann darum ging, dass am Wochenende irgendwelche Proben präpariert werden müssen, hat mein Mann auch gesagt: Ach komm, ich fahre mit und helfe dir, dann geht es schneller."* – Fächerkonstellationen

Wie bereits angedeutet, kann auch die Fachhomogenität (d. h. beide Partner haben ihren ersten Studienabschluss in der gleichen Disziplin erworben) ein wichtiges Bindeglied in Paarbeziehungen darstellen. Überschneidungen und Ähnlichkeiten im Fach werden von den qualitativ interviewten Wissenschaftlerinnen vor allem dann als wichtig und positiv erachtet, wenn der Partner außerhalb der Wissenschaft arbeitet. Hier werden ein größeres gegenseitiges Verständnis sowie die fachliche Unterstützung der Partner (z. B. durch einen inhaltlichen Austausch oder gegenseitiges Korrekturlesen) als Begründung genannt.

Entsprechend der quantitativen Daten hatte fast die Hälfte der Wissenschaftlerinnen (46 %) ein Jahr *vor der Promotion* einen fachhomogenen Partner. Dies
traf weitaus seltener auf Männer zu. Bei ihnen hatte nur ein Viertel eine Partnerin
aus der gleichen Disziplin. Zudem befanden sich zu diesem Zeitpunkt immer
noch etwas mehr als ein Drittel der Partnerinnen im Studium. Deutliche Unterschiede hinsichtlich der Fächerkonstellation im Paar existieren auch zwischen
den Disziplinen: Etwa doppelt so viele Frauen in den Natur- (58 %) und Technikwissenschaften (51 %) wie in den Sozialwissenschaften (28 %) hatten einen fachhomogenen Partner. *Zwölf Jahre nach dem Studienabschluss* ist der Anteil der
Wissenschaftler mit fachhomogener Partnerin auf ein Drittel gestiegen; gleichwohl
lebten Wissenschaftlerinnen immer noch wesentlich häufiger in einer fachhomogenen Partnerschaft (51 %). Weiterhin gilt, dass es fachhomogene Partnerschaften
fast doppelt so häufig bei Technik- (62 %) und Naturwissenschaftlerinnen (57 %)
wie bei Sozialwissenschaftlerinnen gab (32 %).

Die bisherigen Ausführungen zusammenfassend kann formuliert werden,
dass die Fachhomogenität von den Frauen als unterstützend für die eigene berufliche Entwicklung wahrgenommen wird. Es ist zu vermuten, dass ein inhaltlicher
Austausch zwischen fachhomogenen Partner/innen besonders bei der Realisierung
von Qualifikationsarbeiten einen Vorteil darstellen kann – die Unterstützungsmöglichkeiten bei Auslandsaufenthalten oder bei der Übernahme von Leitungsfunktionen hingegen geringer sind. Somit könnten insbesondere die Technik- und
Naturwissenschaftlerinnen weniger von einer Fachhomogenität profitieren.

4.3.3 „*Wir waren Konkurrenten eigentlich in Bewerbungen.*" – Berufsfeld- und Fächerhomogenität

Angesichts der Unterschiede zwischen Frauen und Männern in den Paarkonstellationen ist es nicht überraschend, dass ein Jahr *vor der Promotion* ein Fünftel der
Frauen, aber nur 8 % der Männer in einer wissenschafts- und zugleich fachhomogenen Partnerschaft lebten. Diese Partnerschaften waren bei Naturwissenschaftlerinnen mit 32,5 % doppelt so häufig wie in den Technik- und Sozialwissenschaften
(16 %). Auch *zwölf Jahre nach dem Studienabschluss* war diese zweifach homogene
Paarkonstellation häufiger bei Wissenschaftlerinnen (18 %) als bei Wissenschaftlern (9 %). Erneut war sie unter den Frauen in Technik- und Sozialwissenschaften
(13 % bzw. 12 %) deutlich seltener als in den Naturwissenschaften (32 %). Bei
Naturwissenschaftlerinnen stellt diese Übereinstimmung von Berufsfeld *und* Fach
somit keine Ausnahme.

In den qualitativen Interviews deutet sich bei wissenschafts- und zugleich
fachhomogenen Paaren eine innerpartnerschaftliche Alltagspraxis an, die durch
eine starke Verwobenheit von Beruf und Paarbeziehung gekennzeichnet ist. Der in-

haltliche Austausch über gegenseitige oder gemeinsame Forschungsthemen findet unter anderem am Frühstückstisch oder abends nach der Arbeit statt. Allerdings äußerten sich die Frauen in doppelt homogenen Paarbeziehungen auch negativ zur Fachhomogenität. Insbesondere Naturwissenschaftlerinnen thematisierten für die Postdoc-Phase Schwierigkeiten im Hinblick auf die Vereinbarkeit der zwei Karrierewege. Vor allem für Wissenschaftlerinnen in eher ‚kleinen' Fächern (wie z. B. Biologie) scheinen wenig(er) Möglichkeiten zu bestehen, mit dem Partner gemeinsam an einem Institut unterzukommen. Eine wissenschaftliche Mitarbeiterin in den Naturwissenschaften erklärt, wie es mit dem Partner zu direkten Konkurrenzen um Stellen kam: „Wir haben dieselben Ziele. [...] Und dann haben wir einander im Weg gestanden bei den wenigen Stellen, die da waren." Eine derartige Problematik wurde nur von den Technikwissenschaftlerinnen nicht geäußert.

Zusammenfassend scheinen einige der wissenschafts- und fachhomogenen Paare nach der Promotion Schwierigkeiten zu haben, zwei Karrieren miteinander zu vereinbaren. Dies gilt insbesondere für Frauen in den Naturwissenschaften, die am häufigsten einen fachhomogenen Partner hatten, der zugleich in der Wissenschaft arbeitete, und somit häufiger entweder Jobangebote beim gleichen Arbeitgeber benötigten oder längerfristig an zwei getrennten Arbeitsorten leben mussten (vgl. Abschnitt 4.3.5).

4.3.4 „Also da mein Mann keine Anstalten machte, sich ... mehr um die Kinder zu kümmern, ... dann bleibt mir nichts weiter übrig, ... dann nehme ich eine Kinderfrau." – Koordinierung der Kinderbetreuung

Sehr geringe Unterschiede zwischen den Wissenschaftler/innen (die in einer Partnerschaft leben) zeigten sich hinsichtlich des Vorhandenseins von Kindern. 48 % der Wissenschaftlerinnen und 42 % Wissenschaftler hatten *keine* leiblichen Kinder. Deutlicher sind hier die Disziplinenunterschiede: Am häufigsten waren Frauen in den Natur- (54 %) und Sozialwissenschaften (51 %) (noch) kinderlos, bei den Technikwissenschaftlerinnen hatten nur 37 % (noch) keine Kinder.[22] Sowohl für männliche als auch weibliche Wissenschaftler mit Kindern gilt, dass in den Technikwissenschaften das erste Kind am frühsten und in den Sozialwissenschaften am spätesten geboren wurde. Frauen in den Technikwissenschaften hatten ihr (erstes) Kind im Schnitt bereits vier Jahre nach dem Studienabschluss bekommen, in den Naturwissenschaften nach 5,3 und in den Sozialwissenschaften nach 6,5 Jahren. Bei vielen Wissenschaftlerinnen fand die Geburt des ersten Kindes damit *nach* der Promotion statt – einer wichtigen ‚Hürde', die von vielen Frauen

---

[22] Ähnliche Unterschiede existieren bei den Männern (Anteil der Kinderlosen: 37 % in den Technik-, 43,5 % in den Sozial- und 47 % in den Naturwissenschaften).

häufig vor der Geburt des ersten Kindes genommen wird – denn: „Die entscheidende Rolle hat die Doktorarbeit gespielt. Ich habe immer gesagt, das ist mein
erstes Baby, und wenn die fertig ist, dann möchte ich Kinder haben" – so eine
wissenschaftliche Mitarbeiterin aus den Naturwissenschaften.

Bei der *Kinderbetreuung* gibt es deutliche Geschlechter- sowie auch Disziplinenunterschiede. Drei Viertel der Wissenschaftlerinnen, aber nur 2 % der
Wissenschaftler gaben an, dass sie *während des ersten Lebensjahres* das Kind
hauptsächlich betreut haben. Ein analoges Muster findet man bei ihren Partner/
innen: Nur 4 % der Partner, aber 84 % der Partnerinnen haben das Kind hauptsächlich betreut. Bei nur knapp einem Fünftel der Wissenschaftlerinnen und 13 %
der Wissenschaftler haben sie und die Partner/innen das Kind in gleichem Umfang
betreut. In den Sozialwissenschaften war dieses Arrangement, das knapp ein Viertel der Frauen sowie der Männer im ersten Lebensjahr des Kindes praktizierten,
verbreiteter als in den anderen Disziplinen. Zudem haben über drei Viertel der
Männer (77 %) und über die Hälfte der Frauen (57 %) keine Betreuungseinrichtung,
wie Krippe oder Tagesmutter, im Anspruch genommen (oder nehmen können).
Berücksichtigt man zusätzlich die regelmäßige Kinderbetreuung durch Dritte, wie
Großeltern oder Babysitter, so wurde die Hälfte der Männer, aber nur ein Viertel
der Frauen bei der Kinderbetreuung weder durch Einrichtungen noch dritte Personen unterstützt. Über ein Viertel der Wissenschaftler/innen hat nur auf dritte
private Personen zurückgegriffen (oder greifen können).

Nach dem ersten Lebensjahr wurden mehr Frauen von der Hauptverantwortung bei der Kinderbetreuung entlastet. ‚Nur' noch 54 % der Wissenschaftlerinnen
gaben an, das Kind im Alter von 1 bis 3 Jahren hauptsächlich selbst betreut zu
haben. Bei über einem Drittel hat sich der Partner ebenso häufig um die Betreuung gekümmert (38 %) und bei weiteren 5 % war er hauptsächlich verantwortlich.
Dagegen blieben bei den männlichen Wissenschaftlern die Partnerinnen hauptsächlich für die Betreuung zuständig (74,5 %), bei nur einem Viertel wurde die
Verantwortung geteilt. Während bei Männern die geteilte Verantwortung weiterhin
eher in den Sozialwissenschaften zu finden war, berichteten von den Frauen nun
Technikwissenschaftlerinnen häufiger von diesem innerfamilialen Betreuungsarrangement (45 % vs. 34,5 % in den Sozial- und 30 % in den Naturwissenschaften).
Auch die Anspruchnahme von privaten Personen oder Betreuungseinrichtungen
hat zugenommen. Bei ‚nur' noch 28 % der Männer und 4 % der Frauen wurde
die Betreuung weder durch private Personen noch Einrichtungen unterstützt. Die
überwiegende Mehrheit der Frauen (79 %) und über die Hälfte der Männer (55,5 %)
hat Kinderbetreuungseinrichtungen in Anspruch genommen.

Disziplinenunterschiede zeigen sich auch in den qualitativen Interviews. Während insbesondere Sozialwissenschaftlerinnen, aber auch viele Naturwissenschaftlerinnen einen klaren Anspruch an eine egalitäre Arbeitsteilung mit dem Partner
bei der Betreuung von Kleinkindern formulieren, gilt dies bei den Technikwissen-

schaftlerinnen nur im Ausnahmefall. Diejenigen, die mit dem Partner offen über eine egalitäre Arbeitsteilung bei der Kinderbetreuung verhandeln, zielen darauf ab, keine „Asymmetrie" in der Paarbeziehung entstehen zu lassen. Das Kind gilt bei diesen Paaren als gemeinsame Aufgabe, und die geteilte Erfahrung bei der Kinderbetreuung wird als sehr wichtig erachtet. Der Gleichheitsanspruch ist bei diesen Frauen eng an eine egalitäre Teilhabe an Erwerbsarbeit geknüpft. „Nicht wer muss arbeiten, sondern wer darf arbeiten" ist Aushandlungsgegenstand. Die Beteiligung des Partners an der Kinderbetreuung wird hier weniger als Unterstützung der Frauen konzipiert, sondern als Teil des Selbstverständnisses des Partners.

Doch nicht bei allen Frauen spielt die Frage der Kinderbetreuung eine explizite Rolle in den Aushandlungsprozessen mit den Partnern. Zu diesen Frauen gehören von den qualitativ Interviewten nur Natur- und Technikwissenschaftlerinnen. Für sie gilt es als ‚natürlich', dass vor allem sie selbst für die Betreuung ihrer Kleinkinder zuständig sind. Die Unterstützung bei der Kinderbetreuung durch die Partner gilt hier als Hilfestellung in Ausnahmesituationen, wie bei wichtigen Konferenzen oder dringenden Terminen. Wenngleich diese Frauen im Alltag die Hauptverantwortung tragen, ermöglicht ihnen diese Form der Unterstützung dennoch, ‚am Ball zu bleiben', und ihrer Arbeit nachzugehen. Der zentrale Unterschied zu der oben beschriebenen Gruppe mit Gleichheitsanspruch besteht darin, dass diese traditionelle Rollenverteilung nicht als solche dekonstruiert, d. h. weder von den Frauen selbst noch von ihren Partnern hinterfragt wird.

Darüber hinaus ist die Berufsfeldkonstellation für innerpartnerschaftliche Aushandlungsprozesse zur Kinderbetreuung – insbesondere für die Frauen mit egalitärem Anspruch – bedeutsam. Eine zentrale Argumentationsfigur, die vermehrt bei Wissenschaftlerinnen mit Partnern außerhalb der Wissenschaft auftaucht, ist die Wissenschaft als der ‚flexible Beruf', der deutlich besser mit der Kinderbetreuung zu vereinbaren sei als der Beruf des Partners, woraufhin diese Aufgabe primär den Frauen zufällt. Die Möglichkeit des zeitlich und räumlich flexiblen wissenschaftlichen Arbeitens (auch zu Hause) ist in dieser Paarkonstellation das Kernargument in den Aushandlungen darüber, wer die Kinder betreut. „Weil es völlig klar war, ich kann meine Arbeit einteilen. In der Wissenschaft geht das", erläutert eine Professorin in den Sozialwissenschaften. Umgekehrt wird für die Berufe der Partner angegeben, dass diese nicht mit einer Elternzeit oder Reduktion der Arbeitszeit zu vereinbaren seien. Elternzeiten werden hier nur für die Partner, nicht aber für die Wissenschaftlerinnen als ‚karrierehinderlich' konzipiert. Die berufsfeldheterogene Paarkonstellation bietet folglich Räume für die Durchsetzung geschlechtstypischer Betreuungsarrangements, die es bei Wissenschaftspaaren so nicht gibt.

Zusammenfassend verdeutlicht die gemeinsame Betrachtung der qualitativen und quantitativen Interviews, dass die Kinderbetreuung in den ersten Lebensjahren mehrheitlich von den Frauen übernommen wird (vgl. Bathmann/Müller/Cornelißen

in diesem Band). Gleichwohl gibt es Disziplinenunterschiede: Während Sozialwissenschaftlerinnen häufiger egalitäre Betreuungsarrangements anstrebten, befürwor-
teten Technikwissenschaftlerinnen insbesondere im ersten Lebensjahr des Kindes
ein traditionelles Betreuungsarrangement. Zudem griffen sie auf unterschiedliche
Strategien bei der Kinderbetreuung zurück. Sozialwissenschaftlerinnen suchten
die Unterstützung vor allem bei ihrem Partner und verließen sich nicht so oft auf
externe Kinderbetreuung. Natur- und Technikwissenschaftlerinnen wurden hingegen weniger von ihren Partnern bei der Kinderbetreuung unterstützt oder for-
derten diese Unterstützung seltener ein. Stattdessen nutzten sie häufiger externe
Betreuungsmöglichkeiten. Wir erwarten daher, dass die Geburt des ersten Kindes
in allen Disziplinen einen negativen Einfluss auf die Wissenschaftskarrieren von
Frauen hat – denn obgleich Sozialwissenschaftlerinnen expliziter eine Gleichbeteili-
gung des Partners einforderten, aber nur zum Teil realisieren konnten, nutzten
Technik- und Naturwissenschaftlerinnen stärker Kinderbetreuungseinrichtungen.

4.3.5 „Ich glaube ehrlich gesagt, wir sind an unseren Grenzen dessen, was wir organisatorisch und auch vom Glück her, vom Gut-Fühlen her, von dem, wie wir leben wollen." – Wohnarrangements

Schließlich erhöhen *Mobilitätsanforderungen* die Komplexität der Lebenssituation
von Wissenschaftler/innen in Paarbeziehungen (vgl. Becker et al. in diesem Band).
Unbekannt ist bisher allerdings das Ausmaß an Mobilität, und ob Mobilität ein
Hemmnis oder eine Chance für die Karrieren von Frauen darstellt.

  Fünf Jahre nach dem Studienabschluss lebte und arbeitete nur die Hälfte
der Wissenschaftlerinnen am gleichen Ort wie ihr Partner (49 %). Ein Fünftel der
Frauen lebte zwar am gleichen Ort, aber sie und/oder ihr Partner mussten täglich
zum Arbeitsplatz an einen anderen Ort pendeln oder fernpendeln, d. h. mit einem
größeren Zeitintervall. Über ein Viertel der Frauen wohnte zu diesem Zeitpunkt
dagegen nicht (13 %) oder nur zeitweise (16 %) am gleichen Ort wie ihr Partner.
Hier gab es kaum Geschlechter-, aber bemerkenswerte Disziplinenunterschiede.[23]
Ohne zu pendeln, lebten Technik- (55 %) und Naturwissenschaftlerinnen (51 %)
häufiger als Sozialwissenschaftlerinnen (43 %) am gleichen Ort wie ihr Partner.
Ein Drittel der Sozialwissenschaftlerinnen, aber nur ein Viertel der Frauen in den
beiden anderen Disziplinen lebte – ganz oder zeitweise – an getrennten Wohnorten.

  Auch *zwölf Jahre* nach dem Studienabschluss wohnte nur die Hälfte der Wissenschaftlerinnen am gleichen Ort wie ihr Partner (ohne dass einer der beiden zum
Arbeitsplatz an einen anderen Ort pendeln musste). Zu diesem Zeitpunkt lebten

---

[23] Lediglich bei der Verbreitung von durchgehend getrennten Wohnorten zeigten sich deutliche Geschlechterunterschiede (13 % der Frauen vs. 5,5 % der Männer).

Frauen jedoch etwas seltener als in der Promotionsphase ganz oder zeitweise an getrennten Wohnorten (19 %), während die Verbreitung von Pendelarrangements zunahm. Bei einem Viertel der Frauen musste einer der beiden Partner täglich (7 %) oder fernpendeln (22 %). Weiterhin blieben die oben genannten Disziplinenunterschiede bestehen, wobei 36 % der Frauen in den Sozialwissenschaften in einem Fernpendelarrangement lebte im Vergleich zu 17 % in den Natur- und 13 % in den Technikwissenschaften.

Auch in den qualitativen Interviews zeigten sich Disziplinenunterschiede in der Bereitschaft, für die berufliche Karriere mobil zu sein (wobei mit dem Begriff ‚Bereitschaft' keine normative Wertung vorgenommen werden soll). Die höchste Bereitschaft zur Mobilität – in allen Karrierephasen und auch nach der Geburt von Kindern – zeigte sich bei den Sozialwissenschaftlerinnen in Wissenschaftspaaren. Nur kinderlose Naturwissenschaftlerinnen in dieser Paarkonstellation wiesen eine ähnlich hohe Mobilitätsbereitschaft auf. Karrierechancen und interessante Stellenangebote wurden nicht für die Paarbeziehung zurückgestellt bzw. abgelehnt. Räumliche Trennungsphasen wurden als Teil des gemeinsamen Lebensentwurfs nicht ausgeschlossen. Der Arbeitsort der Frauen wurde danach gewählt, an welchem Ort sich die besten Möglichkeiten für ihr inhaltliches und berufliches Vorankommen boten. Dabei bestand die Übereinkunft beider Partner, dass für das Zusammenleben nicht auf berufliche Chancen verzichtet wird. Eine Vertretungsprofessorin in den Sozialwissenschaften drückte dies folgendermaßen aus: „Es gibt den Grundkonsens, dass wir da individuell agieren und dass wir da nichts opfern."

Im Unterschied dazu wurden mobile Wohnformen[24] bei den Natur- und Technikwissenschaftlerinnen vor allem mit Kindern gar nicht oder nur für begrenzte Zeiträume akzeptiert, beispielsweise für Auslandsaufenthalte. Eine längerfristige Trennung von Wohn- und Arbeitsort kam für die meisten Frauen in diesen Disziplinen nicht in Frage. Die Perspektive, mit dem Partner an einem Ort wohnen zu können, spielte eine ebenso große Rolle bei der Wahl des Arbeitsortes wie die individuellen beruflichen Interessen, vor allem (aber nicht nur) im Zusammenhang mit Kindern. Diese doppelte Orientierung an Karriere und Paarbeziehung birgt für diese Frauen ein hohes Risiko, denn nur unter der Voraussetzung, dass ihre Partner am neuen Ort hervorragende berufliche Möglichkeiten haben, waren diese Frauen bereit, dort die eigene berufliche Chance wahrzunehmen.

Auch für die Frauen in berufsfeldheterogenen Partnerschaften zeigten sich Disziplinenunterschiede hinsichtlich der Bereitschaft, längerfristig in mobilen Wohnformen zu leben. Technikwissenschaftlerinnen und ihre Partner waren erneut am seltensten dazu bereit – allerdings auch, weil ihre Partner, die zumeist in der

---

[24] Wenn nicht anders spezifiziert meinen wir mit mobilen Wohnformen Fernpendel- sowie *Living-Apart-Together*-Arrangements an getrennten Wohnorten.

Privatwirtschaft tätig waren, gute Jobaussichten hatten, um ihren Frauen an die neuen Standorten zu folgen. Dagegen akzeptierten Sozial- und Naturwissenschaftlerinnen, sofern sie keine Kinder hatten, häufiger, für die eigene Karriere zeitweise in mobilen Wohnformen zu leben. Obwohl die Möglichkeiten des Suchens eines gemeinsamen (neuen) Standorts auch durch die berufliche Tätigkeit des Partners teilweise eingeschränkt sind, wurde eine gewisse Stabilität seitens des Partners von diesen Frauen dann als positiv hervorgehoben, wenn sich die Notwendigkeit zur Mobilität nur auf ihre Wissenschaftskarriere beschränkte.

Frauen, die dauerhaft oder phasenweise in mobilen Wohnformen gelebt haben, nahmen diese durchaus als Belastung wahr. Die organisatorischen, physischen und emotionalen Anstrengungen, die damit verbunden sind, nahmen dabei besonders nach der Promotion durch einen erhöhten Arbeitsumfang und die erhöhte Komplexität der Lebenssituation durch die Familiengründung zu. Zusätzlich war die Unsicherheit, ob es ihnen je gelingen wird, an einem Ort gemeinsam zu leben und zu arbeiten, besonders belastend. Gleichwohl wurde das wöchentliche Pendeln von einigen dieser Frauen auch als ‚Freiheit' wahrgenommen und als Möglichkeit erlebt, sich ohne Einschränkungen der Arbeit widmen zu können. Dies wurde besonders von Sozialwissenschaftlerinnen hervorgehoben und insbesondere dann, wenn sie in einer berufsfeldheterogenen Partnerschaft lebten und keine Kinder hatten, sowie von Frauen mit Kindern, wenn sie selber pendelten. „Und es ist keiner da, der erwartet, dass man nach Hause kommt oder so. […] Also das macht manche Sachen auch einfacher", so beschreibt eine wissenschaftliche Mitarbeiterin in den Sozialwissenschaften die Vorzüge des Fernpendelns.

Zusammenfassend gilt, dass bei berufsfeldheterogenen Paaren die Akzeptanz längerfristiger mobiler Arrangements disziplinenübergreifend nicht in gleichem Maße selbstverständlich ist wie bei Wissenschaftspaaren, vor allem dann nicht, wenn sie Kinder haben. Daraus muss nicht notwendigerweise ein Nachteil für die Frauen resultieren, da ihre Partner teilweise eher in der Lage sind, mit umzuziehen, oder sich aufgrund ihrer Ortsgebundenheit nicht zusätzliche Mobilitätsanforderungen stellen. Dass die Bereitschaft von Paaren, in mobilen Wohnformen zu leben, jedoch nach Disziplinen variiert, legt die Vermutung nahe, dass sich diese auch aus der Notwendigkeit zur Mobilität ergibt, d. h. aus institutionellen Vorgaben und Arbeitsmarktangeboten. Hinsichtlich der Mobilitätsanforderungen und Wohnformen in Partnerschaften können daher zwei gegensätzliche Thesen formuliert werden: Mobile Wohnformen könnten einerseits die Karrierechancen der Frauen verringern, weil sie Zeit kosten, die für die Arbeit (z. B. an den Qualifizierungsarbeiten) ‚verloren geht'. Andererseits könnten sich Frauen, die selbst pendeln oder deren Partner pendelt, uneingeschränkter auf die eigene Qualifikationsarbeit konzentrieren und damit die Zeitkosten der mobilen Wohnform ausgleichen. Dies könnte insbesondere dann der Fall sein, wenn mit mobilen Wohnformen die Optimierung eigener Karrierechancen verbunden ist.

4.4 „Mensch, du arbeitest aber lange. Man muss sich dann wieder
rechtfertigen." – *Der Einfluss von Partnerschaft und Karrierelogik
auf die Karrierewege von Frauen*

In den bisherigen Ausführungen wurden Unterschiede in den Karrierewegen sowie
unterschiedliche Gelegenheitsstrukturen durch die jeweiligen Paarkonstellationen und Koordinierungsmodi deutlich. Im Folgenden untersuchen wir, welchen
Einfluss die Berufsfeld- und Fächerkonstellationen, die Wohnformen sowie die
Geburt des ersten Kindes – in ihrer Kombination und Wechselwirkung – auf die
wissenschaftlichen Karrieren von Frauen hatten. Im ersten Schritt geht es um die
Chance, innerhalb von sechs Jahren nach dem Studienabschluss zu promovieren.
Wie in Tabelle 2 und Abschnitt 4.2 ausgewiesen wurde, liegt diese Zeitspanne
deutlich *über* dem Median und damit der ‚typischen' Promotionsdauer. Längere
Promotionsdauern sollten daher als ‚Abweichung von der Norm' vermutlich eher
mit Karrierenachteilen einhergehen. Im zweiten Schritt untersuchen wir die Chance, innerhalb von zwölf Jahren nach dem Studienabschluss Leitungsaufgaben mit
mindestens fünf Mitarbeiter/innen zu übernehmen, sowie die Wahrscheinlichkeit,
schneller als andere zu habilitieren.
   Für die (zeitlich definierte) Chance der Promotion und der Übernahme von
Leitungsaufgaben haben wir logistische Regressionen geschätzt. Ausgewiesen sind
die exponierten Logitkoeffizienten (sogenannte Odds Ratios). Werte größer als 1
bedeuten eine höhere Chance, Werte kleiner als 1 eine geringere Chance im Vergleich zur jeweiligen Referenzkategorie, die den Wert 1 besitzt. Für die Habilita-
tionschance haben wir Piecewise-Constant-Modelle berechnet, für die ebenfalls
exponierte Logitkoeffizienten ausgewiesen werden. Werte größer als 1 signalisieren eine höhere Übergangsrate (d. h. eine schnellere Habilitation im Vergleich zur
jeweiligen Referenzkategorie), Werte kleiner als 1 eine geringere Übergangsrate.

4.4.1 „Ohne Doktorarbeit hätte ich sicherlich das Hochschulsystem verlassen." – Die Promotion

Wie in Abschnitt 4.2 dargelegt, promovierten Naturwissenschaftlerinnen früher
nach dem Studienabschluss als Frauen der anderen Disziplinen. Zugleich lebten sie häufiger in einer Wissenschaftspartnerschaft. Im Folgenden überprüfen
wir daher, ob der Karrierevorsprung der Naturwissenschaftlerinnen durch einen
höheren Anteil an Wissenschaftspaaren, d. h. vor allem durch einen sogenannten
Kompositionseffekt erklärt werden kann. Denn angesichts der subjektiven Wahrnehmungen zur Berufsfeldkonstellation könnte es einen Karrierevorteil für Frauen
in Wissenschaftspaaren geben. Eine ähnliche Erwartung haben wir auch für die
Frauen in fachhomogenen Partnerschaften formuliert.

Tabelle 3   Chance, innerhalb von sechs Jahren nach Studienabschluss zu promovieren (Logistische Regressionen, Odds ratio, n = 357 Wissenschaftlerinnen)

	M1 Exp (B)	M1 Sig	M2 Exp (B)	M2 Sig	M3 Exp (B)	M3 Sig	M4 Exp (B)	M4 Sig	M5 Exp (B)	M5 Sig	M6 Exp (B)	M6 Sig
Disziplin (Ref.: Sozialwiss.)												
Technikwissenschaften	.38§	.004	.35§	.002	.31§	.008	.35§	.002	.30*	.013	.33§	.001
Naturwissenschaften	*1.53*	*.128*	*1.52*	*.132*	*1.80*	*.106*	*1.54*	*.134*	*1.83*	*.114*	*1.54*	*.134*
1. Kind bis zu 1 Jahr davor (Ref.: nein)	.46*	.014	.49*	.026	.49*	.029	.49*	.026	.49*	.028	.49*	.028
Single 1 Jahr davor (Ref.: mit Partner)			*1.94*	*.140*	.96	.958	*1.87*	*.160*	.93	.921	2.2†	.095
Wissenschaftshomog. Partner 1 Jahr davor (Ref.: nein)			1.09	.764	1.45	.420					1.64	.221
Disziplin * Partnerschaft												
Technikwiss. * kein Partner					3.18	.252			3.27	.251		
Naturwiss.* kein Partner					2.17	.513			2.14	.524		
Technikwiss. * wisshomog. Partner (ja)					.94	.935			.92	.902		
Naturwiss. * wisshomog. Partner (ja)					.55	.307			.56	.335		
Fachhomogener Partner 1 Jahr davor (Ref.: nein)							1.00	.995	1.34	.518	1.31	.428
Disziplin * Fachhomogenität												
Technikwiss. * kein Partner												
Naturwiss. * kein Partner												
Technikwiss. * fachhomog. Partner (ja)												
Naturwiss.* fachhomog. Partner (ja)												
Wissenschafts- * Fachhomogenität												*.453*	*.149*
Konstante	.63	,081	.60	.077	.59	.093	.62	.094	.67	.129	.57	.060

Kontrolliert für Abschlusskohorte, Art des 1. Studienabschlusses, Aktivität außerhalb der Wissenschaft. Signifikante Effekte: §p<0.01 *p<0.05 †p<0.1. *Kursiv*: nicht signifikant, aber substanzieller Effekt.

Quelle: Gemeinsam Karriere machen, eigene Berechnungen.

Tabelle 3 zeigt deutliche Disziplinenunterschiede hinsichtlich der Chance von Frauen, innerhalb von sechs Jahren nach dem Studienabschluss zu promovieren. Technikwissenschaftlerinnen hatten eine geringere und Naturwissenschaftlerinnen tendenziell eine größere Chance als Sozialwissenschaftlerinnen (M1 in Tab. 3). Diese Unterschiede bleiben unverändert auch mit Kontrolle der Paarkonstellationen bestehen (M1 bis M6). Das heißt zugleich: Ursache der höheren Promotionschancen der Naturwissenschaftlerinnen ist nicht der höhere Anteil an wissenschafts- und fächerhomogenen Partnerschaften, sondern eher die Karrierelogik in den Naturwissenschaften. Diese Interpretation wird dadurch unterstützt, dass Frauen in Wissenschaftspaaren weder einen Vor- noch einen Nachteil im Vergleich zu Frauen in berufsfeldheterogenen Partnerschaften hatten (M2). Im dritten Modell (M3) haben wir den sogenannten Interaktionseffekt von Berufsfeldkonstellation und Disziplinenzugehörigkeit einbezogen. Mit diesem können wir prüfen, ob sich der Einfluss der Berufsfeldkonstellation zwischen den Disziplinen unterscheidet. Entgegen der geäußerten Wahrnehmung der Frauen in den qualitativen Interviews zeigt sich, dass in allen Disziplinen Wissenschaftlerinnen nicht hinsichtlich ihrer Chance, innerhalb von sechs Jahren zu promovieren, vom Leben in einer Wissenschaftspartnerschaft profitieren. Gleichwohl müssen sie auch nicht mit Karrierenachteilen rechnen. Gleiches gilt auch für Frauen in fachhomogenen Partnerschaften (M4 und M5): Die subjektiv empfundene Unterstützung kann scheinbar nicht in eine größere Chance umgesetzt werden, in den im Hochschulrahmengesetz vorgesehenen sechs Jahren zu promovieren. Fächerhomogenität bringt jedoch auch keine Nachteile mit sich. Eine doppelte Homogenität, d. h. das Leben in einer fachhomogenen Wissenschaftspartnerschaft (bei einem Fünftel der Frauen und noch höher bei den Naturwissenschaftlerinnen), ist hingegen mit einem erhöhten Risiko verbunden, nicht innerhalb von sechs Jahren nach dem Studienabschluss zu promovieren (M6). Interessant ist hierbei, dass Frauen in diesen doppelt homogenen Partnerschaften in den qualitativen Interviews erst für die späteren Karrierephasen Nachteile dieser Konstellation thematisierten, sie jedoch ‚objektiv‘ bereits bei der Promotion nachteilig zu sein scheint.

Dass in dieser Karrierephase weder die Berufsfeld- noch die Fächerhomogenität zu einer höheren Promotionschance führt, kann möglicherweise an den nur eingeschränkten Unterstützungsmöglichkeiten der Frauen und ihrer Partner zu Beginn ihrer Karrieren liegen, da sie (noch) über kein großes Erfahrungswissen oder große berufliche Netzwerke verfügen. Aufgrund eines größeren Angebots an Promotionsstellen nehmen Frauen in doppelt homogenen Paarbeziehungen zudem die Konkurrenz mit den Partnern möglicherweise nicht wahr und unterschätzen, dass nicht jede Stelle die gleichen Qualifikations- und Ausgestaltungsmöglichkeiten bietet.

Wie erwartet, verringerte auch die Geburt des ersten Kindes die Chance für Frauen, innerhalb von sechs Jahren zu promovieren. Dabei unterscheidet sich die

Stärke des nachteiligen Einflusses von Kindern auf die Promotionschance weder zwischen den Disziplinen noch zwischen wissenschaftshomogenen und -heterogenen Paaren (Modelle mit Interaktionseffekten nicht gezeigt).

Hinsichtlich der *Wohnarrangements* ist die Antwort auf die Frage offen, ob sich mobile Wohnformen, die eher bei den Sozialwissenschaftlerinnen zu finden sind und von diesen in höherem Maße auch akzeptiert wurden, für die (‚zeitgerechte‘) Promotion lohnen. In unseren Analysen zeigt sich kein signifikanter Einfluss der Wohnformen in Partnerschaften auf die Promotionschance.[25] Gleichwohl weisen sie darauf hin, dass von Fernpendel-Arrangements vor allem jene Frauen profitierten, deren Partner außerhalb der Wissenschaft tätig waren. Eine Erklärung hierfür könnte das geringe(re) Verständnis ihrer Partner für lange Arbeitszeiten in der Wissenschaft sein, das – nach Aussagen der Wissenschaftlerinnen – mit dieser Wohnform seltener zu Konflikten oder Einschränkungen geführt hat. In wissenschaftshomogenen Partnerschaften können die Kosten des Fernpendelns anscheinend nicht in gleichem Maße aufgewogen werden, da hier auch Frauen in immobilen Arrangements auf ein größeres Verständnis des Partners zählen können.

Darüber hinaus gibt es deutliche Unterschiede im Einfluss der Wohnformen zwischen den Disziplinen. Nur Sozialwissenschaftlerinnen in Fernpendel-Arrangements hatten eine höhere Chance, innerhalb von sechs Jahren nach dem Studienabschluss zu promovieren, im Vergleich zu ihren Fachkolleginnen, die am gleichen Ort wie ihr Partner lebten und arbeiteten. Naturwissenschaftlerinnen hatten sogar ein signifikant höheres Risiko, die Promotion nicht innerhalb der sechs Jahre zu erreichen, wenn sie in Fernpendel-Arrangements oder an getrennten Wohnorten lebten. Dies erklärt sich möglicherweise durch unterschiedliche Arbeitsmarktangebote für die drei Disziplinen. Eine Ablehnung mobiler Wohnformen könnte bei den Sozialwissenschaftlerinnen aufgrund des eher knappen Stellenangebots in der Promotionsphase in einen relativen Nachteil münden, da sie dann eher Kompromisse bei der Stellensuche eingehen müssen. Aufgrund eines besseren Stellenangebots während der Promotionsphase gilt dies in den Naturwissenschaften nicht. Hier haben Frauen mit mobilen Wohnformen einen Nachteil, auch wenn sie vergleichbar gute Stellen zu ihren immobilen Fachkolleginnen finden, indem sie durch das Pendeln zusätzliche Kosten tragen.

---

[25] Aus Platzgründen werden die geschätzten Modelle zu den Wohnformen nicht ausgewiesen. Sie sind bei den Autorinnen bei Anfrage erhältlich.

4.4.2 *„Jetzt ganz am Ende ... muss für uns beide wirklich etwas hingestellt werden. Wir haben beide etwas zu verlieren ..."* – Die Postdoc-Phase

Wie in Abschnitt 4.2 gezeigt wurde, bestehen beträchtliche Disziplinenunterschiede in Bezug darauf, ob und wann eine Habilitation erworben wird. Deutlich wurde dort bereits, dass für technische Disziplinen die Habilitation weniger von Bedeutung ist und andere Erfahrungen, wie Leitungsaufgaben für größere Projekte (mit fünf Mitarbeitern und mehr), wichtig sind. Daher werden wir zunächst die Chance von Frauen untersuchen, innerhalb von zwölf Jahren nach dem Studienabschluss auf Positionen mit *Leitungsaufgaben* zu wechseln.[26] Diese Chance variiert deutlich zwischen den Disziplinen (M1 in Tab. 4). Technikwissenschaftlerinnen hatten eine höhere Chance als Sozial- und Naturwissenschaftlerinnen.

Anders als erwartet, hatten Frauen in Wissenschaftspaaren im Allgemeinen weder eine höhere noch eine niedrigere Chance der Übernahme von Leitungsaufgaben als Frauen, deren Partner außerhalb der Wissenschaft tätig waren (M2). Bei Betrachtung des Einflusses in den drei Disziplinen (M3) zeigt sich hingegen, dass Technik- und Naturwissenschaftlerinnen in Wissenschaftspaaren eine geringere Chance des Wechsels auf Positionen mit Leitungsaufgaben hatten, Sozialwissenschaftlerinnen hingegen von einer Wissenschaftshomogenität profitiert haben (der Interaktion zwischen Disziplinen und Paarkonstellation verfehlt, wenn auch knapp, die Signifikanzgrenze; von daher bezieht sich diese Aussage auf unser Sample). Eine Erklärung für diesen Unterschied liefert unsere qualitative Analyse. Hier zeigt sich, dass Sozialwissenschaftlerinnen in Wissenschaftspaaren eher ,bereit' waren, ,individualistisch' zu handeln, d. h. für die Paarbeziehung nicht auf Karriereoptionen zu verzichten. Angesichts eingeschränkter außerwissenschaftlicher Karrierealternativen können Sozialwissenschaftlerinnen anders als Technik- und Naturwissenschaftlerinnen auch seltener auf Gelegenheiten verzichten.

Die Fächerhomogenität im Paar spielt für die Chance der Übernahme von Leitungsaufgaben disziplinenübergreifend keine Rolle (M4 und M5). Hinsichtlich der doppelten Homogenität vom Berufsfeld und Fach ist der Interaktionskoeffizient positiv, aber nicht signifikant (M6). Die Veränderung der Signifikanz des Haupteffekts der Fächerkonstellation sowie der positive Interaktionskoeffizient verdeutlichen jedoch für unser Sample, dass – entgegen unserer Erwartung – eine doppelte Homogenität für die Leitungsfunktion nicht nachteilig gewesen ist im Vergleich zu Frauen, deren Partner entweder in der gleichen Disziplin oder in der Wissenschaft tätig gewesen ist.

---

[26] Entsprechend dem Median der promovierten Mitarbeiter/innen und Professor/innen geschieht dies ,typischerweise' ca. 6,5 bis zehn Jahre nach dem Studienabschluss (vgl. Abschnitt 4.2).

Tabelle 4   Chance, innerhalb von zwölf Jahren nach Studienabschluss eine Leitungsaufgaben zu übernehmen (Logistische Regressionen, Odds ratio, n = 188 Wissenschaftlerinnen mit Promotion)

	M1		M2		M3		M4		M5		M6	
	Exp (B)	Sig	Exp (B)	Sig	Exp (B)	Sig	Exp (B)	Sig	Exp (B)	Sig	Exp (B)	Sig
Disziplin (Ref.: Sozialwissenschaften)												
Technikwissenschaften	2.4+	.081	2.5*	.080	3.6*	.032	2.7+	.061	3.8*	.048	2.8*	.049
Naturwissenschaften	1.54	.330	1.57	.310	2.44	.105	1.69	.249	1.31	.632	1.68	.256
Erstes Kind bis zu 1 Jahr davor (Ref.: nein)	.08§	.000	.09§	.000	.09§	.000	.09§	.000	.09§	.000	.09§	.000
Single 1 Jahr davor (Ref.: mit Partner)			1.95	.290	2.07	.259	1.47	.549	1.51	.526	1.53	.520
Wissenschaftshomog. Partner 1 Jahr davor (Ref.: nein)			1.24	.643	3.01	.133					1.18	.820
Disziplin * Partnerschaft												
Technik * wisshomog. Partner (ja)					.26	.241						
Naturwiss. * wisshomog. Partner (ja)					.25	.151						
Fachhomogener Partner 1 Jahr davor (Ref.: nein)							.63	.273			.50	.187
Disziplin * Fachhomogenität												
Technikwiss. * fachhomog. Partner (ja)									.55	.563		
Naturwiss. * fachhomog. Partner (ja)									1.77	.554		
Wissenschafts- * Fachhomogenität											1.51	.655
Konstante	.45	.077	.37	.046	.28	.021	.47	.134	.45	.134	.44	.116

Kontrolliert für Abschlusskohorte, Art des 1. Studienabschlusses, Aktivität außerhalb der Wissenschaft, Promotion innerhalb von sechs Jahren nach Studienabschluss. Signifikante Effekte: §p<0.01 *p<0.05 +p<0.1. *Kursiv*: nicht signifikant, aber substanzieller Effekt.

Quelle: Gemeinsam Karriere machen, eigene Berechnungen.

Auch bei Berücksichtigung der Berufsfeld- und Fächerkonstellation bleiben deutliche Disziplinenunterschiede in der Chance der Übernahme von Leitungsaufgaben bestehen (M1 bis M6). Die im Vergleich zu den Sozialwissenschaften höhere Chance für Technikwissenschaftlerinnen ist daher nicht durch einen Kompositionseffekt zu erklären, sondern weist auf Unterschiede in den Karrierelogiken der Disziplinen hin.

Wie erwartet, verringert die Geburt des ersten Kindes die Chance von Frauen, innerhalb von zwölf Jahren Leitungsaufgaben zu übernehmen. Am stärksten verringern sich die Chancen durch die Geburt des ersten Kindes bei den Naturwissenschaftlerinnen (Modell mit Interaktionseffekt nicht ausgewiesen). Gleiches gilt für Mütter in Wissenschaftspaaren. Auch sie hatten im Vergleich zu Müttern mit Partnern außerhalb der Wissenschaft ein höheres Risiko, keine Leitungsaufgaben innerhalb von zwölf Jahren nach dem Studienabschluss übernommen zu haben (Modell mit Interaktionseffekt nicht gezeigt).

Abschließend betrachten wir die Unterschiede zwischen den Disziplinen hinsichtlich der *Habilitation*. Nur wenige Wissenschaftlerinnen (und auch Wissenschaftler) haben die Habilitation innerhalb des im Hochschulrahmengesetz seit 2002 vorgesehenen Zeitraums von zwölf Jahren erworben. Selbst bei den heutigen Professorinnen hat nur ein Fünftel innerhalb von zwölf Jahren nach dem ersten Studienabschluss habilitiert; bei den Professoren waren es ebenfalls deutlich weniger als die Hälfte (40 %). Daher werden wir bei der Habilitation keine Zeitgrenze setzen, sondern die Dauer bis zum Erwerb der Habilitation, d. h. die Hazardrate (Übergangsrate), untersuchen.

Auch hier zeigen sich erneut deutliche Disziplinenunterschiede (M1 in Tab. 5). Wie erwartet, hatten Technikwissenschaftlerinnen eine deutliche geringere Übergangsrate für den Erwerb einer Habilitation als Sozial- und Naturwissenschaftlerinnen. Frauen in Wissenschaftspaaren hatten dabei weder eine höhere noch eine geringere Übergangsrate als ihre Kolleginnen in berufsfeldheterogenen Partnerschaften (M2) – mit Ausnahme der Naturwissenschaftlerinnen, die schneller und häufiger habilitierten als ihre Fachkolleginnen mit Partnern außerhalb der Wissenschaft (Interaktionseffekt zwischen Berufsfeldkonstellation und Disziplin, M3). Bei der Fächerhomogenität zeigen sich wiederum Disziplinenunterschiede (M4 und M5): In den Technik- und Naturwissenschaften – den Disziplinen mit dem höchsten Anteil an fachhomogenen Paaren – hatten Frauen mit einem Partner aus der gleichen Disziplin eine höhere Übergangsrate, bei den Sozialwissenschaftlerinnen hingegen eine geringere Übergangsrate zur Habilitation im Vergleich zu ihren Kolleginnen in fachheterogenen Partnerschaften. Schließlich weist der Interaktionseffekt zwischen Berufsfeld- und Fächerkonstellation daraufhin, dass – im Unterschied zu den subjektiven Wahrnehmungen der Wissenschaftlerinnen – eine doppelte Homogenität nicht nachteilig gewesen ist (M6).

Tabelle 5   Übergangsrate für die Habilitation (Piecewise-Constant-Modelle, Odds ratio, n = 41.073 Personen-monate – Wissenschaftlerinnen mit Promotion)

	M1 Exp (B)	M1 Sig	M2 Exp (B)	M2 Sig	M3 Exp (B)	M3 Sig	M4 Exp (B)	M4 Sig	M5 Exp (B)	M5 Sig	M6 Exp (B)	M6 Sig
Zeitintervalle seit 1. Studienabschluss												
Bis zu 9 Jahre	.40	.183	.43	.224	.41	.196	.42	.214	.39	.173	.41	.213
10–12 Jahre	2.03	.262	2.13	.240	2.03	.262	2.07	.256	1.96	.292	2.05	.266
13–15 Jahre	5.37	.005	5.45	.006	5.27	.006	5.32	.007	5.27	.007	5.28	.007
16–20 Jahre	5.20	.005	5.17	.007	5.16	.006	5.03	.008	5.21	.007	5.03	.008
Disziplin (Ref.: Sozialwissenschaften)												
Technikwissenschaften	.27§	.001	.28§	.002	.35*	.027	.26§	.002	.15*	.012	.26§	.001
Naturwissenschaften	.93	.774	.93	.792	.62	.161	.91	.725	.50*	.041	.91	.732
Erstes Kind bis zu 1 Jahr davor (Ref.: nein)	.92	.769	.82	.468	.87	.627	.83	.505	.79	.392	.83	.499
Single 1 Jahr davor (Ref.: mit Partner)			.35	.164	.41	.386	.38	.195	.37	.334	.39	.220
Wissenschaftshomog. Partner 1 Jahr davor (Ref.: nein)			1.17	.569	.76	.567					1.18	.652
Disziplin * Wisshomogenität												
Technikwiss. * wisshomog. Partner (ja)					.52	.485						
Naturwiss.* wisshomog. Partner (ja)					2.86⁺	.069						
Fachhomog. Partner 1 J. davor (Ref.: nein)							1.37	.240	.50	.204	1.45	.288
Disziplin * Fachhomogenität												
Technikwiss. * fachhomog. Partner (ja)									4.61	.133		
Naturwiss. * fachhomog. Partner (ja)									5.15*	.010		
Wissenschafts- * Fachhomogenität											.83	.728

Kontrolliert für Abschlusskohorte, Art des 1. Studienabschlusses, Aktivität außerhalb der Wissenschaft. Signifikante Effekte: §p<0.01 *p<0.05 ⁺p<0.1. *Kursiv*: nicht signifikant, aber substanzieller Effekt.

Quelle: Gemeinsam Karriere machen, eigene Berechnungen.

Wider Erwarten führt die Geburt des erstens Kindes nicht per se zu einer niedrigeren Übergangsrate zur Habilitation: Die Geburt des erstes Kindes geht nur in den Technikwissenschaften mit einer niedrigeren Übergangsrate einher; für Sozialwissenschaftlerinnen spielt sie keine Rolle; und Mütter in den Naturwissenschaften hatten tendenziell eine etwa höhere Wahrscheinlichkeit der Habilitation (Modell mit Interaktion zwischen Kind und Disziplin nicht ausgewiesen). Zwischen Frauen in Wissenschafts- und berufsfeldheterogenen Paaren zeigt sich kein Unterschied im Einfluss der Mutterschaft auf die Übergangsrate.

Erneut wird in diesen Ergebnissen deutlich, dass die Disziplinenunterschiede hinsichtlich der Habilitationsrate von Frauen nicht durch eine unterschiedliche Verbreitung bestimmter Paarkonstellationen erklärt werden können. Vielmehr beeinflussen hier disziplinspezifische Logiken in den Wissenschaftslaufbahnen die Karrierechancen von Frauen. Paarkonstellationen sind für das Erreichen der Habilitation damit jedoch nicht unwichtig. Bemerkenswert ist, dass homogene Partnerschaften – sowohl in Bezug auf das Berufsfeld als auch das Fach – sich positiv auf die Habilitationsrate von Frauen auswirken können. Dies gilt vor allem in den Naturwissenschaften für die Berufsfeld- und die Fächerhomogenität und, beschränkt auf die Fächerhomogenität, in den Technikwissenschaften. Möglicherweise ist die Habilitation in diesen Disziplinen, die unter anderem mit Auslandstätigkeiten und Leitungsfunktionen mehrere Karrierewege nach der Promotion erlauben, besser plan- und koordinierbar und stellt hier für Frauen eine sinnvolle Strategie dar, die vielfältigen Karriereanforderungen in Wissenschaftspaaren miteinander zu vereinbaren. Da bei den Technik- und Naturwissenschaften zudem homogene Paarkonstellationen verbreiteter sind als in den Sozialwissenschaften, könnte eine komplementäre Erklärung für ihren positiven Einfluss sein, dass die Arbeitswelt diesen Paaren zumindest bei Qualifikationsstellen entgegenkommt und ihnen bessere Vereinbarkeitsmöglichkeiten bietet.

Die unterschiedliche Bedeutung, die eine Fachhomogenität im Paar für Leitungsaufgaben und Habilitation besitzt, deutet auf unterschiedliche Unterstützungsmöglichkeiten durch den Partner hin. Das heißt, die Unterstützung, die ein Partner vom gleichen Fach bei der Habilitation in Form des inhaltlichen Austausches oder des Korrekturlesens leisten kann, ist beim Wechsel auf Positionen mit Leitungsaufgaben begrenzter. Da es bei Letzterer um eine strategische Positionierung auf dem Arbeitsmarkt geht, könnten sich auch fachfremde Partner als gute Berater erweisen. Für beide Karrierewege ist jedoch zu konstatieren, dass die doppelte Übereinstimmung von Berufsfeld und Fach in der Postdoc-Phase generell keine Nachteile mit sich bringt – obgleich sie subjektiv als schwierig wahrgenommen wurde.

Schließlich bestätigen auch unsere Analysen die einschneidende Bedeutung der Familiengründung für die Karrieren von Wissenschaftlerinnen. Gleichwohl bieten die unterschiedlichen Karrierepfade in der Postdoc-Phase unterschiedliche Chancen für Mütter, bestimmte Karriereschritte zu realisieren. Diese Unterschiede sind besonders deutlich in den Naturwissenschaften zu beobachten. Besonders benachteiligend ist die Mutterschaft hinsichtlich der Übernahme von Leitungsfunktionen. Der formalisierte Weg mit der Habilitation bietet hier – so legen unsere Befunde nahe – bessere Möglichkeiten, Kind und Karriere zu vereinbaren. Die Habilitation eröffnet möglicherweise größere räumliche und zeitliche Spielräume, die Arbeit einzuteilen, als Leitungsaufgaben. Zum anderen könnten Zuschreibungen von Seiten der Arbeitgeber und Kolleg/innen hierfür mitverantwortlich sein, da Müttern als sozialer Gruppe häufig eine geringere zeitliche Flexibilität, Verfügbarkeit am Arbeitsplatz und/oder Produktivität unterstellt wird und ihnen daher seltener Leitungsfunktionen angeboten oder sie (bei Bewerbungen) seltener ausgewählt werden.

Hinsichtlich der *Wohnformen* in Partnerschaften beschränken wir uns auf die Diskussion der Übergangsrate bei der Habilitation.[27] Wissenschaftlerinnen in mobilen Arrangements hatten weder Vor- noch Nachteile im Vergleich zu jenen, die am gleichen Ort wie ihr Partner lebten und arbeiteten – wiederum, wie bei der Promotion, mit der Ausnahme der Naturwissenschaftlerinnen. Hier wirkten sich Fernpendel-Arrangements nachteilig auf die Übergangsrate aus. Erneut könnte sich dieser Unterschied zu den anderen beiden Disziplinen aus einer unterschiedlichen Arbeitsmarktsituation erklären (siehe ausführlicher oben zur Promotion, Abschnitt 4.4.1). Keinen unterschiedlichen Einfluss der mobilen Wohnformen finden wir hingegen bei den Berufsfeldkonstellationen. In der Zusammenschau der Befunde scheinen mobile Wohnformen weder mit den erwarteten Vorteilen noch mit den befürchteten Nachteilen verbunden zu sein. Möglicherweise hatten Frauen mit mobilen Wohnformen tatsächlich höhere Zeitkosten, die jedoch durch eine klarere Trennung von Arbeit und Privatleben ausgeglichen werden konnten.

5   ,Hürdenspringen' in der Wissenschaft – Vor- und Nachteile von Paar- und Fächerkontexten für Frauen

In diesem Beitrag haben wir der Tatsache besondere Beachtung geschenkt, dass die Mehrheit der Frauen und Männer mit einem akademischen Abschluss in einer Partnerschaft leben und Frauen darüber hinaus deutlich häufiger mit einem gleichfalls akademisch gebildeten Partner (Rusconi/Solga 2007; Tab. 1). Von daher haben

---

[27] Aus Platzgründen werden die geschätzten Modelle zu den Wohnformen nicht ausgewiesen. Sie sind bei den Autorinnen bei Anfrage erhältlich.

wir unsere quantitativen und qualitativen Analysen auf Wissenschaftler/innen bezogen, die zum Zeitpunkt des Interviews seit mindestens zwei Jahren in einer solchen Partnerschaft lebten. Unsere Aussagen lassen sich folglich nicht auf alle Wissenschaftler/innen (d. h. auch solche ohne Partner oder mit einem Partner ohne akademischen Abschluss) verallgemeinern. In diesem Abschnitt wollen wir nach einer Zusammenfassung der Ergebnisse unsere vierte Leitfrage beantworten: Was lernen wir aus diesen Befunden darüber, wie Frauen (die in einer Paarbeziehung leben) die Hürden in einer wissenschaftlichen Karriere ‚überwinden‘ können und welche innerpartnerschaftlichen Koordinierungsmodi ihnen dabei helfen?

Natur- und Technikwissenschaftlerinnen sind gegenüber ihren männlichen Kollegen benachteiligt. Nur in diesen Disziplinen finden wir für Frauen eine deutliche Verzögerung beim Timing der Promotion (Technikwissenschaften) bzw. der Habilitation (Naturwissenschaften). In den Naturwissenschaften sind zudem Auslandstätigkeiten in der Postdoc-Phase vergleichsweise häufiger Teil der Berufslaufbahn; doch Frauen konnten nur halb so oft wie Männer solche Auslandserfahrungen sammeln. Dies gilt auch für die Technikwissenschaften. Hinzu kommen hier noch deutliche Benachteiligungen bei der Übernahme von Leitungsaufgaben. In den Sozialwissenschaften, wo Leitungs- und Auslandserfahrungen vergleichsweise seltener Teil der Wissenschaftslaufbahn sind, finden wir hingegen kaum Unterschiede zwischen Frauen und Männern. Und auch wenn Frauen in den Technik- und Naturwissenschaften häufiger der Sprung auf eine Professur ohne Habilitation gelingt, so sind sie dennoch im Vergleich zu ihrem Anteil an den Promotionen auf W3/C4-Professuren unterrepräsentiert (vgl. Abschnitt 4.2). Zusammen legt dies die Schlussfolgerung nahe, dass gerade Karrierelogiken, die weniger formalisiert sind, eine stärkere Hürde für wissenschaftliche Karrieren von Frauen darstellen. Leitungsaufgaben – zumeist einhergehend mit (realen oder normativ gesetzten) hohen Anforderungen an die Anwesenheit am Arbeitsplatz – sowie Auslandstätigkeiten stellen vor allem für Wissenschaftler/innen in Paarbeziehungen eine besondere Herausforderung dar, weil sie sich räumlich und zeitlich mit einer zweiten Erwerbstätigkeit und einer Familie schlechter vereinbaren lassen. Wissenschaftler haben hier insofern Vorteile, als sie ihr Berufsleben häufiger mit Partnerinnen starten, die noch nicht erwerbstätig sind und auch in späteren Karrierephasen seltener in Doppelverdiener-Arrangements leben. Diese Lebenssituation ermöglicht ihnen eine stärkere Konzentration auf die eigene Karriere im Vergleich zu den meisten Wissenschaftlerinnen. Bei Frauen sind Doppelverdiener-Arrangements mehrheitlich verbreitet und beeinflussen daher von Anfang an die Gelegenheiten für ihre eigene berufliche Entwicklung (vgl. Rusconi/Solga 2007).

Inwieweit lassen sich nun Unterschiede in den Karrierewegen der Frauen aus den jeweiligen Paarkonstellationen, d. h. den Merkmalskombinationen der Frauen und ihrer Partner, sowie aus den jeweiligen disziplinären Karrierelogiken und -anforderungen erklären? Unsere Befunde zeigen, dass die Berufsfeld- und

Fächerkonstellation von Akademikerpartnerschaften keine bedeutsame Rolle für die Promotionschance von Frauen spielte, für Karrierewege in der Postdoc-Phase jedoch allemal. In dieser Phase hatten Wissenschaftlerinnen in homogenen Partnerschaften einen Vorteil gegenüber ihren Kolleginnen in heterogenen Partnerschaften. Diese Befunde stützen die These von Sonnert (2005) und erweitern sie, da wir zeigen konnten, dass nicht nur berufsfeldhomogene, sondern auch fachhomogene Partner eine zusätzliche Ressource für Wissenschaftlerinnen darstellen. Die Differenzierung zwischen unterschiedlichen Karriereereignissen verdeutlicht zudem, dass homogene Partnerschaften nicht gleichermaßen für alle Karrierewege in Vorteile umgesetzt werden können. Die Habilitation bietet mehr Unterstützungsmöglichkeiten sowohl für fach- wie berufsfeldhomogene Partner (z. B. durch zusätzliche Netzwerke), während sie für Leitungsfunktionen eingeschränkt sind.

Mit unserer Unterscheidung zwischen den drei Disziplinen konnten wir ferner zeigen, dass die Homogenität im Paar insbesondere bei Natur- und Technikwissenschaftlerinnen einen positive Einfluss hinsichtlich der Habilitation hat, d. h. in den Disziplinen, in denen Frauen häufiger in berufsfeld- und/oder fachhomogenen Partnerschaften leben. In diesen Disziplinen, für die vielfältigere Karrierepfade nach der Promotion bestehen, scheint für Frauen in diesen homogenen Partnerschaften die Habilitation besser plan- und koordinierbar zu sein. Da diese Disziplinen jedoch weniger entlang formalisierten Qualifizierungslogiken funktionieren (Technikwissenschaft) oder überdies weitere Anforderungen stellen (Naturwissenschaft), sind die Vorteile homogener Paarkonstellationen seltener relevant. Zudem hat die Wissenschaftshomogenität hier einen negativen Einfluss auf die Chance, Leitungsaufgaben zu übernehmen, so dass Nachteile gegenüber den männlichen Kollegen entstehen. Für die Sozialwissenschaftlerinnen zeigt sich, dass sich mobile Wohnformen ,lohnen', da sie ohne diese Mobilität möglicherweise größere Kompromisse bei der Stellensuche eingehen müssten. Im Ergebnis zeigen unsere Analysen, dass sowohl unterschiedliche Karrierelogiken der Disziplinen als auch Paarkonstellationen eine bedeutsame Rolle für die Karrieren von Frauen in der Wissenschaft spielen.

Darüber hinaus beeinflusst die Familiengründung die Karrieren von Wissenschaftlerinnen nachteilig. Dies ist allerdings weniger bei der Habilitation der Fall, vielleicht auch, weil diese eine größere räumliche und zeitliche Flexibilität erlaubt und Kinderbetreuungszeiten angerechnet werden, da z. B. im Hochschulrahmengesetz der vorgesehene Zeitraum für die Habilitation (und Promotion) bei der Geburt von Kindern automatisch um zwei Jahre (pro Kind) verlängert wird. Besonders hinderlich ist dagegen die Mutterschaft für die Übernahme von Leitungsfunktionen (und vermutlich auch Auslandstätigkeiten), so dass auch hier Nachteile gegenüber den männlichen Kollegen entstehen. Damit sind die Hürden für Frauen in den Technik- und Naturwissenschaften noch höher, weil hier Leitungs- und Auslandserfahrungen zur ,typischen' oder erwarteten Berufslaufbahn gehören.

Angesichts der vorherrschenden traditionellen Betreuungsarrangements auch in Akademikerpaaren und der geschlechterstereotypen Zuschreibungen seitens der Arbeitgeber sind derartige Nachteile für männliche Wissenschaftler mit Kind(ern) nicht zu erwarten.

Welche Hinweise liefern diese Befunde für Gestaltungspotenziale innerhalb der Paare selbst sowie der wissenschaftlichen Institutionen (wie Hochschulen und außeruniversitären Forschungseinrichtungen), um die Karrierechancen von Frauen zu verbessern und die Chancengleichheit auf dem Weg zur Professur zwischen Männern und Frauen zu erhöhen? *Erstens* könnte eine systematische Anrechnung von Kinderbetreuungszeiten bei allen Stellen und Bewerbungen, auch für Leitungspositionen und Berufungen, zu einer größeren Chancengleichheit führen – und zwar, weil einerseits auch akademisch gebildete Frauen eher die Betreuungsaufgaben übernehmen und weil andererseits dadurch auch Männer bzw. Väter ermutigen werden könnten, mehr als die üblichen zwei „Vätermonate" Elternzeit zu nehmen. Generell könnte dadurch die Betreuungsleistung, die Eltern auch für die Gesellschaft leisten, sichtbarer werden. *Zweitens* sollte über flexible Möglichkeiten der Vereinbarkeit von Kind und Karriere nachgedacht werden, z. B. durch eine finanzielle Unterstützung für die Betreuung von Kindern jener Eltern, die keine Elternzeiten nehmen wollen, ähnlich wie die DFG-Initiative „Geld statt Zeit" dies bereits in Graduiertenkollegs tut. *Drittens* ist in Frage zu stellen, ob eine ständige (körperliche) Anwesenheit von Wissenschaftler/innen (mit und ohne Kind) – auch in Leitungspositionen – überhaupt jederzeit notwendig ist. Die Verbreitung und Akzeptanz von flexiblen Arbeitsformen, Telearbeit und Videokonferenzen würde es Wissenschaftler/innen erleichtern, Privates und Berufliches besser zu verbinden, ohne auf karriererelevante Stellen verzichten zu müssen. Nicht zuletzt würde darüber auch der Mobilitätsmythos, nach dem körperliche Anwesenheit und räumliche Flexibilität mit einer höheren ‚Leistungsfähigkeit' gleichgesetzt sind, in Frage gestellt. *Viertens* ist der Ausbau von *Dual-Career*-Büros und -Programmen an deutschen Hochschulen zu fördern, die sich in institutionalisierter (und transparenter) Weise der zusätzlichen Herausforderungen von Doppelkarrierepaaren annehmen. Ihre Aufmerksamkeit sollte allerdings verstärkt dem wissenschaftlichen Nachwuchs gelten, denn gerade in diesen Qualifizierungsphasen besteht die Gefahr, dass Frauen die Wissenschaft verlassen. Jobsharing, ortsunabhängige Forschungsgelder und (Auslands-)Stipendien für Paare/Partner wären zusätzliche Maßnahmen seitens der Hochschulen, Stiftungen und Arbeitgeber, die Wissenschaftler/innen mehr Gestaltungsmöglichkeiten bei der Realisierung von Doppelkarrieren geben könnten. *Fünftens* könnte auch eine größere Transparenz bei Entscheidungen über Stellenbesetzungen und Berufungen helfen, eine bessere Vergleichbarkeit von Karriereanforderungen zu gewährleisten und dadurch zu verhindern, dass bestimmte Karrierepfade für die Erreichung von Spitzenpositionen zu einer Falle werden.

Insofern kommt es darauf an, nicht die Wissenschaftler/innen, sondern das Wissenschaftssystem flexibler zu gestalten, damit Wissenschaftler/innen in Abhängigkeit von ihrer Lebenssituation und ohne Verzicht auf Kinder einen praktikablen Karriereweg in der Wissenschaft finden. Zudem würde es Frauen wie Männern in der Wissenschaft helfen, wenn die Leistungsfähigkeit stärker an der Qualität und weniger an der reinen Quantität der Arbeit bewertet würde. Ein positives Beispiel ist die DFG-Initiative „Qualität statt Quantität". Dass solche Gestaltungspotenziale dann auch von den Paaren und Frauen genutzt werden, setzt allerdings eine höhere Reflexion der Paare (der Frauen wie Männer) hinsichtlich ihrer Arbeitsteilung und Geschlechterrollenarrangements voraus, die – wie unsere Analysen zeigen – nicht immer vorhanden ist (vgl. Hess/Rusconi 2010).

Karriere, Kinder, Krisen
Warum Karrieren von Frauen in Paarbeziehungen scheitern oder gelingen

Nina Bathmann, Dagmar Müller, Waltraud Cornelißen

1 Einleitung

Während die Zahl der erwerbstätigen Akademikerinnen in den letzten 20 Jahren deutlich stieg, sind Frauen in den Führungspositionen von Wirtschaft, Wissenschaft und Verwaltung noch immer erheblich unterrepräsentiert (s. Rusconi/Cornelißen/Becker in diesem Band). Neben den Mechanismen des Arbeitsmarktes, die zumindest einen Teil der Geschlechterdisparitäten erklären, findet der Einfluss privater Lebensformen auf Karrieremuster zunehmende Beachtung. Diesem Trend schließt sich dieser Beitrag an und rekonstruiert die beruflichen Karrieren von Frauen in Paarbeziehungen. Da hoch qualifizierte Frauen häufig entweder allein stehend sind oder in Doppelkarrierekonstellationen leben, konzentriert sich der Beitrag auf Paare, die als Doppelkarrierepaare starten. In Anlehnung an die Definition von Solga und Wimbauer verstehen wir darunter „Paare, in denen beide Partner eine hohe Bildung und Berufsorientierung besitzen sowie eine eigenständige Berufslaufbahn verfolgen" (Solga/Wimbauer 2005: 9).

Unser Fokus liegt auf folgenden Fragen: Wie kommt es dazu, dass die Karriere des Mannes in manchen Doppelkarrierepaaren Vorrang erhält? Und umgekehrt: Wie und unter welchen Bedingungen gelingt es Paaren, gleichrangig zwei berufliche Karrieren zu verfolgen?

Der Beitrag widmet sich diesen Fragen aus einer biografischen und geschlechtersoziologischen Perspektive. Dazu stellen wir Ergebnisse aus dem qualitativ angelegten Forschungsprojekt „Karriereverläufe von Frauen" vor, das seit Ende 2007 am Deutschen Jugendinstitut in München durchgeführt wird. Es nutzt Einzel- und Paarinterviews mit weiblichen Fach- und Führungskräften und ihren Partnern.

Im Folgenden gehen wir zunächst kurz auf den Forschungsstand ein (Abschnitt 2) und stellen dann das Design unserer Studie vor (Abschnitt 3). Anschließend werden dann die Handlungsstrategien der Paare dargestellt, in denen es nach einer anfänglich gleichrangigen beruflichen Entwicklung beider Partner zu einer Priorisierung der Karriere des Mannes kommt (Abschnitt 4). Dieses Verlaufsmuster kontrastieren wir in einem weiteren Schritt mit Paaren, denen es (bislang) gelungen ist, ein beruflich egalitäres Doppelkarrierearrangement aufrechtzuerhalten (Abschnitt 5). Abschließend fassen wir die Ergebnisse zusammen (Abschnitt 6).

2 Zum Forschungsstand

Die Forschung zu Doppelkarrierepaaren bzw. Dual Career Couples (DCC) konzentriert sich vor allem auf die Frage, *wie* Beruf, Familie und andere Lebensbereiche miteinander vereinbart werden. Die Frage, welche Muster für die Karrieren von Frauen förderlich oder hinderlich sind, wird nur am Rande behandelt. Bspw. identifizieren Dettmer/Hoff (2005) drei unterschiedliche Muster der dyadischen Lebensgestaltung: Segmentation, Integration und Entgrenzung. Alle drei Muster können sowohl mit einem Vorrang der beruflichen Ziele der Frau oder des Mannes als auch mit einer egalitären beruflichen Entwicklung beider Partner einhergehen. Unklar bleibt, warum dies so ist bzw. unter welchen Bedingungen sich ein bestimmter Typus der Lebensgestaltung positiv auf die Karriere der Frau auswirkt.

Becker/Moen (1999) kommen auf Basis der „Cornell Couples and Careers Study" zu dem Schluss, dass nur eine Minderheit der Doppelverdienerpaare dem Stereotyp des hoch engagierten Doppelkarrierepaares entspricht. Die Mehrheit versuche, eine Balance zwischen Beruf und Familie herzustellen, indem sie die aus beiden Lebensbereichen resultierenden Anforderungen begrenze. Eine weitere Strategie, die mit alternierenden Karriereinvestitionen und mit Verzichtsleistungen beider Partner einhergeht, fanden neben Becker/Moen (1999) z. B. auch Hertz (1986), Hirseland et al. (2005) und Rüling (2007).

Eine kontroverse Frage ist, ob Doppelkarrieren nur auf Basis einer reflexiven, expliziten Abstimmung im Paar funktionieren. Weil Doppelkarrierepaare institutionell nicht gestützt werden, wird bei diesen Paaren ein erhöhter Koordinierungs- und Verhandlungsbedarf vermutet. Verschiedene Studien zeigen demgegenüber, dass sich auch bei Doppelkarrierepaaren latente Geschlechtsnormen und habitualisierte Handlungsmuster durchsetzen (Koppetsch/Burkart 1999; Behnke/Meuser 2005) und dass die Modernisierung von Geschlechterrollen häufig über eine „pragmatische" Anpassung an äußere Umstände, d. h. vor allem in der Praxis erfolgt (Hertz 1986; Behnke et al. 1998; Kassner/Rüling 2005).

Beim gegenwärtigen Forschungsstand bleibt unklar, wie äußere Rahmenbedingungen und innerpartnerschaftliche Strategien aufeinander bezogen sind. Die Forschung zur Priorisierung von Karrieren fokussiert oft auch nur einzelne karriererelevante Entscheidungen (z. B. Mobilitätsentscheidungen), nicht Verläufe (Pixley 2008). Wir gehen dagegen von der Relevanz der Verkettung biografischer Ereignisse aus. Jede einmal getroffene Entscheidung steckt den Möglichkeitsraum ab, der für die nächste Entscheidung zur Verfügung steht (Mayer 2001). Dieser Mechanismus ist insbesondere bei jenen Paaren zu beobachten, bei denen es nach der Geburt eines Kindes zur Traditionalisierung der häuslichen Arbeitsteilung kommt. Die Priorisierung der männlichen Karriere führt bei Paaren, die als DCC starten, nicht unbedingt zum „männlichen Ernährermodell", aber doch oft zu dessen modernisierter Form, in der der Mann Vollzeit und die Frau mit reduzierter Stundenzahl arbeitet. Moen und Roehling (2005) wählen hierfür den Begriff der „neo-traditionalen" Arbeitsteilung. Wie geraten Doppelkarrierepaare in die „Traditionalisierungsfalle" (Rüling 2007) und wie gelingt es einigen, ihr zu entkommen? Zu dieser Frage leistet der vorliegende Text einen Beitrag.

3 Methodisches Design

In der Studie „Karriereverläufe von Frauen" wurden 47 hoch qualifizierte Frauen und 39 ihrer Partner in qualitativen Einzel- und Paarinterviews[1] zu ihrer bisherigen Berufs- und Partnerschaftsbiografie sowie dem Wechselspiel zwischen beiden Bereichen befragt. Die Proband/innen wurden bundesweit rekrutiert mit einem regionalen Schwerpunkt im Großraum München. Die befragten Frauen, fast alle mit akademischer Ausbildung, sind zwischen 27 und 54 Jahren alt. Über die Hälfte von ihnen ist in der Privatwirtschaft tätig, rund 40 Prozent im Öffentlichen Dienst. Die narrativ angelegten Einzelinterviews dauerten zwischen ein und zweieinhalb Stunden und wurden vollständig transkribiert. Die Einzelinterviews wurden zunächst entlang der Forschungsfragen einer orientierenden Auswertung unterzogen, ähnlich der Globalauswertung nach Legewie (1994), wobei wir jedoch auch inhaltsanalytisch gearbeitet, d. h. thematisch selektiert und ausgewählte Passagen subjektiv nachvollziehend interpretiert haben. In einem zweiten Schritt wurden in Orientierung an der Dokumentarischen Methode (Bohnsack 2007) ausgewählte Fälle und Textstellen rekonstruktiv ausgewertet. Die Paarinterviews orientierten sich an dem von Behnke und Meuser (2005) entwickelten Verfahren des biografischen Paarinterviews, welches erzähl- und diskussionsgenerierende Elemente miteinander verbindet. Auch die Paarinterviews dauerten zwischen ein bis zwei Stunden und wurden wiederum vollständig transkribiert.

In die im Folgenden vorgestellte Typologie paarbiografischer Verlaufsmuster gingen 15 Paare ein, die berufsbiografisch betrachtet als Doppelkarrierepaar starte-

---

[1] Dabei handelt es sich zum einen um leitfadengestützte Interviews aus den 1990er Jahren, die im Rahmen des „Lebensthemen"-Panels des DJI (Keddi et al. 1999) erhoben und von uns sekundäranalytisch ausgewertet wurden, zum anderen um narrative Einzel- und Paarinterviews, die mit einigen der Panelteilnehmer/innen sowie mit neu rekrutierten Proband/innen im Rahmen der Neubefragung 2008–2010 als Erhebungsinstrument eingesetzt wurden.

ten.[2] Die Typologie wurde zunächst anhand der Auswertung der Einzelinterviews entwickelt. Sie stellt eine Typologie von *Verlaufsformen* beruflicher Entwicklung von Frauen und Männern in Paarbeziehungen dar. Es handelt sich also um eine dynamische Typologie, da sie Entwicklungen über die Zeit zu klassifizieren sucht. Dabei wurden zunächst anhand der bisherigen Karriereverläufe beider Partner und ihrer paarbiografischen Verflechtung unterschiedliche Karrieremuster von Paaren identifiziert. In einem zweiten Schritt wurden die zugeordneten Fälle nach dem Prinzip minimaler und maximaler Kontrastierung verglichen, um zu einer differenzierteren Subtypologie zu kommen. Dabei wurden Gemeinsamkeiten und Unterschiede in den Handlungsorientierungen der Paare, ihren Geschlechts-, Elternschafts- und Beziehungskonzepten, ihrer Lebensführung und ihrem Erfahrungshintergrund herausgearbeitet. Bei diesem Schritt wurden selektiv auch die Paarinterviews in die Auswertung einbezogen.

Zunächst einmal zeichnen sich eindeutig zwei Verlaufsformen der Verflechtung von Karrieren ab, die wir im Folgenden näher beschreiben: Das Verlaufsmuster der Priorisierung der männlichen Karriere und das Verlaufsmuster der Aufrechterhaltung von Doppelkarrierearrangements. Die Paare, die wir dabei betrachten, lassen sich durch folgende Merkmale charakterisieren:

- Sie sind alle als Doppelkarrierepaar gestartet. Fast immer haben beide einen Hochschulabschluss.
- Beide Partner sind karriereorientiert berufstätig (gewesen) und haben bzw. hatten ein entsprechend hohes berufliches Commitment.
- Beide Partner haben Karriereressourcen akkumuliert und entsprechend ihrer Berufslaufbahn Karriereschritte realisiert bzw. streben dieses ihrem jungen Alter entsprechend an („Nachwuchspaare").
- Fast alle Paare haben Kinder.
- Fast alle Paare greifen auf privat finanzierte haushaltsnahe Dienstleistungen zurück (Tagesmutter, Haushaltshilfe, Au-Pair u. a.).

Nach dem Start als Doppelkarrierepaar sind die Partner unterschiedliche Wege gegangen. Insofern bietet das Material Gelegenheit, erfolgreiche und weniger erfolgreiche Strategien von Paaren zu rekonstruieren, mit denen sie ihre Karrieren langfristig verfolgen und mit ihrem Partnerschafts- und Familienleben vereinbaren.

---

[2] Andere Verlaufsformen, die wir in unserem Material identifiziert haben, z. B. dauerhafte Ein-Karriere-Modelle oder Entwicklungen hin zu einem Doppelkarrieremodell, werden an dieser Stelle nicht betrachtet.

4 Das paarbiografische Verlaufsmuster der Priorisierung der männlichen Berufskarriere

Im vorliegenden Kapitel wird das paarbiografische Verlaufsmuster beruflicher Entwicklung beschrieben, in welchem es zu einer Priorisierung der männlichen Berufskarriere kommt. Die Paare dieses Musters starten dabei zunächst beruflich egalitär als Doppelkarrierepaar, d. h. beide Partner weisen zu Beginn ihrer Partnerschaft eine Karriereorientierung auf und bemühen sich jeweils um die Akkumulation von Karriereressourcen bzw. um die Realisierung von (weiteren) Karriereschritten. Im weiteren Partnerschaftsverlauf wird jedoch der beruflichen Karriere des männlichen Partners Vorrang eingeräumt, während die (weitere) berufliche Entwicklung der Partnerin demgegenüber als nachrangig behandelt wird. Das bedeutet, relevante berufliche und private Entscheidungen des Paares werden vornehmlich zugunsten der Karriereinteressen des männlichen Partners getroffen.

Anhand der bisherigen Karriereverläufe der Partner und der Einschätzung ihrer zukünftigen beruflichen Chancen lassen sich dabei zwei Subtypen identifizieren, die sich nach dem Ausmaß der Priorisierung der männlichen Berufskarriere und der vergangenen und prospektiven Berufssituation der Frau unterscheiden: Im ersten Fall wandelt sich ein *Doppelkarrierepaar im Zeitverlauf zu einem männlichen Ein-Karriere-Modell*. Das bedeutet, die Paare dieses Subtyps können zum letzten Befragungszeitpunkt nicht mehr als Doppelkarrierepaar betrachtet werden. Die Frauen aus diesem Paartypus brechen ihre Karriere *faktisch* ab bzw. es wird innerhalb der Paarbeziehung der Karriereverzicht der Partnerin zugunsten der Karriere des Mannes eingeleitet. Auf *diskursiver Ebene* halten die Frauen dieses Subtyps jedoch an ihrer Karriereorientierung fest und wollen die Realisierung der Berufskarriere auf einen biografisch späteren Zeitpunkt verschieben. Auf *praktischer Ebene* weist ihr Handeln bzw. das des Paares jedoch in eine Richtung, die die tatsächliche Einlösung dieses Wunsches als zunehmend unrealistisch erscheinen lässt bzw. sich bereits als unrealistisch erwiesen hat. Die Karriereinvestitionen der Frauen dieses Paartyps werden nicht gleichermaßen und nicht dauerhaft in berufliche Weiterentwicklung umgesetzt und mit zunehmender Dauer dieses Paararrangements entwertet.

Im zweiten Fall, beim *Subtypus der primären männlichen und sekundären weiblichen Karriere*, haben die Frauen zunächst eine berufliche Karriere realisiert und stoppen dann weitere berufliche Karriereinvestitionen für unbestimmte Zeit. Die zukünftigen Karrierechancen der Frau werden vor dem Hintergrund ihrer bisherigen beruflichen Entwicklung und der aktuellen Lebenssituation des Paares als noch aussichtsreich eingeschätzt. Das Paar kann daher zum letzten Befragungszeitpunkt immer noch als Doppelkarrierepaar betrachtet werden. Die Frauen dieses Subtyps verfügen *faktisch* über die institutionellen und paarbezogenen Rahmenbedingungen, um ihre Berufskarrieren fortzuführen. Sie weisen zum letzten Befragungszeitpunkt allerdings nicht die entsprechende Karriereorientierung auf. Sowohl auf der handlungspraktischen Ebene als auch diskursiv sind sie auf unbestimmte Zeit nicht an einer Fortführung ihrer Karriere interessiert. Ein wesentlicher Bestimmungsgrund für diese beiden Subverläufe ist das *Timing der Mutterschaft*. Bei den Paaren, in denen es zu einem faktischem Karriereabbruch der Frau kommt, erfolgte die Familiengründung in einer *karrieresensiblen Phase*, während der ersten Etablierung im Beruf. Bei den Paaren, in denen die Frauen ihre Karriereambitionen bis auf Weiteres stoppen, handelt es sich dagegen um „späte Mütter"[3]. Die Familiengründung erfolgte hier in einer beruflichen Phase, in denen sich die Frauen bereits ein Standing im Beruf erarbeitet haben, d. h. in der *mittleren Karrierephase*. Daraus ergeben sich für sie objektiv günstigere Bedingungen für die Rückkehr in den Beruf und für die biografisch spätere Fortsetzung der Karriere.

Gemeinsam ist beiden Subtypen, dass es sich um ein zugunsten der männlichen Berufskarriere *hierarchisiertes[4] Verflechtungsmodell* handelt. Auch die Einflussfaktoren, die die Priorisierung der männlichen Berufskarriere auslösen, sind in beiden Fällen gleich. Die Paare dieses Musters sind darüber hinaus in der *Privatwirtschaft* beschäftigt und daher mit den spezifischen beruflichen Rahmenbedingungen dieses Sektors konfrontiert (s. 4.1)[5]. Fast alle Paare dieses Typus[6] weisen schließlich einen *westdeutschen Sozialisationshintergrund* auf. Wir finden Indizien, dass dies für die Soziogenese dieser Verlaufsform relevant ist. Hintergrund ist das in Westdeutschland vorherrschende „Vereinbarkeitsmodell der männlichen Versorgerehe" (Pfau-Effinger 2001), das als geschlechterkulturelles Leitbild die Rollenvorstellungen und die Arbeitsteilung der Paare beeinflusst und damit auch die Verflechtung ihrer Berufskarrieren. Bei Partnern mit ostdeutschem oder skandinavischem Sozialisationshintergrund finden wir umgekehrt eher die Verlaufsform der dauerhaft erfolgreichen Doppelkarrierepaare (s. Kap. 5).

---

[3] Als „späte Mütter" verstehen wir Frauen, die ab einem Alter von 35 Jahren zum ersten Mal Mutter werden. Ab diesem Zeitpunkt spricht man in Deutschland von einer Risikoschwangerschaft.

[4] Der Begriff der Hierarchisierung wird hier in Anlehnung an Pixley und Moen (2003) verwandt. Diese bezeichnen damit das *Ergebnis* einer Karriere-Priorisierung. Damit ist also z. B. noch nichts darüber ausgesagt, *wie* die Entscheidungen für die Priorisierung innerhalb der Paarbeziehung zustande kommen.

[5] Die einzige Ausnahme stellt Thomas Tiedemann dar, der zum Zeitpunkt der letzten Befragung noch als wissenschaftlicher Mitarbeiter an der Universität tätig ist. Er bereitet jedoch gerade seinen Wechsel in eine Führungsposition innerhalb der Privatwirtschaft vor. Die ihn dort erwartenden Karriereanforderungen werden von dem Paar bereits thematisiert und in Hinblick auf die zukünftige Arbeitsteilung des Paares antizipiert.

[6] Die einzige Ausnahme ist das Paar Altenloh. Frau Altenloh ist türkischstämmig, aber in Westdeutschland geboren und aufgewachsen. Herr Altenloh ist in Ostdeutschland geboren und hat dort bis zur Wende gelebt.

Als Repräsentanten der beiden Subtypen werden im weiteren Textverlauf die folgenden Paare[7] betrachtet:

Vom Doppelkarrierepaar zum männlichen Ein-Karriere-Modell
- Ayla Altenloh (Philosophin, Promovendin) und Arne Altenloh (Betriebswirt, tätig im mittleren Management eines mittelständischen Unternehmens) mit Anna. Die Paarbeziehung beginnt nach dem Studienabschluss der beiden Partner. Beide Partner sind Mitte 30[8]. Das Paar plant aktuell ein zweites Kind.
- Tanja Tiedemann (Juristin, tätig als Sachbearbeiterin in einer Reiseagentur) und Thomas Tiedemann (Ingenieur, wissenschaftlicher Mitarbeiter) mit Tina. Die Paarbeziehung beginnt im Studium der beiden Partner. Beide Partner sind Mitte 30. Das Paar plant aktuell ein zweites Kind.
- Maike Stegen (Volkswirtin, geringfügig beschäftigt) und Bernd Stegen (Volkswirt, tätig im oberen Management eines mittelständischen Unternehmens) mit Melanie, Markus und Bastian. Die Paarbeziehung beginnt im Studium der beiden Partner. Beide Partner sind Ende 40.

Vom Doppelkarrierepaar zu einem Paar mit primärer männlicher und sekundärer weiblicher Karriere
- Simone Seidel (Psychologin, Projektassistentin und Projektsupervisorin bei einem Fernsehsender) und Dr. Sven Seidel (promovierter Ingenieur, Projektleiter im mittleren Management eines Konzerns) mit Susi. Die Paarbeziehung beginnt kurz nach dem Berufseinstieg der beiden Partner. Beide Partner sind Anfang 40.
- Karolin Kaiser (Betriebswirtin, tätig im mittleren Management eines Konzerns) und Konstantin Kaiser (Betriebswirt, selbständiger Unternehmensberater) mit Kilian. Die Paarbeziehung beginnt zum Ende der Schulzeit der Partner. Beide Partner sind Anfang 40. Das Paar plant aktuell ein zweites Kind.

Was hat dazu führen können, dass die weibliche Berufskarriere innerhalb der Partnerschaft faktisch aufgegeben oder gestoppt wurde?

---

[7] Alle Personen- und Ortsnamen in diesem Aufsatz sowie die genauen Berufsbezeichnungen der Proband/innen wurden anonymisiert.
[8] Die Altersangaben beziehen sich immer auf den letzten Befragungszeitpunkt der Paare in 2009 bzw. 2010.

4.1 Hürden im Gefolge und im Vorfelde der Familiengründung

Unsere Ergebnisse zeigen, dass die Familiengründung nach wie vor einen bedeutenden *Wendepunkt* innerhalb der Lebens- und Berufsverläufe von Frauen und Paaren darstellt. Sind Kinder unbestreitbar ein persönlicher Gewinn für alle befragten Paare, erschweren sie das dauerhafte Verfolgen einer Doppelkarriere, da sich die Koordinierungsprobleme durch die Familiengründung verschärfen.

Die Paare des Paartyps, in denen die männliche Berufskarriere priorisiert wird, sind nahezu ausnahmslos in der Privatwirtschaft tätig und mit den dort geltenden *institutionellen Karrierelogiken* konfrontiert. Zu dieser Karrierelogik zählen Wochenarbeitszeiten, die weit über eine 40 Stunden-Woche hinausgehen und auch die Arbeit an Wochenenden und Feiertagen umfassen können. Die Verfügbarkeitsansprüche an die Inhaber von Fach- und Führungspositionen sind hoch. Wer Karriere machen will, so scheint es, muss sich den Bedingungen anpassen. So beschreibt Sven Seidel, der als Projektleiter auf mittlerer Managementebene tätig ist, die beruflichen Anforderungen seiner Position wie folgt:

Sven Seidel „ Als Projektleiter steht man komischerweise oder nicht komischerweise, vielleicht auch berufsbedingt, immer vor dieser extrem hohen Erwartung: Der Projektleiter weiß Tag und Nacht, was in seinem Projekt läuft und ist auch immer Tag und Nacht ansprechbar. […]. Und deswegen, grad die kommunikationsintensiven Jobs, wenn man den ganzen Tag Meetings hat dann gibt's halt abends irgendwann noch mal so ab 19 Uhr so ne Office-Phase."

Sven Seidel: Ja, aber er [der Geschäftsführer] hat zum Beispiel noch am 24. Dezember vormittags Termine eingestellt, also macht man eigentlich auch nicht, aber gut. „Der Seidel muss her, also muss der jetzt hier sitzen." Ende. Ja? Weil nach dem Motto „Wir lösen das Problem im Zweifel auch ohne ihn." Das ist dann die Alternative."

Je nach Berufsfeld der Befragten kommen dazu im Einzelfall unterschiedliche Arten und Ausmaße von beruflichen Mobilitätsanforderungen, die die Spielräume für die Gestaltungsaufgaben weiter begrenzen. Sind die in diesem Abschnitt betrachteten Paare daher bereits in der vorfamilialen Phase des Familienzyklus mit einem institutionell bedingten „Time-Squeeze" (Clarkberg/Moen 2001) konfrontiert, welcher ihnen neben der Erwerbsarbeit kaum Zeit für andere Belange lässt, verschärft sich die Ausgangslage für sie nach einer Familiengründung noch einmal erheblich. Nun kommt ein Kind zum bereits bestehenden Partnerschaftssystem hinzu, dessen Bedürfnisse bei privaten und beruflichen Planungsprozessen sowie in der Alltagsorganisation ebenfalls berücksichtigt werden müssen. Dies müssen Eltern unter den Bedingungen der mangelnden infrastrukturellen Ausstattung mit Kinderbetreuungseinrichtungen gewährleisten. Zusammen mit den beschriebenen betrieblichen Rahmenbedingungen für Fach- und Führungskräfte wird die

Aufrechterhaltung eines Doppelkarrierearrangements mit Kind(ern) zu einem kontinuierlichen Balanceakt, welcher paar-individuelle Bewältigungsstrategien erfordert, da institutionelle Lösungen nicht in ausreichendem Maße vorhanden sind. Karriere und Kinder erscheinen den Paaren daher als miteinander konkurrierende Ziele persönlicher Lebensgestaltung:

> Simone Seidel: „Das heißt aber im Klartext, dass wir jetzt zwar schon die optimale Kinderbetreuung haben […]. Nur selbst diese optimale Kinderbetreuung ermöglicht es uns nicht, in unseren Berufen wohlgemerkt ähm in den Jobs weiterzuarbeiten, die wir hatten. Und die waren natürlich führend oder verantwortungsvoll.
>
> Sven Seidel: Genau. Das sind ja schon im Grunde genommen Leitungsaufgaben, also Projektleitungsaufgaben haben wir beide gehabt und damit ist natürlich also das sind schon im Grunde Schlüssel-, Leitungspositionen in den Unternehmen […]. Aber ja, und dann sieht man trotzdem, dass wir maximale Kompromisse machen.
> Simone Seidel: Wenn man n'en „Nine-to-five-Job" hat, dann ist es kein Problem.
>
> Sven Seidel: Genau.
>
> Simone Seidel: Haben wir aber beide nicht."

Die Paararrangements, die sich bei der Priorisierung der männlichen Karriere ergeben, unterscheiden sich deutlich zwischen der vorfamilialen Phase und der Phase mit Kind(ern). So ist es den Paaren dieses Paartyps, solange sie noch keine Kinder haben, möglich, beruflich herausfordernde Phasen durch das *temporär befristete Zurückstellen privater und partnerschaftlicher Belange* zu lösen. In der Ausbildungsphase und der Phase des Aufbaus der Karriere zu Beginn der beruflichen Laufbahn leben fast alle Paare, so sie zu diesem Zeitpunkt bereits zusammen sind, in Fernbeziehungen, die ihnen das Verfolgen ihrer jeweiligen Karriere an den für sie geeigneten Orten ermöglichen. Solche *multilokalen Wohnarrangements* werden von den Paaren in dieser Phase als unproblematisch und notwendig erachtet.

In dieser Karrierephase zeichnet sich die Lebensführung durch einen deutlichen Primat des Berufslebens über das Privatleben aus. Das *Beziehungskonzept* dieser Paare trägt in dieser Phase daher eher *individualistische* Züge. Sowohl Lebensführung als auch Beziehungskonzept ändern sich mit der Familiengründung. Das Zusammenleben an einem Ort wird als Voraussetzung für eine Familiengründung und ein Leben als Familie erachtet. Somit stehen Fernbeziehungen den Paaren nach ihrer Familiengründung als Bewältigungsmöglichkeit der beruflichen Anforderungen nicht mehr zur Verfügung. Im Zuge der Familiengründung wird auch das Beziehungskonzept der Paare dieses Typs *kollektivistischer*. Das bedeutet, die Paare betrachten sich fortan stärker als eine Einheit und orientieren sich auf den gemeinsamen Nutzen hin.

Für die Paare, bei denen es zu einer Priorisierung der männlichen Karriere kommt, ist die Familiengründung tatsächlich der entscheidende auslösende Faktor. Im folgenden Abschnitt soll nun genauer betrachtet werden, über welche Mechanismen sich die Familiengründung so ungünstig auf die Karriereverläufe der Frauen in Paarbeziehungen auswirken kann.

4.1.1 Berufliche Hürden im Gefolge der Familiengründung: Die Re-Traditionalisierungsfalle(n)[9]

Bei den Paaren, in denen die männliche Berufskarriere Vorrang erhält, zeigt sich, dass lediglich die Erwerbsverläufe der Frauen durch die Familiengründung negativ beeinflusst werden. Die Karriereverläufe der Männer und ihre Karriereplanung werden hingegen nicht negativ berührt (vgl. Krüger 2001). Die Frauen dieses Paartyps gehen in Elternzeit, während ihre Partner, wenn überhaupt, nur die Vätermonate wahrnehmen und darüber hinausgehend von der Lösung der Care-Frage weitgehend entpflichtet sind. Die Intention, mit der die Väter Elternzeit planen, kann dabei einer berufszentrierten Logik folgen. So plant das Paar Tanja und Thomas Tiedemann im ersten Interview, in dem sich Tanja Tiedemann bereits in Elternzeit befindet, dass Thomas Tiedemann ebenfalls Elternzeit nehmen soll. Diese Zeit soll er für das Vorantreiben seiner Karriere nutzen. Tanja Tiedemann berichtet, wie sich das Paar die *„ideale"* Arbeitsteilung zukünftig vorstellt:

> „[...]Und er hätte halt die Zeit, sich hundert Prozent auf die Arbeit zu konzentrieren. Aber so, dass er zu Hause bleibt und sich um Tina kümmert, das ist eigentlich nicht geplant. Also so nee, weil er ja schon irgendwie so ein bisschen die Rolle des Hauptverdieners hier so in unserer Familie hat mehr oder weniger. Ja, das das ist eben so die Idealvorstellung. [...]. Und dass er dann eben im Anschluss einen Job hier in A-Stadt kriegt. [...]. Und deswegen hab ich das auch gesagt, das soll wie gesagt // ich muss halt gucken. Zur Not bin ich den Job halt wieder los, wenn wir doch weggehen, aber ich würde es halt machen...“

In diesem Paararrangement beläuft sich die Elternzeit der Partnerinnen beim ersten Kind auf 9 bis 20 Monate. Bereits die Entscheidung über die Aufteilung der Elternzeit stellt eine Hürde für weibliche Berufskarrieren dar. Denn es sind die hoch qualifizierten Frauen, die die Kontinuität ihrer bisherigen Erwerbstätigkeit mit diesem Schritt unterbrechen und so potentiell das Verfolgen ihrer Berufskarrieren

---

[9] Die Begriffsverwendung erfolgt in Anlehnung an die Studie von Anneli Rüling (2007), die egalitäre Arrangements von Arbeit und Leben bei 25 Paaren untersucht und dabei als Schlüsselkategorie ihrer Analysen mehrere „Traditionalisierungsfallen" identifiziert und beschreibt.

und ihre finanzielle Absicherung gefährden. Da die Vergemeinschaftung dieses Risikos, über die Betrachtung des Haushaltnutzens der Paare, an den Bestand der Paarbeziehung gebunden ist, bleibt für die Partnerinnen angesichts der zunehmenden Instabilität von Paarbeziehungen (Peuckert 2008) ein nicht unerhebliches individuelles Risiko bestehen. Dieses Risiko ergibt sich auch daraus, dass ein bruchloses Wiederanknüpfen an die Berufskarriere in der Privatwirtschaft selbst bei einem kurzen Ausstieg sehr voraussetzungsvoll ist (s. u.).

Die Entscheidungsfindung der Paare über die interne Arbeitsteilung: wider die „Aushandlungsfamilie"
Betrachtet man näher, wie Entscheidungen über die Arbeitsteilung im Zuge einer Familiengründung innerhalb der Paare getroffen werden, in denen die männliche Karriere priorisiert wird, zeigen unsere Fallrekonstruktionen, dass Aushandlungsprozesse zwischen den Partnern entweder nicht stattfinden oder aber keine wirkliche Handlungsrelevanz erlangen. Dass die Kontinuität der Berufskarriere des Mannes im Zuge der Familiengründung gewährleistet bleibt, ist bei allen Paaren dieses Paartyps unhinterfragte Selbstverständlichkeit und damit eben gerade kein Gegenstand von Aushandlungen[10]. Wird bspw. die Frage, wer nach der Familiengründung wie lange Elternzeit nimmt, überhaupt im Paar besprochen, so sind diese Diskurse eher als Tribut an die Egalitätsnorm zu verstehen, die für alle befragten Paare eine zentrale Beziehungsnorm darstellt. Handlungswirksam werden sie nicht. Innerhalb dieser Diskurse werden zur Begründung der getroffenen Entscheidung über die Arbeitsteilung des Paares ökonomisch-zweckrationale Argumentationen verwandt. Dies vor dem Hintergrund der beschriebenen Karrierelogiken, die das berufliche Zurückstecken und damit den Karriereverzicht mindestens eines Partners für die Paare dieses Paartyps als unausweichlich erscheinen lassen. Um zu begründen, welcher der Partner nun diesen Verzicht leisten muss, zitieren die Paare die haushaltsökonomische Entscheidungsregel, nach der der Partner beruflich zurücksteckt, der zum Zeitpunkt der Entscheidungsfindung weniger berufliche Ressourcen akkumuliert hat. Angesichts der bestehenden strukturellen Geschlechterungleichheiten auf dem Arbeitsmarkt und herkömmlichen Paarbildungsgepflogenheiten ist dies auch in Doppelkarrierepartnerschaften oft die weibliche Partnerin. Worin dabei der Ressourcenvorsprung des Mannes besteht, ist für die Begründungsfindung der Paare letztlich irrelevant. Ins Feld geführt werden bspw. ungleiche Einkommen, berufliche Verantwortlichkeiten, Verantwortungsbereitschaft oder berufliche Zukunftsaussichten der Partner. Das bedeutet, es werden Unterschiede in der Ressourcenausstattung der Partner relevant gemacht, die den beruflichen Verzicht des männlichen Partners letztlich als untragbar für das

---

[10] Zur Neubestimmung des Aushandlungskonzeptes vgl. Evertsson/Nymen 2009.

Familiensystem darstellen. Somit wird eine scheinbar zweckrationale Entscheidung innerhalb des Paares getroffen, die sich gegen Ungerechtigkeitsvorwürfe gleichsam immunisiert, da der Rekurs auf die ökonomische Vernunft andere Beurteilungs- maßstäbe bzw. Entscheidungsregeln wie Gleichberechtigung oder Gerechtigkeit außer Kraft setzt. Damit werden die langfristigen ökonomischen Folgen für beide Partner ausgeblendet. Betrachten wir bspw., wie Paar Tiedemann im Paarinterview die Priorisierung der Berufskarriere von Thomas Tiedemann begründet.

> Tanja Tiedemann: „Weil wie gesagt, wir ja schon gesagt haben, mein Mann ja jetzt die etwas größere akademische Karriere hingelegt hat als ich, weil ich hab ein Diplom, er hat dann n'en Doktortitel ähm, dass er dann natürlich erst mal auch so derjenige ist, der dann erst mal die Karriere macht und ich das auch ein bisschen, mich da hinten anstelle, weil ich denke, dass es langfristig natürlich zum Wohl der Familie auch ist äh also „größere Karriere" setz ich jetzt auch mal gleich mit größeren Einkommen, und da haben ja nun alle was von, ne, am Ende des Tages [...]."

Dass solche Entscheidungen damit quasi rational, unter Absehung des Geschlechts, getroffen werden, wird widerlegt, wenn man im Vergleich dazu betrachtet, wie Paare entscheiden, in denen die Frau zum Zeitpunkt der Entscheidungsfindung die „objektiv" besseren oder mindestens gleichwertige berufliche Ressourcen hat. Auch in diesen Fällen werden „passende" Argumente gefunden, die die Unmög- lichkeit des beruflichen Zurücksteckens des männlichen Partners als plausibel er- scheinen lassen. Die günstige(re) Ressourcenausstattung der weiblichen Partnerin wird in diesen Fällen de-thematisiert, d. h. sie wird für die „Entscheidungsfindung" nicht relevant gemacht oder auch überhaupt nicht erst anerkannt. Es handelt sich bei diesen Begründungen also um nachträgliche Rationalisierungen der Paare, die für die Paare auch eine integrierende Funktion haben und daher „Rationalitätsfiktio- nen" (Schimank 2006) darstellen.

Betrachten wir dazu Paar Seidel. Sven Seidel führt im Einzelinterview auf die entsprechende Nachfrage der Interviewerin aus, warum das Paar es nie als eine Option betrachtet hat, dass auch Herr Seidel in Elternzeit geht. Er beruft sich dabei auf seine Berufsposition als Projektleiter – die gleiche Position, die auch seine Frau zu dem Zeitpunkt der Familiengründung inne hat, was er aber selbst nicht reflektiert. Er stellt die Entscheidung über die Elternzeit des Paares als kon- kurrenzlose Option dar. Dies ist auch vor dem Hintergrund interessant, dass im Kontext anderer Interviewthemen, Herr und Frau Seidel jeweils sehr betonen, wie ähnlich ihre Positionen und Tätigkeiten seien.

> Sven Seidel: „Meine Frau hat natürlich diese Chance wahrgenommen.[...]. Für mich – darüber sind wir uns aber auch einig – ist das in meiner Position unvorstell- bar. Gar nicht möglich. Also wenn ich eine Sacharbeit machen würde, wie viele,

viele, viele in dem Unternehmen, ehm, (...) kann man sich das vorstellen, aber als
Führungskraft nicht."

Die Wahrnehmung der Ressourcenausstattung der Partner ist *ge-gendered* und
somit auch die daraus abgeleiteten Handlungsstrategien der Paare. Wenn die Paare nun jedoch die Argumente danach auswählen, dass sie eine zuvor getroffene
Entscheidung unterstützen, wie wird dann diese Entscheidung letztlich getroffen?
Die Paare, in denen die männliche Berufskarriere im Zuge der Familiengründung
priorisiert wird, so unsere These, greifen in dieser Situation auf *habitualisierte
Handlungsmuster* zurück, die sich zum einen aus *traditionellen Geschlechtsrollennormen* und zum anderen aus *herkunftstypischem Erfahrungswissen über Geschlechterarrangements* (s. u.) speisen, die ihnen als konjunktives Handlungswissen
zur Verfügung stehen. Traditionelle Geschlechtsrollen sehen vor, dass die Familienrolle der Frau die der Familienerhalterin ist und sie diese maßgeblich über ihre
physische Anwesenheit erfüllen muss. Ihre Familien- bzw. Geschlechtsrolle gerät
damit in Widerspruch zu ihrem beruflichen Engagement. Dem Mann wird dagegen
gesellschaftlich die Rolle des Familienernährers zugeschrieben, die sich logisch
gleichsinnig zu seinem beruflichen Engagement verhält. Er kann sie bestmöglich
über die Akkumulation ökonomischer Ressourcen und damit über sein Engagement im Beruf und über die Abwesenheit von der Familie erfüllen. Familien- bzw.
Geschlechtsrolle verstärken sich bei Männern gegenseitig positiv (Krüger 2001).

Rund um das Ereignis Familiengründung werden Deutungsmuster über Mutter-
und Vatersein relevant, die letztlich auch Einfluss auf das berufliche Handeln haben.
Diese Elternschaftskonzepte stellen einen spezifischen Bereich von Geschlechtsrollen dar. Sie werden erst mit der Geburt eines Kindes relevant und führen dazu,
dass egalitäre und traditionelle Elemente von Geschlechtsrollen nebeneinander
bestehen und damit auch in Spannung zueinander geraten, so dass man in Über-
tragung des Begriffes von Moen/Roehling (2005) auch von *„neo-traditionellen"*
Geschlechtsrollennormen sprechen kann. So herrschen auch bei den Paaren, in
denen die Karriere des Mannes Vorrang erlangt, „moderne" Vorstellungen über
Frauen als beruflich Handelnde vor, die zunächst in ihrem Doppelkarrierearrangement ihren Niederschlag finden. Sobald jedoch das Thema Familiengründung für
diese Paare relevant wird, ist ein Bereich der Geschlechtsrollen angesprochen,
der offenbar traditionellere Deutungsmuster bereitstellt als andere Bereiche der
Geschlechtsrolle. In diesem Sinne *traditionelle Elternschaftskonzepte* können
dann mit weiteren beruflichen Investments der Partnerin kollidieren, insofern sie
Müttern einen mindestens begrenzten Ausstieg aus dem Berufsleben und darüber
hinausgehend ggf. eine Reduktion der Arbeitszeit zugunsten der familiären Aufgaben nahelegen (vgl. u. a. Kreyenfeld/Geisler 2006). Damit beeinflussen sie in
der weiteren Folge auch, ob und in welcher Form der berufliche Einstieg der Frau
nach der Elternzeit gewünscht wird und erfolgt. Die im Laufe der Zeit gestiegenen

gesellschaftlichen Erwartungen an die Gestaltung der Elternrollen kommen hinzu und äußern sich in hohen Ansprüchen an die Qualität der Betreuung von Kindern und deren frühkindliche Bildung. Beruflich hinderlich sind darüber hinaus die zum Teil noch existierenden Bedenken gegenüber einer externen Betreuung der Kinder und die damit unausgesprochen mitschwingende Befürchtung, dass diese dem Kindeswohl entgegensteht. Diese Haltung lässt sich vermutlich mit dem westdeutschen Sozialisationshintergrund der Paare dieses Paartyps in Zusammenhang bringen und der in ihrer eigenen Herkunftsfamilie gemachten Erfahrungen. Die familiale Betreuung der Kleinkinder durch die Mutter oder andere nahe Verwandte, wie die Großmütter, wird bei diesem Paartypus in der Regel als die beste Option bei der Kinderbetreuung betrachtet – gerade dann, wenn diese extensiver erfolgen, d. h. im Prinzip die Vollzeitberufstätigkeit beider Elternteile gewährleisten soll. Hierzu äußert sich Frau Tiedemann im Paarinterview wie folgt:

> „[…] das ist halt schon so was, wo ich denke, ähm ich will ja auch nicht gerade wenn die Kinder dann später irgendwie zur Schule gehen oder so, ähm da, also ich möchte schon, dass die individuell dann zu Hause, dass die nach Hause kommen nach der Schule, dass es da ein Mittagessen gibt, dass da jemand ist, den sie um Hilfe bitten können bei den Hausaufgaben und wenn das eben die Großeltern nicht sein können, dann muss es jemand anders sein. Also ich möchte eigentlich nicht, dass so was übern nen Hort oder so was // weil das find ich einfach irgendwie, ist keine tolle Vorstellung, hatt' ich selber auch nicht ähm ja, und da muss man dann eben gucken. Und also zum Beispiel jetzt, von unseren jetzigen Gehältern wäre so was ja gar nicht finanzierbar so dass ich halt sage, da würd ich ja eher drauf verzichten zu arbeiten […]."

Ähnlich hat auch Simone Seidel die Vorstellung, dass eine externe Betreuung ihres Kindes ein gewisses „Abschieben" bedeutet. Dies ist für sie ein Grund, weshalb sie sich nicht vorstellen kann, wieder in ihren Beruf als Senior Projektleiterin zurückzukehren. Auf Wunsch ihres Mannes geht die Tochter des Paares zum Zeitpunkt der Einzelinterviews an zwei Tagen die Woche stundenweise in die Kita der Firma ihres Mannes. Diese Kita bietet eine Ganztagsbetreuung bis in die Abendstunden an und auch für die Ferienzeiten. Obwohl das Paar diese leicht zugängliche Betreuungsmöglichkeit zur Verfügung hat, schöpft es die sich daraus ergebenden Möglichkeiten, d. h. insbesondere die beruflichen Freiräume, die sich dadurch für Frau Seidel ergeben könnten, gar nicht aus.

Schließlich gehört zu diesen traditionellen Elternschaftskonzepten auch die Ausgestaltung der Vaterschaft. Die Väter des hier betrachteten Paartyps sind keine sog. „aktiven Väter". Sie füllen ihre Vaterschaftsrolle, ganz entsprechend traditioneller Geschlechterbilder, hauptsächlich über die Übernahme der Ernährerrolle und damit durch die *Gewährleistung der finanziellen Reproduktion der Familie* aus. Vaterschaft im Sinne der Betreuung der Kinder und der Beschäftigung mit ihnen wird auf die kleinen Zeitfenster verlegt, die nach der Erwerbsarbeit übrig bleiben.

Dazu zählen insbesondere die Wochenenden. Thomas Tiedemann schildert seine Beteiligung an der Carearbeit als *Zuarbeit*, die vor allem nach der Arbeit und an den Wochenenden stattfindet:

> „Also ich gehe morgens los, also nachts natürlich kümmert sich Tanja meist um sie, aber ich stehe dann auch mal nachts auf und wickel sie noch mal oder mache Bäuerchen, wenn ich eben grad mal wach bin. Mmh morgens bin ich da, da ist eigentlich die Zeit, wo sie am fröhlichsten und am friedlichsten ist. Da hab ich wenig zu tun mit ihr. Dann ist halt tagsüber, wenn ich nicht da bin, Tanja da zuständig. Und abends übernehme ich eben viel davon. Dass sie dann mal, was weiß ich, zu Sachen kommt. Was weiß ich, sich mal in die Badewanne legen kann oder irgendwie solche ähnliche Sachen. Und am Wochenende auch. Dann das dann // dann schnappe ich sie mir, wenn sie mal irgendwas machen möchte, zum Friseur oder irgendwas. Dann nehme ich sie mir oder gehe mit ihr spazieren. Oder oder oder solche Sachen. Also versuche sie da schon zu entlasten.“

Entsprechend bedeutet für ihn Vaterschaft auch, die finanzielle Versorgung des Kindes sicherstellen zu können:

> „Ich will auch eben finanziell irgendwie einen Status erreichen, dass ich meinen Kindern möglichst viel, aber mindestens das, was ich hatte irgendwie ermöglichen kann.“

Konstantin Kaiser ist als selbständiger Unternehmensberater in hohem Ausmaße beruflich mobil und in der Regel unter der Woche nicht zu Hause. Nach einem typischen Wochenende gefragt, rahmt Herr Kaiser seine sportlichen Freizeitaktivitäten nicht als Ausgleich zu seiner Berufstätigkeit, sondern als Ausgleich zu seiner sowieso schon knappen Zeit mit der Familie:

> „Ein typisches Wochenende besteht jetzt darin, dass wir nicht mehr sehr viel essen gehen (lacht). Ich versuche als Ausgleich relativ regelmäßig Sport zu machen. Äh versuch mir so – uäh – jeden Tag eine, spätestens alle zwei Tage so Stunde, zwei Stunden freizuschießen von der Familie, um – ins Studio zu gehen, oder jetzt bei schönem Wetter auch laufen zu gehen.“

Woher kommt nun dieses Handlungswissen, welches das Elternhandeln der Paare anleitet?

Die intergenerationale Transmission von familiären Geschlechterarrangements
Unsere These ist, dass die beobachtbare Praxis der Arbeitsteilung der Paare nach der Familiengründung sowie ihre Konzepte von Mütterlichkeit und Väterlichkeit auch in Zusammenhang mit den *gelebten Arrangements in ihren Herkunftsfamilien* stehen. Auch, weil es bislang noch kaum Vorbilder und Infrastruktur für die

konkrete Ausgestaltung der Elternschaft von Karrieremüttern und -vätern gibt, greifen viele Paare unserer Stichprobe[11] in dieser Situation als *Orientierungsfigur* typischerweise auf die Geschlechterarrangements zurück, die sie in ihrer Herkunftsfamilie erlebt haben. In Auseinandersetzung mit den Praxen innerhalb der eigenen Herkunftsfamilie formen und finden die Befragten ihre eigenen Vorstellungen von Elternschaft bzw. Mutter- und Vaterschaft und entwickeln damit zusammenhängend Präferenzen bezüglich der Ausgestaltung der Arbeitsteilung in der konkreten Paarbeziehung. Dabei scheint auch die *Relation der Erfahrungen in der Herkunftsfamilie* innerhalb der Partnerschaft relevant zu sein. Teilen beide Partner hierbei ein großes konjunktives Wissen, welches aus ähnlichen Erfahrungsräumen erwächst, erleben sie, wie sich ihre Arbeitsteilung und damit auch die grundsätzliche Ausgestaltung der Elternrollen quasi „automatisch" ergibt. In diesen Fällen werden die Geschlechterarrangements der Herkunftsfamilien besonders fraglos reproduziert. So ist die letztliche grundsätzliche perspektivische Orientierung am (modernisierten) Ernährermodell, welches sie aus ihren Herkunftsfamilien kennen, für Paar Tiedemann recht selbstverständlich und bedarf paarintern keiner Aushandlungen, obwohl das Ergebnis dieser Orientierung das berufliche Fortkommen von Tanja Tiedemann stoppt und ihre bereits erworbenen Qualifikationen entwertet. Thomas Tiedemann beschreibt, wie die Kinderbetreuung in seiner Familie geregelt wurde:

„Also bei mir zu Hause war eigentlich meine Mutter mehr die Bezugsperson. Also so wie man vielleicht sagen könnte so klassisch. Die Mutter ist für die Kinder da und der Vater geht arbeiten. So. Also mein Vater war jetzt auch kein kein kein Drückeberger oder so was, der das eben nie gemacht hat. Aber das war dann schon viel hat sich am Wochenende mit uns Kindern beschäftigt. Und abends, abends dann, wenn er von der Arbeit kam, auch noch. Aber da war das also stärker als bei uns jetzt hier irgendwie mutterbezogen die Kinderbetreuung. Das hat halt meine Mutter sehr sehr viel gemacht. Auch abends weiterhin."

Und Tanja Tiedemann berichtet von ihrem Elternhaus:

„Mmh meine Eltern sind beide Ärzte in der Klinik in A-Stadt. Mein Vater war, oder war, die sind jetzt pensioniert. Mein Vater war auch noch stellvertretender Klinikdirektor. Meine Mutter hat, als wir klein waren, hat sie abends gearbeitet. So dass sie halt tagsüber zu Hause war. Und mein Vater eben bei der Arbeit. Und er war dann abends bei uns zu Hause. Mmh sie hat dann wieder angefangen, auf halber Stelle zu arbeiten. Und hat eigentlich nie wieder Vollzeit gearbeitet. Also immer halbe Stelle. Weil sie das so wollte. Also wir haben auch nie // wir waren auch spät im Kindergarten."

---

[11] Und alle Paare des hier vorgestellten Typus.

Also jetzt nie so Krippenplatz, brauchten wir gar nicht. Wir waren so klassische //
wir waren dann mal so halbtags im Kindergarten zwischen vier und sechs, um andere Kinder kennenzulernen. Aber nicht, weil es irgend // nicht, weil wir Betreuung
gebraucht hätten. Sondern einfach, um das Sozialverhalten irgendwie."

Liegen die Erfahrungen aus den Herkunftsfamilien dagegen weiter auseinander,
können diese Themen auch explizit besprochen werden, wodurch es teilweise
auch zu Paarkonflikten kommen kann. In diesen Fällen scheinen *die familiären
Vorbilder der Frau* letztlich entscheidend zu sein für die konkrete Arbeitsteilung
des Paares. Dies ist der Fall beim Paar Seidel. Während die Eltern von Herrn Seidel
ein Familienunternehmen führten, in dem auch die Mutter Vollzeit berufstätig war,
wurde in der Familie von Frau Seidel ein männliches Ein-Karriere-Modell gelebt,
in dem die Mutter von Frau Seidel ihre Berufstätigkeit mit der Familiengründung
aufgab und sich fortan auf die Familie konzentrierte. An dieser Verlaufsform orientiert sich Frau Seidel auch in Hinblick auf ihr eigenes Partnerschaftsleben, da sie
insbesondere die Anwesenheit ihrer Mutter, als sehr positiv erlebt hat. Nach der
Familiengründung nimmt sie 17 Monate Elternzeit. Herr Seidel drängt seine Frau,
wieder in das Erwerbsleben zurückzukehren – zumindest auf Teilzeitbasis. Zum
Zeitpunkt der Einzelinterviews in 2009, als Frau Seidel sich noch in Elternzeit
befindet, beschreibt Herr Seidel dieses Thema als einen Paarkonflikt:

Interviewerin: „Und wie hat sich Ihr Leben verändert, seit Ihre Tochter da ist?

Sven Seidel: „Oh. Also a) natürlich, meine Frau geht im Moment ihrem Job nicht nach.
Sie gönnt sich das Thema und für mich ist es natürlich insoweit auch unbefriedigend,
weil ich bin schon der Meinung, sie muss peu á peu wieder in den Job hinein kommen.
Ehm – aber das werden Sie gleich feststellen, vielleicht in der Befragung, sie kommt
vielleicht auch vom – vom Standpunkt Mutter-Kind und Berufstätigkeit kommt sie
aus etwas anderen Verhältnissen. Ihre Mutter war zeitlebens, als sie da war, nicht im
Beruf. Meine Mutter schon. Von daher bin ich der Meinung, das geht nicht, das muss
schon mal wieder dann normal gearbeitet werden."

Die Zuständigkeit der Frauen für Care- und Haus- und Beziehungsarbeit
Entsprechend der veränderten Erwerbseinbindung der Partner nach der Familiengründung, traditionalisiert sich auch die interne Arbeitsteilung der Paare in Hinblick auf Care- und Hausarbeit. Die dabei eintretenden Veränderungen sind eher
gradueller Natur: Meist lässt sich schon vorher eine interne Arbeitsteilung beobachten, die eher zu Lasten der Frauen geht. Dies verschärft sich nach der Familiengründung. Sven Seidel beschreibt im Einzelinterview, auf die entsprechende
Frage der Interviewerin hin, die häusliche Arbeitsteilung des Paares nach der

Familiengründung. Seine Zurückhaltung in Bezug auf die anfallenden Haus- und Carearbeiten begründet Sven Seidel mit seinem Beruf, der dies nicht zulasse:

> Sven Seidel: „Ja, gut, also aktuell, können Sie sich vorstellen, wenn sie nicht im Job ist im Moment, ist das so das richtig alte Rollenklischee, was wir gerade im Moment vorleben, ja. Aber es ging ja nicht anders. Ich bin noch im Job, ich habe keine Elternzeit genommen, ist auch mit meinem Job nicht wirklich verträglich. […]. Meine Frau weiß das von ihrem Job auch, deswegen geht sie ganz raus. Und wir diskutieren aktuell über die Möglichkeit, ob sie peu á peu wieder halbtags hinein kommt. Aber in dem Job, wo sie vorher gearbeitet hat, also ähnliche Arbeitsbelastung wie ich auch – ist das nicht vorstellbar. Es geht nicht. Entweder macht man ein Projekt und man macht es 100 % und dann muss man dahin fliegen und hierhin gucken und da was machen, mit dem Lieferanten sprechen und das geht nicht in einem privaten Umfeld, wo abends die Kinder pünktlich Essen haben wollen. […]. Und eigentlich kann sie ja eine ganze Menge mehr und anders. Aber unser Alltag sieht jetzt – schauen Sie mal, meine Frau hat ein paar Schnittchen gemacht, super, ich sitz hier wie Pascha, geh' jetzt gleich wieder zum Arbeiten und lass mich heute Abend vor 20.00 Uhr nicht blicken."

Aufgrund der hohen finanziellen Ressourcen der Paare versuchen sie, wie nahezu alle Paare unserer Stichprobe, die Belastung durch die „zweite" und „dritte Schicht" (Hochschild 2006) über das Outsourcen von Betreuungs- und Haushaltsleistungen zu reduzieren. Der Schwerpunkt liegt bei den Paaren dieses Paartyps dabei auf dem Einkauf von Haushaltsdienstleistungen. Da die Frauen, insbesondere des Subtyps der primären und sekundären Karriere, ein hohes Interesse daran haben, selbst viel Zeit mit ihrem Kind zu verbringen, *schöpfen sie die ihnen potentiell zur Verfügung stehenden Betreuungsleistungen durch Dritte gar nicht immer aus.* Entsprechend ihres weiblichen Geschlechtsrollenverständnisses sind die Frauen auch für das *Beziehungsmanagement* zuständig – sowohl indem die Frauen für ihre Beziehung und das Wohlergehen ihres Partners „Sorge tragen" als auch in Bezug auf den Kontakt zu Dritten. Die Vereinbarung von Terminen, Treffen mit Freunden, Geburtstage von Verwandten, Urlaubsorganisation oder ähnliches fällt in der Regel in ihren Zuständigkeitsbereich und verlangt auch das Einsetzen von zeitlichen und emotionalen Ressourcen.

> Konstantin Kaiser: „Und äh – wir sind auch vollelektronisch durchorganisiert, also wenn irgendwelche, also meine Frau hat mehr so den äh „Food-and-beverage-manager" intern, das heißt also, wenn's um Einladungen geht und Termine privat, äh koordiniert sie das, weil ich da nicht den Überblick hab, aber dann krieg ich von ihr, von ihrem Blackberry den Termin in mein Outlook eingestellt, dann weiß ich auch, dass da ein privater Termin ist!"

Institutionelle Rückkehroptionen und -bedingungen nach der Elternzeit
Grundsätzlich gilt, dass auch wenn die Frauen des hierarchisierten Paartyps ihre Elternzeit mit 9 bis 20 Monaten kurz halten, die meisten institutionellen Karrierelogiken selbst solche relativ kurzen Auszeiten nicht verzeihen. Von den Inhaber/innen von Karrierepositionen wird kontinuierliche Verfügbarkeit erwartet. Auch die Möglichkeiten, eine Führungsposition in Teilzeit oder besser reduzierter Vollzeit fortzuführen, scheinen insbesondere in der Privatwirtschaft nach wie vor rar gesät zu sein. So kann bspw. Simone Seidel, ehemalige Senior Projektleiterin, nach ihrer Elternzeit nicht wieder auf ihre alte Position zurückkehren, da Frau Seidel eine Rückkehr auf Teilzeitbasis wünscht, was auf dieser Position nicht möglich scheint. Dies wird auch von Frau Seidel selbst so gesehen. Daher nimmt sie einen Karriererückschritt in Kauf, in dem sie nach ihrer Elternzeit als Projektassistenz und Projektsupervisorin in ihr altes Unternehmen auf Teilzeitbasis zurückkehrt. Zum Zeitpunkt des Paarinterviews ist Frau Seidel seit 3 Monaten wieder berufstätig.

Simone Seidel: Also ich bin bei der alten Firma, aber ich bin nicht mehr Projektleitung- ähm projektverantwortlich, sondern das, das funktioniert einfach nicht, das war auch mein Wunsch, ähm das nicht mehr zu machen, sondern momentan mache ich Supervision, also ich betreue junge Projektleiter, die äh mit Projekten betraut sind, die vielleicht noch'n bisschen viel Volumen haben für sie oder so ähm und ich unterstütze eben junge Projektleiter äh zum Beispiel in einem Bereich wie, momentan unterstütze ich ein Projekt ähm in Bezug auf Controlling. Da mach ich dann das Controlling, das ist natürlich definierbar, da kann ich sagen, das mach ich immer Anfang der Woche, meine Tage sind Montag und Dienstag, meine festen Arbeitstage […]."

Im Kontext des beruflichen Wiedereinstieges spielt auch die *Zeitsouveränität* eine Rolle, die die Frau in ihrer bisherigen Berufsposition besaß, bzw. deren Fehlen. Freiheitsgrade bei der Gestaltung der Arbeitszeit in Umfang und Lage können die Rückkehr der Frauen in den Beruf nach der Elternzeit erleichtern, weil sie die Lösung der Vereinbarkeitsfrage vereinfachen. Umgekehrt erschweren rigidere Zeitregime bei der Arbeit die Wiederaufnahme der Erwerbsarbeit und die Wiederanknüpfung an die alte Karriere.

Die informellen Verfügbarkeitsansprüche des Unternehmens, kommuniziert und kontrolliert durch Vorgesetzte und Kolleg/innen sind z.B. für Tanja Tiedemann derart hoch, dass sie sich eine Vollzeiterwerbstätigkeit als Mutter, gar die Weiterverfolgung ihrer beruflichen Karriere, zunehmend nicht mehr vorstellen kann. Sie hat nach ihrer Elternzeit eine auf ein Jahr befristete Vollzeitstelle in einer Reiseagentur angenommen und ist dort, unterhalb ihres Qualifikationsniveaus als Juristin, als Sachbearbeiterin beschäftigt. Selbst unterhalb von Führungspositionen werden hier von Beschäftigten regelmäßig Überstunden erwartet, die von Müttern, die auf öffentliche Betreuungseinrichtungen angewiesen sind, nicht realisiert werden können.

Von der Karriereorientierung zur Vereinbarkeit von Arbeit und Leben
Eine weitere Hürde im Gefolge der Familiengründung stellt eine Verschiebung von Präferenzen bei den Frauen dieses Paartyps dar. Die Familienorientierung dieser Frauen nimmt gegenüber ihrer Karriereorientierung zu. Vorstellungen von einer Balance von Arbeit und Leben gewinnen an Raum. Dies betrifft vor allem die Frauen, in deren Paarbeziehung es im Zeitverlauf durch die Familiengründung zu einer primären (Mann) und sekundären Berufskarriere (Frau) kommt. Simone Seidel und Karolin Kaiser, die beide als „späte Mütter" bereits vor der Familiengründung im Alter von 37 Jahren eine berufliche Karriere realisiert haben, berichten, dass sich ihre beruflichen Ziele angesichts der emotionalen Wichtigkeit ihres Kindes relativiert haben und sie daher nicht mehr dazu bereit sind, alle Kompromisse einzugehen, die die Verfolgung einer Karriere in ihren Augen mit sich bringt. Das subjektive Karriereverständnis nahezu all unserer männlichen und weiblichen Befragten enthält die Vorstellung, dass Karriere mit dem (weitgehenden) Verzicht auf Privatleben einhergeht. Dieses subjektive Entweder-Oder von Familie und Karriere wird durch die strukturelle Anlage von Karrieren, insbesondere in der Privatwirtschaft, hervorgerufen, die die bereits erwähnten hohen zeitlichen Verfügbarkeitserwartungen und ggf. Mobilitätsanforderungen mit sich bringen. Diese Wahrnehmung scheint ein wesentlicher Katalysator für die Priorisierung der männlichen Karriere zu sein. Vor dem Hintergrund dieses Gegensatzes scheint letztlich nur eine/r Karriere machen zu können, der von Familienarbeit entlastet ist. Gemäß tradierten Geschlechterrollen wird diese Entlastung im vorgestellten Paartypus den Vätern gewährt. Nach der Familiengründung versuchen Frau Seidel und Frau Kaiser diese Lebensbereiche miteinander zu versöhnen, indem sie ihre beruflichen Ambitionen für unbestimmte Zeit zurückzustellen. Aus diesem Grund ist Frau Kaiser auch nicht an der Fortführung ihrer Karriere interessiert. Sie möchte aktuell auf Teilzeitbasis in einer anspruchsvollen Position berufstätig sein; eine berufliche Karriere verfolgen möchte sie allerdings auf unabsehbare Zeit nicht mehr:

> „Also zumindest war der Plan, jetzt erst mal – ähm solang der jetzt ein bisschen kleiner ist, einfach dann auch – diese Zeit natürlich auch mitzunehmen, weil ich mein, die kommt halt auch nicht wieder! Also ganz verpassen jetzt, jeden Tag Vollzeit, das – wär jetzt nicht so mein Thema! [...]. Also ich arbeite gerne, mir macht mein Beruf auch Spaß oder mir macht Arbeiten Spaß, ähm aber ich finde es auch wichtig, ähm dass ich im Privaten irgendwo ähm – nicht zu sehr äh abgehetzt bin und-und für nichts mehr Zeit habe, was mir wichtig ist, eben wie meine Familie oder meine Freunde."

In der Beschreibung der Teilzeitentscheidung von Kornelia Kaiser aus der Sicht ihres Mannes, werden noch einmal dessen traditionelle Geschlechtsrollenvorstellungen deutlich: Er setzt in der folgenden Passage ihre Berufstätigkeit und das Wohl des Kindes zueinander in Relation und konstruiert damit ein Konkurrenzverhältnis zwischen beiden. *Seine* Berufstätigkeit setzt er dagegen an keiner Stelle des Interviews zu dem Wohlbefinden seines Kindes in Beziehung – und seine Frau auch nicht:

> „Also sie ist jetzt auf 50 Prozent, und ich glaube, das ist ganz gut, das wird sowohl Kilian gerecht und wird auch ihrem Job gerecht. Ich denk, das funktioniert ganz gut [...]. Aber dauerhaft jetzt wieder voll einzusteigen ist, glaub ich, für meine Frau im Moment nicht diskutabel!"

Es geht den Frauen dieses Subtyps darum, sich diese Zeit für die Familie auch zu „gönnen". Sie haben bislang viel in ihr berufliches Fortkommen investiert und möchten sich nun mehr ihrem Familienleben widmen. Dass dies mindestens den Stopp ihrer Berufskarriere bedeutet, nehmen sie in Kauf. So erklärt Simone Seidel im Einzelinterview ihre Haltung dazu:

> „Und insofern wird mein neues Berufsfeld wahrscheinlich eher so ein Flickenteppich sein, aus verschiedenen Aufgaben, die sich einfach ergeben, aus der Arbeit bei einem Fernsehsender ergeben. Aber also, das finde ich jetzt nicht unbedingt so schrecklich, muss ich sagen, weil – also ich hab jetzt natürlich auch schon lange in dem Beruf gearbeitet und es ist super anstrengend. Gerade, wenn Sie immer so auf einen Punkt hin und haben Sie Nächte, wo Sie nachts Aufbau haben. Dann haben Sie nachts Proben usw., ja, das ist alles was – also es ist nett, aber ich werde auch bald mal 40 und ich – also irgendwann ist auch gut. Ich muss da jetzt auch nicht mehr auf jeder Hochzeit tanzen oder so. Also da ist es einem dann schon irgendwie auch wichtig, dass man abends dann halt hier ist, oder auch viel Zeit mit der Kleinen verbringt."

So sehr diese Verschiebung der Präferenzen, von denen die Frauen dieses Subtyps berichten, eine handfeste strukturelle Basis hat, so sehr sind die beobachtbaren subjektiven Relevanzverschiebungen jedoch wiederum nicht geschlechtsneutral. Sie betreffen ausschließlich die Frauen in den männlich hierarchisierten Verflechtungsarrangements und reflektieren damit auch die faktischen Veränderungen ihrer Lebenswirklichkeit, in der sie diejenigen sind, die Elternzeit nehmen, Vereinbarkeitsmanagement und Beziehungsarbeit leisten und beruflich zurückstecken. Sie müssen Sinnhorizonte finden, die dieser neuen Lebenssituation entsprechen. Für die Väter des vorgestellten Paartyps stellen sich solche Überlegungen zum Verhältnis von Arbeit und Leben, entsprechend ihrer nahezu unveränderten, berufszentrierten Lebensführung, hingegen kaum. Die Gründung einer Familie führt für sie weder ideell noch faktisch zu einer Relativierung ihrer beruflichen Ambitionen.

Die Fortschreibung der einseitigen Zuständigkeit für Haus-, Care- und Beziehungsarbeit
Haben die Frauen in den männlich hierarchisierten Verflechtungsmodellen in ihrer Elternzeit erst einmal die Hauptverantwortung für das Vereinbarkeitsmanagement übernommen, ergeben sich darüber weitere negative Folgen, die über die reine Belastung durch die Alltagsorganisation hinausgehen. Das nach der Familiengründung etablierte Lebensführungsmuster, welches sich durch einen (evtl. temporären) Karriereverzicht der Frau auszeichnet, wird durch die Alltagspraxis reproduziert und perpetuiert. Dies zeigt beträchtliche Folgen für zukünftige paarinterne Planungs- und Entscheidungsprozesse: Im Paar wird nun fortan, auch unausgesprochen, bei jeglichen Problemsituationen das berufliche Zurückstecken der Frau erwartet, z. B. wenn Vereinbarkeitsprobleme auftauchen, die zuvor funktionierende Verflechtungsarrangements infrage stellen. Als Tanja Tiedemann nach ihrer Elternzeit auf Vollzeitbasis in der Reiseagentur tätig wird, bringt das Paar das gemeinsame Kind in einer Kita am Wohnort unter. Die häufigen Erkrankungen des Kindes lassen diese Lösung des Verflechtungsproblems jedoch für das Paar zunehmend prekär werden. Da beide Partner sich noch am Anfang ihrer Berufskarrieren befinden, reichen die finanziellen Mittel zudem nicht aus, um auf eine private, ganztägige Betreuungsform auszuweichen. Da das Paar ein weiteres Kind möchte, ist als „Lösung" dieses Problems geplant, dass Tanja Tiedemann bei der Geburt des zweiten Kindes für unbestimmte Zeit ganz aus ihrem Beruf aussteigt und erst einmal nur noch die Berufskarriere ihres Mannes verfolgt wird. Darüber ist innerhalb des Paares zu diesem Zeitpunkt keine Verständigung mehr nötig. Es gilt vielmehr als selbstredend, dass Frau Tiedemann ihre beruflichen Ambitionen erneut bis auf Weiteres suspendiert. Durch die neue Planung des Paares wird das Geschlechterarrangement nun fortgeschrieben. Ob Frau Tiedemann nach der geplanten neuerlichen Familienphase noch einmal eine Karriere gelingt, ist unter den Bedingungen der begrenzten biografischen Zeitfenster für Karrieren fraglich.

4.1.2 Das imaginierte Kind: Berufliche Hürden im Vorfeld der
        Familiengründung

In unseren Daten wird deutlich, dass sich die Traditionalisierung der Paarbeziehung bereits im Vorfelde der Familiengründung anbahnen kann (vgl. Witzel/Kühn 2001). Das bedeutet, nicht nur real existierende Kinder, sondern auch solche, die vom Paar erst geplant werden, können schon zu einer Priorisierung der Karriere des Mannes führen. Auch diese Prozesse im Vorfelde einer Familiengründung können dabei wieder mit latenten Geschlechtsrollennormen in Zusammenhang gebracht werden.

Die Deutung des beruflichen Engagements in der Paarbeziehung
Ein frühzeitiges Indiz für eine Priorisierung der männlichen Karriere ist bspw. wie das berufliche Engagement der Frau und des Mannes innerhalb der Paarbeziehung gedeutet wird. Bei dem Paar Maike und Bernd Stegen, beide ausgebildete Volkswirte, wird bspw. die Ausbildung von Maike Stegen und ihre berufliche Tätigkeit als „Selbstverwirklichung" gerahmt, während die Tätigkeit von Bernd Stegen im Rahmen von Überlegungen zur „Existenzsicherung" des Paares behandelt wird. Diese unterschiedliche Deutung des beruflichen Investments und Ambitionen der Partner bereitet das traditionelle Ernährermodell, welches das Paar aktuell lebt, bereits zu einem biografisch weit vor der eigentlichen Familiengründung liegenden Zeitpunkt diskursiv vor[12].

Die „Kinderwunschmobilität"
Das Verfolgen einer Karriere kann verschiedenste Arten von Mobilitätsanforderungen mit sich bringen (s. Becker et al. in diesem Band), mit denen innerhalb einer Paarbeziehung umgegangen werden muss. Damit stellt sich dann aber die Frage, wie Paare das Karriere-Mobilitätsproblem lösen, wenn Fernbeziehungsarrangements nach einer Familiengründung vermieden werden sollen? Die Lösung, die die Paare des männlich hierarchisierten Musters wählen, ist auch hier wiederum geschlechtstypisch. Bei den Paaren dieses Typs, die vor der Familiengründung in einer Fernbeziehung lebten, lässt sich beobachten, dass die Frauen ihr berufliches Handeln in ihrer Paarbeziehung bereits in Antizipation einer zukünftigen Familiengründung anpassen (Bielby/Bielby 1992). Sie nehmen dabei auch berufliche Nachteile in Kauf, insbesondere dann, wenn sie, aufgrund von Altersnormen, eine *Rush Hour* (Bertram 2007) in Bezug auf die Realisierung ihres Kinderwunsches wahrnehmen. Ein Beispiel für diese Zusammenhänge ist das Paar Altenloh. Zunächst leben sie in einer Fernbeziehung und jeder verfolgt an dem für ihn geeigneten Ort seine berufliche Karriere. Frau Altenloh absolviert zu dieser Zeit ein Traineeprogramm bei einem großen Konzern in einer Metropolregion. Nach Abschluss des Programms könnte sie eine Führungsposition als Nachwuchskraft antreten. Das Paar möchte bald eine Familie gründen, weshalb es nach Möglichkeiten sucht, einen gemeinsamen Haushalt zu gründen. Da Herr Altenloh am Wohnort seiner Frau nichts beruflich Passendes findet, entscheidet sich das Paar schließlich an einen anderen Ort zu ziehen, der für Herrn Altenlohs berufliche

---

[12] Da es sich bei dem Paar Stegen um eines der Paare aus dem „Lebensthemen-Panel" des DJI handelt (Keddi et al. 1999), die seit 1992 zu insgesamt sechs (Frauen) bzw. vier (Männer) Erhebungszeitpunkten befragt wurden, lässt sich dies besonders gut rekonstruieren.

Laufbahn aussichtsreicher zu sein scheint. Dafür gibt Frau Altenloh ihre berufliche Chance auf und das Paar gründet eine Familie. Am neuen Wohnort des Paares, in einer strukturschwachen Region Deutschlands, findet sie nach ihrer Elternzeit von 12 Monaten keine neue, ausbildungsadäquate Stelle. Frau Altenloh begann auch zu promovieren. Da das Paar allerdings aktuell ein zweites Kind plant und Frau Altenloh ihre Promotion noch nicht abgeschlossen hat, scheint es zunehmend unwahrscheinlich, dass sich ihre Karriereinvestitionen noch amortisieren werden.

Ayla Altenloh: „Mein Mann hat sich im A-Städter- Raum beworben, hat aber keinen Job gefunden, und ja – ihm war das ganz wichtig, dass er auch arbeitet, also dieses Modell erst mal zurückstecken und in A-Stadt einfach mal ohne Job anfangen kam nicht in Frage. Also er brauchte diese Sicherheit, dass er eine Anstellung hat, und die hat er dann in seiner Heimatstadt B-Stadt gefunden, ein Job, der ihn sehr, ja gereizt hat. Und daraufhin haben wir beschossen, es dann einfach in B-Stadt zu versuchen. Also dieser Abschied von der A-Firma ist mir schon sehr schwer gefallen, aber ich hab mir gedacht, gut, wenn wir jetzt tatsächlich erst mal ein Kind kriegen – ich wurde dann auch sehr schnell schwanger – dann ist es ja vielleicht auch erst mal so in Ordnung. Und irgendwie geht's dann schon weiter.“

Die geschlechtlichen Zuständigkeiten sind auch in dieser Situation wieder nach herkömmlichem, d. h. traditionellem, Muster verteilt: So sind es die Frauen, die mobil werden, um das Ausmaß an Ko-Präsenz in der Partnerschaft zu erhöhen. Die aus dieser „Kinderwunschmobilität" resultierenden beruflichen Nachteile für die Karriere der Frau, werden von ihr und dem Paar in Kauf genommen.

4.2 Die Verstetigung der Arbeitsteilung über die biografische Verkettung von Ereignissen

Es kann zu einer Verkettung von biografischen Ereignissen kommen (Mayer 2001), die in ihrer Summe den biografischen Möglichkeitsraum so verkleinern, dass sich die einmal getroffenen Arrangements verstetigen. Jede getroffene biografische Entscheidung bereitet den Raum vor, der für die nächste Entscheidung zur Verfügung steht. Im Sinne einer *biografischen Schließung* verengen sich zunehmend die zur Verfügung stehenden Optionen, so dass daraus unumkehrbare Entwicklungen resultieren können. Unumkehrbar deshalb, weil die „Kosten", um eine einmal eingeschlagene Entwicklung umzukehren, mit jeder getroffenen Entscheidung ansteigen.
    Allerdings ist dabei immer noch die Deutung des Ereignisses entscheidend und die daraufhin entwickelten Handlungsstrategien der Paare. Auch wenn die Weichen schon in Richtung einer Priorisierung der männlichen Karriere gestellt sind, stehen den Paaren theoretisch immer noch Handlungsmöglichkeiten offen,

um den weiteren Verlauf beeinflussen zu können. Bei diesem Verflechtungsarrangement kann zunächst davon ausgegangen werden, dass die Doppelkarrierepaare nicht bewusst planen, der männlichen Karriere auf Dauer Priorität einzuräumen. Es ist vielmehr so, dass sich dies durch die Summe der vielen getroffenen Alltagsentscheidungen und die Etablierung einer Lebensführung ergibt (Jurczyk/Rerrich 1993). Die Spielarten des männlichen Ernährermodells als Lebensführungspraxis sind in vielen Fällen noch habitualisiert und nach wie vor normativ und institutionell abgestützt, ganz im Gegensatz zu der Lebensführung als Doppelkarrierepaar.

Eine erste Entscheidung zu einem priorisierten Verflechtungsarrangement kann einen Kreislauf in Gang setzen, indem der berufstätige und karriereorientierte Partner weitere Karriereressourcen akkumuliert und sich damit das Ungleichgewicht innerhalb des Paares vergrößert. Bei neuerlichen Entscheidungssituationen des Paares gilt die männliche berufliche Entwicklung dann immer fragloser als gesetzt, was durch die unterschiedlichen Ressourcenausstattungen zu diesem Zeitpunkt dann auch besonders einfach legitimiert werden kann.

Hierzu ein Fallbeispiel: Maike und Bernd Stegen sind studierte Volkswirte. Sie erwerben ihren Abschluss im gleichen Jahr und beiden gelingt ein erfolgreicher Übergang in das Berufsleben: während Bernd Stegen seine berufliche Laufbahn als Assistent der Geschäftsführung in einem mittelständischen Unternehmen beginnt, nimmt Maike Stegen eine Traineeausbildung in einem großen Unternehmen auf. Das Paar lebt zu dieser Zeit in einer Fernbeziehung. Herr Stegen wird zügig zum Abteilungsleiter befördert, während Frau Stegen ihr Traineeprogramm abschließt und dann auf eine Fachposition ins Personalwesen wechselt. Sie reduziert ihre Arbeitszeit dort bald auf eine Vier-Tage Woche und nimmt ein Zusatzstudium auf. Die Familiengründung des Paares und das nachfolgende berufliche Aussetzen Maike Stegens leitet dann eine traditionalisierte Lebensführung ein. Dennoch findet das Paar zu diesem Zeitpunkt noch günstige Kontextbedingungen vor, die eine Verstetigung des Ernährermodells hätten verhindern können. So ist der Arbeitgeber von Maike Stegen ausgewiesen familienfreundlich und bietet ihr auch flexible Arbeitszeitmodelle für eine Rückkehr in ihren Beruf auf alter Position an. Nach der Familiengründung nimmt Maike Stegen ca. 2 Jahre Erziehungsurlaub und kehrt dann zunächst auf ihre alte Fachposition für drei Tage die Woche zurück. Im gleichen Jahr wird das zweite Kind des Paares geboren und Maike Stegen beantragt erneut Erziehungsurlaub. In dieser Zeit erhält jedoch nun ihr Partner ein gutes Jobangebot in einer anderen, mehrere hundert Kilometer entfernten Stadt, welches vom Paar als „Angebot seines Lebens" diskursiv so aufgewertet wird, dass daraus die Entscheidung abgeleitet wird, dass das Paar gemeinsam an den neuen Arbeitsort von Bernd Stegen zieht. Dadurch verliert Maike Stegen den Kontakt zu ihrem alten Arbeitgeber und damit auch zu karriere- und betreuungsrelevanten Netzwerken. Am neuen Wohnort des Paares, in einer strukturschwächeren Region, gelingt Frau Stegen kein Berufseinstieg mehr, der ihrem Qualifikationsniveau angemessen wäre. Zudem sind nun zwei Kinder zu betreuen und das Paar Stegen hat sehr hohe Ansprüche an die Gestaltung der Kinderbetreuung. Diese Ansprüche erfordern aus der Sicht des Paares neben der Nutzung von Frühförderungsmaßnahmen auch die Verfügbarkeit und Ko-Präsenz eines Elternteils – mindestens bis ins Grundschulalter der Kinder. Ohne die häusliche Präsenz eines Elternteils wäre der Besuch der vielfältigen Bildungsmaßnahmen für die Kinder nicht zu gewährleisten. Als es Frau Stegen nicht gelingt, eine ausbildungsadäquate Stelle auf Teilzeitbasis zu finden, begnügt sie sich in der Folge mit geringfügigen Beschäftigungen. Dennoch nimmt sie immer wieder an beruflichen Weiterbildungen teil und versucht beruflich wieder Fuß zu fassen. Nebenbei arbeitet sie auch ehrenamtlich. Schließlich wird das dritte Kind des Paares geboren, was die Organisation der Betreuung nochmal erschwert. Aktuell ist sie auf geringfügiger Basis beschäftigt. Während Maike Stegens Berufskarriere im Laufe der Zeit abbricht, konnte Bernd Stegen seine Karriere weiter ausbauen und später – nach einer Phase der Arbeitslosigkeit – wieder stabilisieren. Die berufliche Schere zwischen den ehemals gleichrangig gestarteten Partnern hat sich über die Zeit entsprechend immer weiter geöffnet.

Die berufliche Entwicklung der Partner, ihr aktuelles Verflechtungsarrangement und ihre Lebensführung entsprechen dabei wiederum dem Muster, das beide Partner aus ihrer Herkunftsfamilie kennen: Maike Stegen kommt aus einer bürgerlichen Familie mit traditionellem Statusgefälle und traditioneller geschlechtlicher Arbeitsteilung der Eltern. Ihre Mutter gibt ihre Berufstätigkeit mit der Heirat auf. Später nach der Geburt der Kinder, arbeitet sie stundenweise als Aushilfe in einem Büro. Ihr Vater hat studiert und war Abteilungsleiter in einem großen Unternehmen.

5 Das paarbiografische Verlaufsmuster des dauerhaften Doppelkarrierearrangements

Im Folgenden betrachten wir die Paare in unserer Stichprobe, in denen die Partner dauerhaft, d. h. vom Berufseinstieg bis zu ihrer heutigen Position, zwei Karrieren realisieren. Im Gegensatz den zu den Paaren, bei denen es im biografischen Verlauf zu einer Priorisierung der Karriere des Mannes kommt, können hier die Frauen nach einer Familiengründung ihre Karriere fortsetzen. Das bedeutet nicht, dass in diesen Paaren beide Karrieren immer gleichwertig wären oder dass es keine geschlechtsspezifische Aufgabenteilung gäbe. Nur haben diese Paare Verflechtungsarrangements gefunden und Handlungsstrategien entwickelt, die längerfristig die berufliche Weiterentwicklung *beider* Partner ermöglichen – teils unterstützt durch äußere Rahmenbedingungen, teils trotz bestehender Hindernisse, was die Relevanz individueller bzw. paarinterner Orientierungen und Handlungsstrategien verdeutlicht. Dabei können wir in unserer Stichprobe zwei unterschiedliche Subtypen von dauerhaften Doppelkarrierearrangements identifizieren: zum einen eine stark berufszentrierte Lebensführung beider Partner, die auf eine Doppelung des „männlichen" Karrieremodells hinausläuft, zum anderen eine eher auf Balance von Beruf und Familie gerichtete Lebensführung, bei der die Partner *abwechselnd* in ihre Karrieren investieren und sich die Familienarbeit teilen, hier als „Dual Career – Dual Care"-Typus bezeichnet. Beide Muster bzw. Typen werden im Folgenden in ihren Grundzügen vorgestellt.[13]

5.1 Die Doppelung des „männlichen" Karrieremodells

Kennzeichnend für die sechs Paare, die diesen Typus repräsentieren, ist eine hochgradig auf den Beruf hin zentrierte und rationalisierte Lebensführung. Der Beruf hat für beide Partner Vorrang vor dem Privatleben, das diesem Primat untergeordnet wird. Beide Partner verfolgen ihre Karrieren relativ unabhängig voneinander, was sich z. B. darin äußert, dass der Partnerschaftskontext für Mobilitätsentscheidungen sekundär ist und stattdessen individuelle berufliche Erwägungen ausschlaggebend sind. Zwar finden bei Mobilitäts- und anderen karriererelevanten Entscheidungen auch paarinterne Abstimmungsprozesse statt. Aber diese betreffen weniger die Entscheidung selbst als vielmehr die Regulierung der Konsequenzen, die sich aus der Entscheidung für das gemeinsame Leben ergeben, z. B. die Klärung der Modalitäten, wer in einer Fernbeziehung wann zu wem pendelt. Ein Spezifikum dieses Typus ist, dass die Partner die berufliche Mobilität des bzw. der anderen vorbehaltlos unterstützen. Mögliche Probleme werden als lösbar und rein organisatorisches Problem verstanden, wie z. B. die folgende Aussage einer (kinderlosen) Journalistin verdeutlicht:

> „Wir hatten beide das Gefühl, wenn ich jetzt in eine andere Stadt gehe, dann gehe ich halt in eine andere Stadt. Aber ob das jetzt quasi Berlin-Köln oder Berlin-Hamburg ist, spielt nicht wirklich eine Rolle. Außer sozusagen von den praktischen Erwägungen, wie häufig sind da die Flugverbindungen und oder ist es dann besonders teuer, da hin zu kommen. Und wir hatten schon mit diesem Angebot aus Indien überlegt, wie das dann wäre, wenn ich das annähme. Und dann hat er [der Partner] so gemeint: ‚Ja, das kriegen wir schon auch noch irgendwie hin.'"

Dieses Arrangement wird ermöglicht durch ein egalitäres Beziehungskonzept, bei dem nicht nur die Karriere des Mannes, sondern auch die der Frau als gesetzt

---

[13] Ein drittes Muster, das wir auf Grund der noch laufenden Auswertung an dieser Stelle nicht vorstellen, ist das der „Copreneurs" (Marshack 1994) bzw. des Familienunternehmerpaars, die mit ihrem Unternehmen eine gemeinsame Karriere verfolgen und bei denen Beruf und Privatleben eng miteinander verquickt sind.

gilt. Ein Karriereverzicht der Frau zu Gunsten der Partnerschaft oder Familie ist deshalb keine ernsthafte Option für diese Paare. Ihre Lösung, zwei Karrieren zu realisieren, besteht darin, dem Berufsleben uneingeschränkten Vorrang gegenüber allen anderen Belangen einzuräumen und den sich daraus ergebenden Imperativen bestmöglich zu entsprechen. Der Verzicht auf räumliche Nähe und gemeinsame Paar- oder Familienzeit wird dafür in Kauf genommen.

Auffällig ist, dass in diesen Paaren beide Partner einen ähnlich hohen beruflichen Status erreicht haben. Des Weiteren fällt auf, dass beide Partner in Berufsfeldern arbeiten, für die z. B. auf Grund der Kundennähe oder der projektförmigen Arbeitsorganisation hohe Mobilitäts- und zeitliche Verfügbarkeitserwartungen kennzeichnend sind, etwa im Produktmanagement, in der Unternehmensberatung oder in der Medienbranche. Entsprechend finden wir hier multilokale Lebensformen wie z. B. Fernpendlerbeziehungen, die aus beruflichen Gründen über längere Zeiträume und zum Teil auch mit Kindern aufrecht erhalten werden. Im Extremfall führen die Paare einen gemeinsamen Haushalt, leben aber dennoch auf Grund der Arbeit an wechselnden Einsatzorten räumlich getrennt. Ein Beispiel ist das Ehepaar Julia Jansen und Jesper Jorgensen (beide Ende 30), die eine Fernbeziehung führen, seit sie sich vor zehn Jahren kennen lernten. Beide haben beruflich oft im Ausland zu tun. Sie ist Bereichsleiterin in einem multinationalen Industriekonzern und arbeitet aktuell in der Schweiz, er ist Bankmanager und betreut zur Zeit ein Projekt in den USA. Die zwei gemeinsamen Kinder leben bei ihr, er pendelt alle paar Wochen für mehrere Tage zur Familie.

Für das Ehepaar Jansen/Jorgensen und die meisten anderen Paare dieses Typus wurde ein möglicher Kinderwunsch erst mit fortgeschrittenem Alter virulent, zunächst stand die berufliche Karriere im Vordergrund. Die Frauen sind, sofern sie Kinder haben, erst mit Mitte, Ende 30 oder Anfang 40 Mutter geworden.[14] Die „späte" Mutterschaft hat für sie den Vorteil, dass sie über genügend Verhandlungsmacht verfügen, um familiengerechte Arbeitsbedingungen wie z. B. flexiblere Arbeitszeiten mit ihren Vorgesetzten auszuhandeln. Ähnliche Bemühungen findet man bei den Männern dieses Typus kaum. Die Männer beteiligen sich zwar an der Betreuung der Kinder, aber nur so weit sich dies mit ihrem Berufsleben und ihren Alltagsroutinen vereinbaren lässt. Das bedeutet, in ihrem Vaterschaftshandeln sind sie den Vätern des zuerst beschriebenen Verlaufsmusters, in dem die männliche Karriere priorisiert wird, durchaus ähnlich. So erzählt z. B. ein Unternehmensberater, dass er auf bestimmte Freizeitaktivitäten verzichte, um seine Frau, die ebenfalls als Unternehmensberaterin tätig ist, bei Sorgearbeiten zu entlasten.

---

[14] Eine Ausnahme ist die in Ostdeutschland aufgewachsene Probandin Ulrike Fuchs (vgl. weiter unten), die ihr erstes Kind bereits mit Ende 20 bekam.

„Auf der anderen Seite ist es aber auch so gewesen, dass ich gesagt habe: Gut, aber auch wenn der Junge erst 5 Tage alt ist, ich muss jetzt für 2 Monate nach London, du musst jetzt aber 6 Wochen, war das, glaub ich, dann mal auf so ‚nen langen Trip, da musst du eben mal gucken, dass du in der Zeit auch alleine klar kommst. [...] Da hab ich immer am Telefon ihr Tipps gegeben, was man so tun könnte, weil ich das ja von meinem Großen [aus erster Ehe] auch noch kannte."

Auch bei diesen hoch mobilen und berufszentrierten Managerpaaren liegt also die Verantwortung für die Organisation des Familienlebens in der Hauptzuständigkeit der Frau (vgl. Behnke/Meuser 2005). Die geringe Unterstützung der Partner ist zwar Anlass für partnerschaftliche Konflikte, wird aber von den Frauen mehrheitlich akzeptiert, da sie berufs- oder organisationsspezifischen Karrierelogiken zugerechnet wird. Das Leben und Arbeiten an wechselnden Orten und die hohe zeitliche Beanspruchung beider Partner – die in der Regel auch noch nach der Familiengründung Vollzeit bzw. im Überstundenbereich arbeiten – werden entsprechend als *strukturelle* Restriktionen für eine partnerschaftliche Aufteilung der Care- und Hausarbeiten betrachtet.

Um Beruf und Familie vereinbaren zu können, werden der größte Teil der Hausarbeit und auch große Teile der Kinderbetreuung „outgesourct". Auf Grund der größeren Flexibilität greifen die befragten Frauen bevorzugt auf marktförmige Dienstleistungen, Privatschulen, Au-Pairs und familiale Netzwerke zurück. Das Ausmaß des Outsourcings ist dabei wesentlich größer als bei den Paaren der hierarchisierten Verlaufsform, da allein die Kinderbetreuung so organisiert werden muss, dass zwei Berufskarrieren verfolgt werden können. Dies erfordert den Aufbau und die Nutzung eines ausgeklügelten, durchorganisierten Betreuungsmixes. So schildert z. B. die Managerin Julia Jansen:

„Als ich gerade wusste, dass ich schwanger war, hab ich dann das Kind in der Krippe angemeldet. Also das war mir sehr, sehr bewusst, dass das alles, sag ich jetzt mal, langfristig geplant werden muss. X [Ihr Arbeitgeber] hatte mir dann nen Krippenplatz angeboten [....] ich hatte aber gleichzeitig eben auf ähm Au-Pair, Babysitter, Tagesmutter und weiß der Teufel was alles gesetzt ..."

Ermöglicht und erleichtert wird diese Lösung durch die hohen finanziellen Ressourcen der Paare und durch ihre Elternschaftskonzepte, die sich, anders als die der hierarchisierten Paare, von traditionellen Geschlechtsrollennormen distanzieren. So gilt bei diesen Paaren die Präsenz der Mutter beim Kind nicht als Bedingung „guter Mutterschaft". Statt auf den Umfang wird auf die „Qualität" der mit Kindern verbrachten Zeit verwiesen. So führt z. B. Brigitte Bader, eine Wirtschaftsdezernentin in einer westdeutschen Großstadt aus:

„Eine gute Mutter zu sein, heißt jedenfalls nicht, 24 Stunden am Tag für meine Tochter da zu sein. Eine gute Mutter zu sein heißt, ausgeglichen zu sein. Ausgeglichen kann ich nur dann sein, wenn ich auch meinen eigenen Interessen entsprechend Rechnung tragen kann. Um mit dieser Ausgeglichenheit und einer entsprechenden Konsequenz die Zeit mit meiner Tochter zu verbringen."

Da die Karriere der Frau nicht zur Disposition steht, werden ihre Vollzeiterwerbstätigkeit und die familienexterne Betreuung der Kinder auch von den Partnern vorbehaltlos akzeptiert. Dies gilt insbesondere auch für die ersten Lebensjahre und -monate des Kindes. Allerdings zeigen die meisten Paare mit Kleinkindern eine Präferenz für familiennahe Betreuungslösungen, etwa durch Großmütter oder Au-Pairs, die mit in den (mobilen) Familienhaushalt integriert werden. Dies führt zum Teil zu erweiterten Familienkonstellationen mit neuartigen Formen der Regulierung von Intimität und Distanz.

Das Vaterschaftskonzept dieser Paare ist insofern modern, als sich die Väter in erster Linie als Erzieher und Begleiter ihrer Kinder verstehen und nicht so sehr als klassische Ernährer. Dies spiegelt sich vor allem in der Art der Tätigkeiten, die sie mit ihren Kindern unternehmen (z. B. Spiele, Ausflüge, Hausaufgabenbetreuung). Allerdings, und das ist ein wesentlicher Unterschied zu den Vätern des „Dual Career – Dual Care"-Typus, beteiligen sie sich, wie erwähnt, nur in geringem Umfang an Routineaufgaben der Kinderbetreuung.

Der komplexe Betreuungsmix ist ganz auf die beruflichen Erfordernisse der Paare abgestimmt. Insofern ist das Elternschaftskonzept nicht ideologisch oder pädagogisch motiviert, sondern Ausdruck eines pragmatisch-funktionalen Arrangements. Die hohen zeitlichen Verfügbarkeitserwartungen, die die Paare im Beruf erfahren und als extern gesetztes Faktum wahrnehmen, werden dabei an die nächsten Glieder in der „care chain" (Hochschild 2000) weitergegeben. Das heißt, auch diese sollen sich nach Möglichkeit an den von außen gesetzten Bedarf anpassen. Dies zeigt sich bspw. bei der Managerin Julia Jansen, die, wie angedeutet, ihren Berufs- und Familienalltag überwiegend in Abwesenheit des Partners bewältigt. In Zusammenhang mit den zeitlichen Anforderungen, die ihre neue Arbeitsstelle in der Schweiz an sie stellt, führt sie aus:

„Es muss jetzt halt einfach so viel Unterstützung im Haushalt da sein, dass ich mich eigentlich um das Thema Putzen und Wäsche gar nicht mehr kümmer. [...] Wenn jetzt nicht in die Schweiz meine Mutter gekommen wäre, hätte ich jetzt wahrscheinlich auch nach jemandem gekuckt, der flexibel einfach immer dann da ist, wenn ich das brauch. Und unsere Kinderfrau, die hab ich natürlich nur so bezahlt, wie sie auch wirklich da ist. Das heißt, die hatte natürlich auch manchmal andere Sachen, ja? Nicht immer dann, wenn ich sie gebraucht hätte, hatte sie halt Zeit. Weil das ist ja auch vollkommen klar. Und das hätte ich jetzt irgendwie umgelegt und hätte gesagt, ich brauch jemand, von dem ich sag: Hör zu, ich nehm dir 20 Stunden in der Woche ab, und ich zahl dich dafür (...) Und die 20 Stunden ruf ich dann ab, wenn ich sie irgendwie brauch. Und dann sind's vielleicht in einer Woche mal nur 10 und in der anderen dafür 30. Also ich glaube, dieses Konzept einer echten Kinderfrau braucht man wahrscheinlich, das ist aber natürlich in Europa brutal teuer."

Das „Ideal der Führungskraft" – immer einsatzbereit und verfügbar, und als Gegenleistung hoch bezahlt – spiegelt sich in diesen Überlegungen im „Ideal der Kinderfrau".

Im beruflichen Bereich laufen die Strategien der befragten Managerinnen häufig auf eine Adaption oder auch Simulation des als „männlich" wahrgenommenen Karrieremodells hinaus. Das heißt, es wird versucht, das Bild einer von familiären Verpflichtungen freigestellten, voll auf den Beruf hin konzentrierten Führungskraft herzustellen bzw. aufrechtzuerhalten. Dieser Prozess spielt sich vornehmlich auf der „Vorderbühne" (Goffman 1983) ab, also im nach außen, von den Kolleg/innen und Vorgesetzten sichtbaren Bereich, während auf der „Hinterbühne", z. B. im Gespräch mit Dritten, durchaus eine Distanzierung von „männlichen" Karrierenormen stattfindet. Kennzeichnend ist, dass beruflicher Erfolg und die dafür nötigen Voraussetzungen häufig in Kategorien der Geschlechterdifferenz gerahmt werden.

Dies betrifft auch die Wahrnehmung von Eigenschaften oder Fähigkeiten, die als karriereförderlich angesehen werden. Ein verbreitetes Stereotyp ist etwa, dass Männer beruflich erfolgreicher sind, weil sie sich erfolgreicher darstellen können. Für Frauen komme es darauf an, solche Mechanismen zu erkennen und für sich selbst zu nutzen. Insofern geht es den befragten Frauen nicht um eine einseitige Anpassung an vorherrschende Karrierenormen, sondern, wie Julia Jansen an einer Fußballmetapher verdeutlicht, darum, die Regeln des „männlichen Spiels" (Bourdieu 2005) zu durchschauen:

„Ich sag das immer so: Das ist hier ein Club von Männern. Die in den wichtigen Funktionen spielen. Das ist wie wenn du sagst, das ist halt der Fußballverein und die spielen Fußball. Und wenn du dann kommst und versuchst, Handball mitzuspielen, da funktioniert das halt einfach nicht. Keiner sagt, du musst genau so Fußball spielen wie die, mit all den Regeln und mit all den Fouls, die sie vielleicht machen. Aber du musst Fußball mitspielen, weil ansonsten lassen die dich nicht mitspielen. Und das sind halt einfach die Regeln. Und wenn du die nicht willst, dann kannst du das halt einfach auch nicht akzeptieren."

Die Adaptionsstrategie zeigt sich bspw. in der Minimierung familienbedingter Erwerbsunterbrechungen zwecks Herstellung eines kontinuierlichen Berufsverlaufs. Die berufliche „Auszeit" nach der Geburt wird häufig auf den gesetzlich vorgeschriebenen Mutterschutz und ggf. einige Wochen Jahresurlaub begrenzt. Eine längere Abwesenheit übersteigt die Vorstellungskraft der meisten weiblichen Führungskräfte, die diesem Karrieremuster zuzuordnen sind. Auch für sie setzt Führung hohen Zeiteinsatz und Präsenz im Betrieb voraus, das heißt, sie unterstützen das vorherrschende Führungsideal (vgl. Koch 2008). *Wenn* Elternzeit in Anspruch genommen wird, dann wird sie mit einer Teilzeittätigkeit verbunden. Allerdings können die faktischen Arbeitszeiten die formal vereinbarten Arbeitszeiten schnell wieder übersteigen. So erinnert sich Ulrike Fuchs, eine Bauleiterin mit ostdeutschem Erfahrungshintergrund, an die Geburt ihrer Tochter Ende der 1990er Jahre:

> „Ich hatte ganz offiziell ein Babyjahr ein Jahr. Es war aber tatsächlich nicht so ganz möglich, weil bestimmt Projekte weiter liefen (…) Ich bin also trotzdem immer noch auf meine Baustellen gefahren und habe an den Baubesprechungen teilgenommen, habe eben die Firmen eingewiesen, habe Nachträge und Rechnungen geprüft, kontrolliert, und habe mich einfach um dieses Baugeschehen dann noch gekümmert. Musste natürlich auch hin fahren und wenn man ein kleines Baby hat, dann muss man das in seinem kleinen Henkelkörbchen da, in der Schale und was man da so hatte, eben mit nehmen. Und das sind dann auch schon mehrere Stunden und das war eben manchmal gar nicht so einfach, das alles unter einen Hut zu kriegen. Ja? Oder man musste mal ins Büro und musste da noch irgendein Angebot fertig machen und wenn ein Kind aber noch ganz so klein ist, geht es eigentlich wieder, weil du es immer mitnehmen kannst."

Die Kinderbetreuung wird in diesem Kontext als ein primär logistisches Problem wahrgenommen. Es geht um eine effiziente Ausnutzung der Zeit, deren Takt nicht durch die Bedürfnisse des Kindes, sondern primär durch die Projekterfordernisse vorgegeben wird. Eine Strategie ist, wie im Fallbeispiel, dass *berufliche Aufgaben und Care-Aufgaben simultan erledigt werden (Multitasking)*, solange die Kinder noch sehr klein sind und keine andere Betreuung zur Verfügung steht.

Die Minimierung von Erwerbsunterbrechungen und die Erhöhung der „Sichtbarkeit" im Betrieb durch Präsenz und (über)lange Arbeitszeiten können als Formen des „undoing gender" (Hirschauer 2001) interpretiert werden, d. h. als eine Praxis, das Geschlecht oder, genauer, die Mutterschaft in beruflichen Interaktionen „vergessen" zu machen (vgl. Heintz et al. 1997). *Es geht vor allem darum, zu signalisieren, dass Mutterschaft keinen Produktivitäts-, Verfügbarkeits- und Loyalitätsverlust gegenüber dem Arbeitgeber bedeutet.* Das anhaltend hohe berufliche Engagement der Frauen während der Familienphase ist insofern nicht nur auf eine ausgeprägte individuelle Karriereorientierung zurückzuführen, sondern auch Reaktion auf statistische Diskriminierung und die faktische „Bestrafung" familienbedingter Erwerbsunterbrechungen durch Gehalts- und Karriereeinbußen (vgl. Beblo et al. 2008; Aisenbrey et al. 2009). Die Strategie, die mit Mutterschaft üblicherweise assoziierten Verhaltensmuster im Berufsalltag „nicht zu tun" (undoing), hängt vermutlich auch mit dem token-Status (Kanter 1977) der hier betrachteten Frauen zusammen. Es handelt sich um Frauen, die als Führungskraft in einem männlich dominierten Umfeld arbeiten (auf Grund ihrer hohen Position oder weil sie in einem technischen Beruf berufstätig sind), und daher einer erhöhten Sichtbarkeit und geschlechterstereotypen Zuschreibungen ausgesetzt sind. Das Problem ist, dass sie als Führungskraft und als Mutter im Betrieb mit widersprüchlichen Erwartungen konfrontiert sind, so dass jede Art von Verhalten als Normverstoß bewertet werden kann: Kümmern sie sich um ihr Kind, setzen sie sich dem Verdacht mangelnder Verfügbarkeit und sinkender Karriereambitionen aus. Arbeiten sie schon kurz nach der Geburt wieder Vollzeit, bekommen sie zu hören, eine „Rabenmutter" zu sein. Diese Sanktionen werden oft ironisch oder spielerisch vermittelt, nichtsdestotrotz bringen sie die Mütter in ein unauflösbares Dilemma. Dies spiegelt sich zum Teil auch in „Gewissensbissen" der befragten Frauen.

Zusammenfassend lässt sich sagen, dass es den hier betrachteten Frauen kraft ihres hohen beruflichen Einsatzes und eines komplexen Vereinbarkeitsmanagements gelingt, ihre Karriere auch über die Familiengründung hinaus fortzusetzen. Durch den Rückgriff auf marktförmige Dienstleistungen und nahe Verwandte (Eltern, Schwiegereltern) schaffen sie sich die nötigen Spielräume für ihr berufliches Engagement. Die Partner leisten weniger alltagspraktische als vielmehr emotionale Unterstützung, indem sie die Frauen darin bestärken, ihre eigene Karriere zu verfolgen oder ihnen zumindest „keine Steine in den Weg" legen, wie es Julia Jansen formuliert. Das ist für die Frauen, die sich in einem beruflichen Umfeld bewegen, in dem die Lebensform des erfolgreichen Managers, der von seiner Ehefrau in allen außerberuflichen Dingen entlastet wird, elementar wichtig.

Was den biografischen Erfahrungshintergrund dieser Doppelkarrierepaare betrifft, fällt auf, dass die Frauen überwiegend aus Familien mit starken Frauenfiguren stammen, in denen auch die Mütter erwerbstätig waren. Zum Teil waren sie es als Kind gewöhnt, in die Krippe und den Kindergarten zu gehen, was ihre eigene selbstverständliche Nutzung familienexterner Kinderbetreuung nachvollziehbar macht. Die Männer bzw. Partner haben keinen einheitlichen Sozialisationshintergrund.

5.2 Dual Career – Dual Care

Die vier Paare dieses Typus haben ebenfalls ein *hohes berufliches Commitment*, gleichzeitig aber eine *hohe Familienorientierung* und streben mindestens für die Familienphase eine Balance der Lebensbereiche an. Dabei wird davon ausgegangen, dass Partnerschaft und Kinder eigene (Zeit-)Bedürfnisse haben und sich die Berufstätigkeit bis zu einem gewissen Grad anpassen muss. Bis zur Familiengründung unterscheiden sich die Paare äußerlich kaum von den anderen Verlaufsmustern. Die charakteristischen Handlungsorientierungen dieses Subtyps werden mit dem Eintritt dieses biografischen Wendepunktes erst besonders sichtbar. Im Unterschied zu allen anderen vorgestellten Verlaufsmustern *teilen sich die Partner die Familienarbeit* – wenn auch nicht immer egalitär. Des Weiteren ist für diesen Typus kennzeichnend, dass die Paare *lebensphasenspezifisch* und *abwechselnd* in Karriere und Kinder „investieren". Dadurch übernehmen in diesen Paaren letztlich *beide* Partner Verantwortung für das Gelingen des Doppelkarrierearrangements.

Bei nahezu allen Paaren dieses Subtyps[15] fällt in Hinblick auf die *Relation der beruflichen Erfahrungsräume* auf, dass mindestens ein Partner im öffentlichen Dienst beschäftigt ist – teilweise verbeamtet. Dies scheint eine wesentliche berufliche Rahmenbedingung für die Realisierungschancen dieses Paararrangements zu sein, da Teilzeitoptionen in Fach- und Führungspositionen noch eher realisier- und durchsetzbar zu sein scheinen als in der Privatwirtschaft. Eine Gemeinsamkeit und zugleich wesentliche Voraussetzung für dieses Doppelkarrierearrangement ist daher, dass mindestens ein Partner die Bereitschaft und Möglichkeit *zu beruflicher Flexibilität* hat, ohne dabei *wesentliche* Karriereeinbußen befürchten zu müssen. Dies scheint die Karrierelogik im öffentlichen Dienst eher zu gewährleisten.

Beide Karrieren werden von den Paaren relativ gleichwertig verfolgt, das heißt, der beruflichen Entwicklung eines jeden Partners wird der *gleiche Stellenwert* beigemessen. Dabei spielt es für die Paare keine Rolle, ob einer der Partner einen Karrierevorsprung hat. Dies wird im Gegensatz zum Verlaufsmuster der Priorisierung *nicht* zum Anlass genommen, die Vorrangigkeit einer der beiden Berufskarrieren einzuleiten oder zu begründen. Alters- oder Statusunterschiede zwischen den Partnern entfalten daher keine negativen karrierewirksamen Folgen. Allerdings können wir bei einigen Paaren *einen gewissen Vorrang der Karriere der Frau* beobachten. Die Karriere des Mannes bleibt dabei nicht auf der Strecke, wie bei dem beschriebenen Muster der männlich priorisierten Karriere, sondern wird lediglich *entschleunigt*. Zwei Beispiele für ein solches Karrieremuster sind die Ehepaare Pfeffer (beide Partner Mitte 30 mit 4 Kindern) und Wülbeck (Mitte 40 mit 2 Kindern). In beiden Fällen ist die Vorrangstellung der Frau ihrer unsicheren wissenschaftlichen Laufbahn geschuldet. Als promovierte (Alexandra Pfeffer) bzw. habilitierte (Renate Wülbeck) Geisteswissenschaftlerinnen sind die Frauen spezifischen Qualifikations- und damit verbundenen Mobilitätsanforderungen ausgesetzt, auf die sie selbst wenig Einfluss haben. Faktisch wissen sie nicht, ob oder wo sie ihre nächste Stelle finden. An dieser Stelle werden die grundsätzlich andersartigen, d. h. *egalitäreren Orientierungen* dieses Paartypus sehr deutlich. Denn nicht trotz, sondern gerade *wegen* dieser Unsicherheit genießen die Karrie-

---

[15] Einzige Ausnahme stellt das Paar Nicole Nussinger und Norbert Noris dar. Frau Nussinger bekleidet eine Führungsposition in der Privatwirtschaft und ihr Partner ist selbständig als Unternehmer. Durch seine Selbständigkeit kann er jedoch ebenfalls berufliche Flexibilität zeigen.

ren der Frauen in der Partnerschaft Vorrang, weil Gleichheit und Reziprozität für die Paare dieses Typs ein handlungsleitender Wert ist, den sie sowohl in ihren beruflichen als auch privaten Entscheidungen umzusetzen suchen. Dies wird in den folgenden Passagen aus dem Interview mit dem Paar Pfeffer deutlich:

> Alexandra Pfeffer: „Also was ich denke, was ganz wichtig ist, dass jeder sozusagen das Recht hatte, auch mal zu sagen: „Das möchte ich jetzt unbedingt machen!", und dass der andere ihn da auch unterstützt hat. Grad, also für uns waren das diese Auslandsaufenthalte, die uns ganz viel bedeutet haben, weil man doch noch irgendwie mal so, ja, ganz viel wächst in solchen Zeiten. [...]. Ohne dass es irgendwie Neid gibt auf der anderen Seite, wenn einer immer nur zurückstecken müsste, wie es in dieser klassischen Beziehung ist, sag ich jetzt mal: der Mann macht sein Ding und die Frau hilft ihm dabei. Das ist bei uns wirklich sehr ausgewogen [...]."

Es geht hier also nicht um eine Umkehrung des Modells der männlich priorisierten Berufslaufbahn. Vielmehr versuchen die Paare hier die Voraussetzungen zu schaffen, dass letztlich *beide Partner dauerhaft* eine Karriere verfolgen können. Der Partner, der dabei (noch) die schlechteren (Ausgangs-)bedingungen hat, wird innerhalb des Paares gezielt gefördert. Entsprechend resümiert Alexandra Pfeffer die berufliche Verflechtungslogik des Paares wie folgt:

> „Also mein Mann nimmt Rücksicht darauf, dass ich gerne an der Hochschule tätig sein möchte. Und unser Spruch war immer:„Als Jurist findet man leichter ein Auskommen als als Archäologin!" Und wenn man Professorin werden will, kann man sich's sowieso nicht aussuchen, wo man tätig wird, da muss man das nehmen, was man bekommt! Und da ist er als Jurist eben flexibler!"

Die beiden Partner der Frauen, Frank Pfeffer und Uwe Wülbeck, tragen dieses Arrangement maßgeblich mit und sind für dieses Ziel bereit, selbst beruflich temporär zurückzustecken oder Nachteile in Kauf zu nehmen. Dies betrifft zum einen *ihre Bereitschaft zum Ortswechsel,* was voraussetzt, dass die Partner beruflich hinreichend flexibel sind, um ihren Partnerinnen zu folgen. Dies ist bei Uwe Wülbeck der Fall, der als IT-Experte an keinen bestimmten Standort gebunden ist und auf Grund seiner Qualifikation und Erfahrung überregional nachgefragt wird. Frank Pfeffer, Jurist und als Beamter in leitender Stellung tätig, kann sich innerhalb der Landesverwaltung versetzen lassen. Zudem sind die Männer bereit, in entscheidenden Qualifikationsphasen ihrer Frauen den *größeren Anteil der Familienarbeit* zu übernehmen. So hat Uwe Wülbeck seine Arbeitszeit während der Promotionsphase seiner Frau reduziert, um sie in der Kinderbetreuung zu entlasten. Frank Pfeffer ging in Elternzeit, um seiner Partnerin die Arbeit an ihrer Habilitation zu ermöglichen.

Alexandra Pfeffer:„Und dass mein Mann mich da unterstützt und gesagt hat: „Ja klar, das ist dein logischer nächster Schritt, und wir kriegen das irgendwie hin! Wir passen das an.‟

In diesen Paararrangements finden wir auch die sog. *„aktiven Väter"*. Die Übernahme von Careaufgaben ist für sie grundsätzlich selbstverständlich und gehört zu ihrem Lebensentwurf. Dafür sind sie willens, ihr berufliches Engagement phasenweise zu reduzieren. Ihre *Vater-* bzw. *Elternschaftskonzepte* unterscheiden sich daher deutlich von den Vätern aller anderen Subtypen.

Beide Partner übernehmen auch Verantwortung für das Vereinbarkeitsmanagement. In diesem Subtyp sind es auch die Männer, die antizipieren, was auf das Paar zukommt und dann pro-aktiv tätig werden. So hat sich bspw. Hans Hofer, Bereichsleiter im öffentlichen Dienst, zwei Jahre Elternzeit „aufgehoben‟, um noch einmal seine Arbeitszeit zu reduzieren, wenn die Kinder in die Schule kommen[16]. Seine Partnerin Heike Henning, Abteilungsleiterin im öffentlichen Dienst, charakterisiert dies Verhalten von ihm treffend als vorausschauendes *„Mitplanen"*. Die Teilung der Sorge- und Berufsarbeit ist für beide Partner in diesen Paaren das gewünschte Lebensmodell. Sie streben eine *Balance von Arbeit und Leben* an, in der, so die Idealvorstellung, eine berufliche Karriere auch in Teilzeit oder mit Teilzeitphasen realisiert werden kann und gleichzeitig Zeit für und mit den Kindern und dem Partner bzw. der Partnerin bleibt.

Alexandra Pfeffer:„Und das ist sozusagen das, was wir versuchen mit unserem Modell zu sagen: Wir ziehen beides durch, Familie und Karriere! Sowohl als auch.‟

Eine Strategie, die die Paare anwenden, um ein dauerhaftes Doppelkarrierearrangement herzustellen, ist es, *win-win-Situationen* zu schaffen, die für beide Seiten beruflichen Nutzen bringen. Das bedeutet, dass das Paar versucht, *auch* für den jeweils beruflich zurücksteckenden Part ebenfalls einen beruflichen Mehrwert zu generieren. Dies wird insbesondere in beruflichen Qualifikationsphasen angewandt. Diese win-win-Strategie kann man sehr gut beim Paar Pfeffer beobachten. Das Paar verfolgt eine Karriere im Reißschlussverfahren, d. h. die *Karriereschritte der Partner erfolgen abwechselnd nacheinander*. Nach der Familiengründung, die vom Paar so getimt wurde, dass Frau Pfeffer zuvor ihre Promotion abschließen konnte, übernahm sie zunächst die Care- und Hausarbeit und ermöglichte ihrem Mann dadurch sowohl einen Auslandsaufenthalt im Rahmen seines Referendariates als auch dessen Abschluss. Sie nutzt diese Zeit wiederum für die Arbeit an Publikationen und für Lehraufträge. Als Herr Pfeffer sein Referendariat abschließt, wechselt die

---

[16] Seit 2006 ist es möglich innerhalb der Elternzeit bis zu 30 Stunden die Woche erwerbstätig zu sein.

Haus- und Sorgearbeit auf ihn über und Alexandra Pfeffer kümmert sich um ihren nächsten Qualifikationsschritt, ihre Habilitation. Herr Pfeffer beginnt in dieser Zeit eine Promotion. Das Paar entscheidet sich in dieser Situation *gegen* einen lukrativen und prestigeträchtigen Berufseinstieg Frank Pfeffers bei einem *„gehobenen Notariat"*, damit seine Frau auf ihrem beruflichen Weg weiterkommt.

> Frank Pfeffer: „Und als dann irgendwie sich rauskristallisiert hat, dass ich dann manche Stellen nur mit Doktor kriegen werde, mich auch einfach manches wirklich interessiert und Alexandra jetzt da erst mal ihre Sache machen wollte, dacht ich, okay, dann machste jetzt erst mal die Doktorarbeit, gehste nicht arbeiten, und versuchste das mit den Kindern irgendwie zu machen!"

> Alexandra Pfeffer: „Und wir haben dann aber überlegt, für das, was ich machen möchte, ist es eben sinnvoller, wenn er auch diesen Weg geht! Also, da hab ich dann wirklich einfach mal die Marschrichtung vorgegeben und er hat da flexibel drauf reagiert. Und wir haben halt versucht, dass es für uns beide zum Nutzen ist."

Dies macht die egalitäre Orientierung des Paares besonders deutlich. Das berufliche Risiko wird sonst, bei gleicher Situation, üblicherweise von den Frauen übernommen, wie wir beim Verlaufsmuster der Priorisierung gesehen haben. Alexandra und Frank Pfeffer teilen dieses Risiko untereinander auf. Dies wird auch noch mal in der aktuellen Situation (2010) des Paares deutlich: beide arbeiten auf Teilzeit (sie 60%, er 70%), um zu gleichen Teilen für ihre berufliche Entwicklung als auch für ihre Familie und Partnerschaft Verantwortung zu übernehmen. Das Paar hat dabei mittlerweile vier Kinder.

Die Handlungsstrategien dieses Subtyps beruhen auf Gegenseitigkeit und der Idee eines „fairen" Ausgleichs von Belastungen. Der Umstand, dass abwechselnd die eine und die andere Karriere verfolgt werden, schafft das nötige Vertrauen, dass kurzzeitige Zugeständnisse an den Partner oder die Familie keine langfristig wirksamen Ungleichheiten generieren. Teilweise treffen die Partner verbindliche Anforderungen mit festen Fristen, wer wie lange beruflich kürzer tritt bzw. Zeit hat, einen bestimmten Karriereschritt zu realisieren. So erzählt Nicole Nussinger, Unternehmensberaterin, über sich und ihren Mann, der selbständig ist:

> „Aber man muss klare Deals haben. Und also mit meinem Mann hab ich jetzt zum Beispiel den Deal, dass er sich um schon um seine Firma kümmert, aber an den, zumindest die Hälfte des Tages die die Spitzen abfängt in der Familie und im Haushalt. Und den Deal haben wir jetzt bis Januar 2011 und dann wird er sich wieder mehr um seine Karriere kümmern."

Solche vertragsähnlichen Elemente vermitteln eine gewisse Sicherheit, dass man irgendwann wieder „an der Reihe" ist. Der partielle Karriereverzicht wird häufig

mittels einer „vollzeitnahen" (Rüling 2007) Teilzeitarbeit erreicht[17]. Die Väter dieser Paararrangements betrachten dies aufgrund ihrer egalitären Geschlechtsrolle-
normen und ihrer darauf basieren Vorstellungen von Männlichkeit bzw. Vaterschaft
als Selbstverständlichkeit und persönlichen Gewinn. In den Paararrangements
dieses Subtyps werden Ernährerrolle und Familienrolle von beiden Partnern
gleichzeitig oder abwechselnd erfüllt:

> Hans Hofer:„Dass ich Teilzeit arbeiten kann und was von den Kindern hab, bedingt
> natürlich, dass meine Frau auch arbeiten muss. Das ist ja nicht so, dass das ihr Luxus-
> problem ist, sondern was ich weniger verdien, muss sie natürlich auch verdienen! Ne,
> das ist ja klar. [...]. Ich will was von den Kindern haben, deshalb muss ich weniger
> arbeiten, und weil ich weniger arbeite, muss die Frau arbeiten, und weil beide arbeiten,
> müssen die Kinder in die Krippe."

Die Aufteilung der Care- und Hausarbeit ist recht egalitär und vor allem weitgehend geschlechtsneutral[18], da sie sich faktisch an Opportunitäten und/oder Interessen orientiert:

> Nicole Nussinger: „Also man braucht einfach faire Abmachungen, die die gerecht sind
> und den Bedürfnissen von beiden entsprechen. Und auch den Fähigkeiten von beiden.
> Ja. Ich bin zum Beispiel nicht sehr gut in der Kinderbetreuung. Und er ist extrem gut
> und hat große Freude daran. Und das muss man halt berücksichtigen, wenn irgendwie
> so absurde Gedankengänge kommen, weil du Frau, ich Mann. Also mmh, wenn so
> ja so steinzeitliche Überlegungen da reinspielen, die nicht mit den Fähigkeiten und
> Begabungen und Talenten, Interessen zu tun haben."

Zur Genese der egalitären Elternschaftskonzepte und des Lebensmodells dieses
Subtypus insgesamt, finden sich zum Teil wiederum Indizien in Bezug auf den
Sozialisationshintergrund der Paare und eine *intergenerationelle Transmission*
auch von egalitären Orientierungen. Gleichwohl sind die Paare dieses Typus
heterogener und die Zusammenhänge daher nicht so deutlich wie bei den anderen
Verlaufsformen.

So ist z. B. Frank Pfeffer ostdeutscher Herkunft und hat vermutlich vor allem darüber, egalitärere Geschlechterrollenorientierungen erworben. Seine Frau,

---

[17] Dies bedeutet bei den hier betrachteten Paaren, dass sie im Bereich zwischen ca. 60 und 80 % ihrer
regulären Arbeitszeit arbeiten.
[18] Gleichwohl finden sich auch bei den Paaren dieses Typus klassische Geschlechterasymmetrien. So
ist Alexandra Pfeffer bspw. ihrem Mann „dankbar", dass er die Carearbeit in einer für sie wichtigen
Karrierephase übernimmt. Dass sie ihm kurz nach der Geburt des ersten Kindes den Rücken frei hält
für einen Auslandsaufenthalt und für sein 2. Staatexamen scheint dagegen selbstverständlich. Frank
Pfeffer ist jedenfalls nicht „dankbar" dafür.

Alexandra Pfeffer, hat bereits in ihrer allein erziehenden Mutter eine Frau erlebt, die sich um eine eigenständige Existenzsicherung bemühte und dies über den Aufbau einer Selbständigkeit auch erfolgreich erreichte. Einen männlichen Familienernährer hat Alexandra Pfeffer in ihrer eigenen Familie nie kennen gelernt. Ähnliches gilt für Renate Wülbeck, die in einer Familie aufwächst, in der ihre Mutter die Familienernährerin ist. Als ihre Eltern sich scheiden lassen, verliert sie den Kontakt zu ihrem Vater genau wie Alexandra Pfeffer. Beide Frauen ziehen in ihren Einzelinterviews vielfache Vergleiche zwischen sich und ihren Müttern, woraus ersichtlich wird, dass diese ihnen als positive Orientierungsfigur dient. Auch Hans Hofer orientiert sich in seiner Vaterschaftspraxis an seinen eigenen familialen Erfahrungen. Er erinnert sich sehr positiv daran, dass sein Vater viel Zeit mit ihm und seiner Schwester verbracht hat:

„Selbstverständlich hat mein Vater natürlich nen Eindruck auf mich hinterlassen. Wo wir, meine Schwester und ich, klein waren, ähm bis zu meinem sechsten Lebensjahr haben wir nicht in A-Stadt gewohnt, sondern in B-Stadt, und da war mein Vater selbstständig, und das Stadium (lacht) der Selbstständigkeit hat es ihm natürlich gestattet, mit seiner Zeit ähm kreativer umzugehen als es jetzt jemand ist, der irgendwo am Band steht und Nieten kloppt oder irgend so was macht. Äh der hat tagsüber mit uns gespielt und nachts gearbeitet! So war das. Also der hat viel Zeit für uns gehabt."

Die Entscheidungsfindung zur Arbeitsteilung in diesem Paararrangement wird daher auch wieder eher *habituell vollzogen* und muss nicht erst ausgehandelt werden:

Uwe Wülbeck: „Ich kann jetzt gar nicht sagen, dass wir da explizit das diskutiert hätten, oder ob das nicht in den Jahren vorher schon einfach so mitgekommen ist. Dass es klar war, dass das kein Job ist von der Renate: „Die Kinder du, ich Arbeit!" oder so, sondern dass, dass das klar ist, dass wir das zusammen machen. Also dass auch, wenn ich dann arbeite, dass ich nicht voll arbeite. Das war eigentlich klar."

Die Bedeutung der Teilzeittätigkeit
Der Teilzeitarbeit in einer Führungs- oder Fachposition kommt in diesem Paararrangement eine entscheidende Bedeutung zu. Sie ist das Mittel, mit dem versucht wird, für beide Lebensbereiche – Beruf und Familie/Partnerschaft – eine Gleichrangigkeit innerhalb der Lebensführung zu gewährleisten. Dies hat verschiedene Konsequenzen. Eine offensichtliche Folge ist, dass die *finanziellen Ressourcen* der Paare zum Teil geringer sind als die der anderen Verlaufsmuster. Dies begrenzt den Spielraum für das Outsourcing von Haushalts- und Careaufgaben, wobei auch diese Paare externe Betreuungsangebote nutzen. Einige jüngere Paare sind bereit, sehr bescheiden zu leben. Zeit für Qualifikationsphasen und Familie sind ihnen

wichtiger als materiell bestimmte Ziele. Sie haben eine eher *„post-materielle"* *Orientierung:*

> Alexandra Pfeffer „Das ist ein Lebensmodell, wo wir sagen, wir können das, also wir wollen beide gerne arbeiten, und wir wollen beide was von unseren Kindern haben. Aber auch vielleicht auch was – äh Zeit für uns haben. Also wir werden das sicherlich erst mal, solang wie die Kinder so klein sind und uns auch noch brauchen, ähm sicherlich so beibehalten. Dass wir Teilzeit arbeiten. [...]. Also das einzige, was jetzt den Ausschlag gibt, in welchem Umfang wir Teilzeit arbeiten, ist der finanzielle Rahmen. Also das, was wir an Geld brauchen, um hier über die Runden zu kommen. Und ähm um unser Leben zu finanzieren. Also das schließt natürlich ein, dass wir momentan auch gar keine Rücklagen bilden können. Also das ist einfach, wir ver-dienen-... Also wir würden beide nicht schlecht verdienen, wenn wir beide Vollzeit arbeiten würden, aber ähm Geld ist eben nicht alles. Und da sagen wir, da nehmen wir das – ist uns nicht so wichtig wie Zeit. Also wir kaufen uns die Zeit sozusagen."

Obwohl eine Fach- oder Führungskarriere auf Teilzeitbasis im öffentlichen Dienst anscheinend leichter zu realisieren ist als in der Privatwirtschaft, mussten einige Männer und Frauen dieses Subtyps, die in diesem Sektor tätig sind, ihre Teilzeit-ansprüche dennoch offensiv einfordern bzw. verteidigen. Hans Hofer löst dies so, dass er seine Bewerbung bei einer Firma gleich mit der Bedingung verknüpft, dass er auf Teilzeitbasis arbeiten möchte. Frank Pfeffer versucht von vornherein einen Arbeitgeber zu finden, bei dem er auf Teilzeitbasis arbeiten kann und findet einen, der ihm das ohne Probleme ermöglicht. Alexandra Pfeffer vergleicht ihre Situation mit der ihres Partners und macht deutlich, dass sie ihre Teilzeitarbeit hingegen *gegen* den Willen ihres Vorgesetzten durchsetzen musste:

> Alexandra Pfeffer: „Mein Mann hat jetzt wirklich eine Stelle, wo das [Teilzeitarbeit] durchaus geht. Und als er das angemeldet hat, dass er Elternzeit nimmt bzw. dass unser Kind geboren ist, da sagte der Chef der Personalabteilung: „Ja, lassen Sie es uns doch einfach wissen, ob und wie Sie Elternzeit nehmen. Und das mit der Teilzeit, die Regelung, das besprechen wir dann." Das ist für die selbstverständlich, das wurde überhaupt nicht diskutiert, wie das bei mir diskutiert wurde. Dass ich meinem Chef sogar die Kopien des Gesetzes hingelegt hab, weil er sagte, jetzt möchte er doch bitte mal sehen, wo das denn stünde, dass ich bestimmen dürfe, wie viel Zeit ich arbeiten möchte. Weil, ich weiß noch, ein Ausspruch meines Chefs ist: „Wie stellen Sie sich das denn vor, ne Assistenz zu 60 Prozent? Wie soll das denn gehen?" Da hab ich gesagt: „Was ist denn? Was ist das Problem? Sagen Sie mir das mal! So."

Dieser Konflikt belastet die Arbeitsbeziehung von Frau Pfeffer bis heute sehr. Das heißt, auch wenn die Teilzeitoption einmal durchgesetzt wurde, kann es darüber dauerhaft bzw. wiederholt zu Konflikten am Arbeitsplatz kommen. Hans Hofers Zitat in der folgenden Passage zeigt, dass die Teilzeit einer Führungskraft auch dazu genutzt werden kann, um sie informell aus einem Entscheidungsprozess auszuschließen:

„Das bricht dann manchmal auf, wenn's Konflikte gibt „Sie sind ja nicht da. Ich hätt Sie ja gefragt, aber Sie sind ja nicht da. Sie sind ja nie da!" Ne? Also gleich mal das Generalisierte. Und äh – oder: „Ich hab ja gar net anders können, weil Sie gar nicht da waren! Ich musste ja entscheiden" „Wenn das so wichtig ist, dann hätten's halt einen Tag früher kommen können! Da wär ich da gewesen!" Ne? Aber das hab ich jetzt einigermaßen gut im Griff. Aber das bedarf einer gewissen Geduld, und das wusste ich oder ahnte ich, dass das nicht von heut auf morgen „so" macht und dann. Da kommt jetzt einer […] der hat ne Arbeitsform, die ist ganz, ganz anders. Ja? Also der ist nicht, der äh erfüllt nicht ein Pseudo-Vorbild, dass er der Erste ist, der kommt, und der Letzte, der geht, sondern der hat andere, andere Lebensinhalte auch. Ne? Und irgendwann haben sie mal den Begriff aufgeschnappt, dass ich sag – sie, also meine Arbeitsumgebung – die work-life-balance, und das ist, wenn's auf mich projiziert wird, also absolut negativ hinterlegt."

An diesem Beispiel wird auch deutlich, dass die Paare dieses Subtyps versuchen, die Karrierespielregeln in ihrem Sinne zu verändern und nicht sie als „gesetzt" zu betrachten, wie die Paare des priorisierten Verlaufsmusters.

Eine noch unklare Frage ist, welche Folgen es hat, insbesondere für Männer, wenn sie als Führungskraft in Teilzeit arbeiten. Sind Karriereeinbußen zu befürchten? Das Paar Hofer berichtet von einer entsprechenden Erfahrung. Herrn Hofer wurde die in Aussicht gestellte Höhergruppierung verweigert, nachdem er Elternzeit nahm und in dieser Zeit auf Teilzeitbasis arbeitete. Nachdem er seine Arbeitszeit wieder aufgestockt hat – jedoch nach wie vor auf Teilzeitniveau – bekam er die Höhergruppierung. Uwe Wülbeck und Frank Pfeffer berichten dagegen von keinen negativen Folgen für ihre Karrieren. Allerdings glaubt Frank Pfeffer, dass, wenn er beruflich noch weiter voran kommen möchte, er nicht umhin kommen wird, seine Arbeitszeit aufzustocken. Zuletzt hatte er seine Arbeitszeit auf 70 % reduziert.

Der Vorteil dieses Verflechtungsmodells besteht darin, dass es beiden Partnern dauerhaft gelingt, eine Berufskarriere zu verfolgen und dennoch Zeit für Familie, Partnerschaft und Hobbies zu finden. Der Preis dieses Modells liegt darin, dass beide Partner unter Umständen einen partiellen Karriereverzicht leisten und somit ihr volles Potential nicht ausschöpfen. Zudem ist auch bei diesem Subtyp die Lebensführung der Paare sehr durchorganisiert und auf ein reibungsloses „Funktionieren" aller Familienmitglieder angewiesen:

Heike Henning: „Das ganze System ist darauf ausgelegt, dass es normal funktioniert. Dass keiner krank ist, dass äh keine Ausnahmetermine kommen, und so weiter. Sobald das auftaucht, muss man organisieren. Und dieses permanent auch organisieren, äh das kann ich schon, aber das strengt wahnsinnig an."

Dies insbesondere auch deshalb, weil es sich um Paare handelt, die mindestens zwei Kinder haben. Das Paar Pfeffer hat vier Kinder, das Paar Nussinger/Noris drei. Die Betreuungskosten sind entsprechend hoch; die finanzielle Situation aufgrund der Teilzeitarbeit meist schlechter als bei den Paaren der anderen Muster, teilweise prekär.

6 Fazit

Im vorliegenden Beitrag wurde gezeigt, welche Hürden Frauen-in-Paaren auf dem Weg in berufliche Führungspositionen typischerweise nehmen müssen, woran Frauenkarrieren scheitern können und wie es in manchen Paarbeziehungen gelingt, dass Frauen diese Hürden überwinden und Paare dauerhafte Doppelkarrierearrangements aufrecht erhalten. Dazu wurden zwei Verlaufsmuster beruflicher Verflechtung herausgearbeitet und in ihren Auswirkungen auf die berufliche Karriere von Frauen beschrieben. In der ersten Verlaufsform kommt es nach einer anfänglich egalitären beruflichen Entwicklung zu einer *Priorisierung der Berufskarriere des männlichen Partners*. In der zweiten Verlaufsform gelingt es den Paaren, im betrachteten Zeitraum *ein Doppelkarrierearrangement aufrecht zu erhalten*. Für jede dieser beiden Verlaufsformen wurden jeweils zwei Subtypen identifiziert, in denen die Verflechtung der Karrieren noch einmal eine spezifische Form annimmt.

Das *Verlaufsmuster der Priorisierung der männlichen Karriere* gewinnt Dynamik mit der Geburt des ersten Kindes. Es entspricht in dieser Hinsicht dem Muster der Re-Traditionalisierung der familialen Arbeitsteilung, das schon oft mit der Geburt des ersten Kindes in westdeutschen Familien in Verbindung gebracht wurde (vgl. z. B. Grunow et al. 2007). Mit der Familiengründung werden für die Lebensführung dieser Paare *traditionelle Elternschaftskonzepte* relevant, die (weitere) Karriereinvestitionen der Frauen begrenzen, da sie der Mutter Präsenz beim Kind nahelegen. Die Väter werden hingegen auf die Übernahme der Ernährerrolle verwiesen. Einer *extensiven* außerfamilialen Kinderbetreuung begegnen diese Paare eher mit Vorbehalten. Selbst wenn sie zunächst noch zwei Karrieren fortsetzen wollen, und auf außerfamiliale Kinderbetreuung zurückgreifen, erleben sie die Anforderungen von Familie und Beruf als so schwer vereinbar, dass sie in Anlehnung an ein traditionelles Geschlechtsrollenverständnis nach Lösungen suchen, mit denen sich die beruflichen Anforderungen an die Mutter, nicht die an den Vater reduzieren lassen. Die Mütter geben mit der Geburt ihres ersten Kindes ihre Erwerbsarbeit nicht dauerhaft auf. Sie streben an, weiterhin auf hoch qualifiziertem Niveau berufstätig zu sein. Einige Frauen halten zudem an ihrer Karriereorientierung fest – auch wenn sich die Realisierung ihrer diesbezüglichen Vorstellungen als zunehmend unrealistisch erweist. Wir sprechen daher von einem „neo-traditionalen" Verlaufsmuster beruflicher Verflechtung, um das Nebeneinander traditionaler und neuer Elemente dieses Typus einzufangen. Bedeutsam ist weiterhin, dass sich die Priorisierung der männlichen Karriere in Ansätzen schon *vor* der Familiengründung findet. Zudem wurde sie in keinem Fall durch langwierige Aushandlungen vorbereitet, sondern *habituell vollzogen*. Der Rekurs auf (haushalts-) ökonomische Überlegungen zur Begründung der gewählten Arbeitsteilung ist daher auch als *Rationalitätsfiktion* (Schimank 2006) der Paare zu betrachten. Die Priorisierung der männlichen Karriere führt oft zu einer mehrfachen Beeinträchtigung der beruflichen Entwicklung der Frauen, so etwa einmal durch die familienbedingte Reduktion ihres beruflichen Einsatzes, ein weiteres Mal durch einen Ortswechsel zugunsten der Karriere des Mannes. Solche ungünstigen *biografischen Verkettungen* können die Berufskarrieren von Frauen-in-Paaren nachhaltig behindern, so dass es letztlich zum Karriereabbruch kommt, ohne dass dies je geplant war. Diese Entwicklung folgt aber nicht einem „Sachzwang", sondern auch hier sind letztlich die Deutungen solcher Ereignisse und die auf diesen Deutungen basierenden Handlungsstrategien relevant.

Bei dem Verlaufsmuster der Priorisierung der männlichen Karriere wurden zwei Subtypen unterschieden. Beim ersten Typus wandelt sich das Doppelkarrierepaar im Zeitverlauf zu einem männlichen Ein-Karrieremodell, wobei der weiblichen Erwerbsarbeit kaum noch Karrierechancen zugerechnet werden können. Beim zweiten Subtypus stagniert die weibliche Karriere zwar, evtl. wird sogar ein Rückschritt in Kauf genommen, die berufliche Situation ist aber nicht als aussichtslos einzuschätzen.

In der *Verlaufsform der dauerhaft erfolgreichen Doppelkarrierepaare* gelingt es Frauen, ihre Karriere auch nach einer Familiengründung weiter zu verfolgen. Ein wesentlicher Unterschied zu den Paaren, bei denen die männliche Karriere Priorität erhält, ist, dass die berufliche Karriere der Frau nicht zur Disposition steht. Für das Selbstverständnis der Paare ist es zentral, dass beide Partner beruflich erfolgreich sind. Hierin manifestiert sich ein relativ egalitäres Geschlechtsrollenverständnis der Paare. Das Verfolgen zweier Karrieren in einer Partnerschaft scheint über zwei verschiedene Strategien zu gelingen: die berufszentrierte „Doppelung des „männlichen" Karrieremodells" und das Modell der gemeinsam geteilten Sorge, hier „Dual Career – Dual Care" genannt.

Die Doppelung des „männlichen" Karrieremodells gelingt Frauen durch eine berufs- und karrierezentrierte Lebensweise, die durch eine Anpassung an die gegebenen institutionellen Karrierelogiken und ihre „Spielregeln" gekennzeichnet ist. Dies zeigt sich bspw. in der Minimierung familienbedingter

Erwerbsunterbrechungen. Das Beziehungskonzept ist und bleibt auch nach der Familiengründung *individualistisch* in dem Sinne, dass das individuelle Fortkommen der Partner Vorrang vor gemeinschaftlichen Zielen erhält. Die „eigensinnige" Logik der jeweiligen Berufskarrieren ist wichtiger als der Gemeinsinn. Das mit der Familiengründung verstärkte Vereinbarkeitsproblem und die Erfüllung der Karriereerfordernisse werden über das extensive Outsourcing von Betreuungs- und Haushaltsdienstleistungen gelöst. Den Frauen bleibt bei diesem Verflechtungsmuster zwar die Letztverantwortung für das Kind, aber sie lassen sich dies am Arbeitsplatz nicht anmerken. Dieses Modell basiert auf der Möglichkeit, *hohe finanzielle Ressourcen* für die notwendigen Dienstleistungen einzusetzen und es wird durch ein modernisiertes *Mutterschaftskonzept* ermöglicht, das außerfamiliale Kinderbetreuung vorbehaltlos in Anspruch nimmt.

Eine zweite, gänzlich andere Strategie von Paaren, auf Dauer zwei Karrieren zu verfolgen, besteht darin, dass die Partner alternierend arbeitsintensive Karriereschritte absolvieren, beide zeitweise Karrierebeschränkungen hinnehmen und die anfallenden Haus-, Care- und Vereinbarkeitsaufgaben annähernd gleichmäßig unter sich aufteilen. In diesem Subtyp finden wir daher auch die sogenannten „aktiven Väter", die bereit sind, zugunsten der Carearbeit und der Karriere ihrer Partnerinnen selbst einen Karriereverzicht oder eine Karrierebeschränkung zu leisten. Die Männer halten ihren Frauen in entscheidenden Qualifikationsphasen „den Rücken frei", indem sie in diesen Phasen beruflich zurückstecken und einen größeren Anteil der Familienarbeit übernehmen. Die Paare versuchen beständig, „win-win-Situationen" zu schaffen. Beide Partner weisen eine ausgeprägte Karriere- *und* Familienorientierung auf und versuchen, dieser Doppelorientierung mit Teilzeitarbeit für beide Partner nachzukommen. Die daraus resultierenden finanziellen Restriktionen schränken zum Teil die Möglichkeiten des Outsourcings ein. Die Teilzeitoption in Führungspositionen muss zum Teil gegenüber dem Arbeitgeber erkämpft werden. Die Paare versuchen hier also auch, Karrierespielregeln zu verändern statt diese als gegeben zu betrachten. Die berufliche Konsequenz dieses Modells besteht darin, dass beide Partner ihre beruflichen Möglichkeiten unter Umständen nicht voll ausschöpfen können.

Die Verschiedenheit der beschriebenen beruflichen Verflechtungsmuster macht deutlich, dass es für Paare, die als Doppelkarrierepaare starten, keineswegs selbstverständlich ist, dieses Arrangement aufrecht zu erhalten. Insbesondere die *biografische Verkettung* von mehreren ungünstigen Ereignissen und Strategien kann dazu führen, dass ein Doppelkarrierepaar im biografischen Verlauf unbeabsichtigt zum männlichen Ein-Karriere-Modell mutiert. Wesentliche Bestimmungsgründe für die je unterschiedliche berufliche Entwicklung der Paare stellen *Gender-, Elternschafts- und Beziehungskonzepte* dar, die zu unterschiedlichen Mustern der Verflechtung von Karrieren führen und darüber entscheiden, ob Frauen dauerhaft eine berufliche Karriere innerhalb einer Partnerschaft verfolgen können oder nicht. Diese handlungsleitenden Konzepte schienen bei vielen Befragten vom *Erfahrungsraum der Herkunftsfamilie* geprägt. Letzteres gilt ganz besonders für die Verlaufsform der Priorisierung der männlichen Berufskarriere, deutet sich aber auch beim dauerhaften Doppelkarrierearrangement an.

Vor dem Hintergrund dieser Orientierungen gewinnen die jeweils gegebenen institutionellen Rahmenbedingungen (z. B. Karrierelogiken, Betreuungsinfrastruktur) für die Karrieren von Frauen Relevanz. Diese fördern die Berufskarrieren von Frauen-in-Paaren und Doppelkarrierearrangements nicht. Sie sind vielmehr ein Hauptgrund dafür, dass die Verbindung von zwei Karrieren mit Partnerschaft/ Familie als konkurrierende Ziele persönlicher Lebensgestaltung wahrgenommen werden. Die „Lösung", die die Paare des priorisierten Typus für diese Situation finden, führt zum Karriereverzicht der Frau. Die Paare, denen ein dauerhaftes Doppelkarrierearrangement mit Kindern gelingt, müssen dafür unter Umständen Karrierenachteile in Kauf nehmen. Auf jeden Fall bedeutet die Realisierung zweier Karrieren und deren Vereinbarung mit Familie einen beständigen Koordinierungs- und Kraftakt. Insofern handelt es sich um eine aktive „Herstellungsleistung" (Schier/Jurczyk 2007) der Paare.

Politik und Wirtschaft könnten einiges tun, damit die Karriere von Frauen in Paarbeziehungen nicht auf der Strecke bleibt. Verbesserte Möglichkeiten, Fach- und Führungspositionen (lebensphasenweise) in Teilzeit auszuüben, würden z. B. nicht nur den Paaren mit einem „Dual Career – Dual Care"-Modell, sondern auch den Frauen in den anderen betrachteten Paartypen zu Gute kommen. Voraussetzung ist allerdings, dass solche Möglichkeiten an *beide Geschlechter* adressiert sind und dass Teilzeit keine Sackgasse für weitere Karriereschritte ist. Arbeitgeber haben zu überdenken, ob die Arbeitsorganisation tatsächlich immer Präsenz, Rund-Um-Verfügbarkeit und Mobilität ihrer Führungskräfte erfordert oder ob sich die anfallenden Aufgaben nicht anders organisieren lassen. Schulungen könnten helfen, Vorgesetzte und Mitarbeiter/innen dafür zu sensibilisieren, dass bei Karriere- und Mobilitätsentscheidungen immer auch die Situation des Partners bzw. der Partnerin mitbedacht werden muss. Gerade männliche Führungskräfte scheinen im Rekurs auf die traditionelle Arbeitsteilung zwischen den Geschlechtern dahin zu tendieren, bei Karriereentscheidungen die Konsequenzen ihres Arbeitsplatzwechsels für ihre Familien wenig zu reflektieren. Für die innere Paardynamik sind mit dem Modell geteilter Sorge und dem weitgehenden Outsourcing von Haus- und Carearbeiten zwei Lösungswege aufgezeigt, die die diesbezüglichen Ungleichheiten für Frauen, die in Paarbeziehungen leben, mildern können.

Literatur

Aisenbrey, Silke/Evertsson, Marie/Grunow, Daniela (2009): Is there a career penalty for mothers' time out? A comparison of Germany, Sweden and the United States. *Social Forces* 88(2): 573–606.

Allmendinger, Jutta/Podsiadlowski, Astrid (2001): Segregation in Organisationen und Arbeitsgruppen. In: Heintz, B. (Hrsg.): *Geschlechtersoziologie*. Sonderheft 41 der Kölner Zeitschrift für Soziologie und Sozialpsychologie. Opladen: Westdeutscher Verlag, S. 276–307.

Autorengruppe Bildungsberichterstattung [Bildungsbericht] (2010): *Bildung in Deutschland 2010. Ein indikatorgestützter Bericht mit einer Analyse zu Perspektiven des Bildungswesens im demografischen Wandel*. Bielefeld: W. Bertelsmann Verlag.

Beblo, Miriam/Bender, Stefan/Wolf, Elke (2008): Establishment-level wage effects of entering motherhood. *Oxford Economic Papers* 61(Suppl. i): i11–i34.

Becht, Bart (2010): Ein Unternehmen ohne Grenzen. *Harvard Business Manager* 6/2010: 34–40.

Beck-Gernsheim, Elisabeth (1980): *Das halbierte Leben. Männerwelt Beruf-Frauenwelt Familie*. Frankfurt am Main: Fischer Verlag.

Beck-Gernsheim, Elisabeth (1983): Vom ‚Dasein für andere' zum Anspruch auf ‚ein Stück eigenes Leben': Individualisierung im weiblichen Lebenszusammenhang. *Soziale Welt* 34(3): 307–340.

Becker, Gary S. (1991): *A treatise on the family*. Cambridge, Mass.: Harvard University Press.

Becker, Penny E./Moen, Phyllis (1999): Scaling back: Dual-earner couples' work-family strategies. *Journal of Marriage and the Family* 61(4): 995–1007.

Behnke, Cornelia/Loos, Peter/Meuser, Michael (1998): Habitualisierte Männlichkeit. Existenzielle Hintergründe kollektiver Orientierungen von Männern. In: Bohnsack, R./Marotzki, W. (Hrsg.): *Biographieforschung und Kulturanalyse. Transdisziplinäre Zugänge qualitativer Forschung*. Opladen: Leske + Budrich, S. 225–242.

Behnke, Cornelia/Meuser, Michael (2005): Vereinbarkeitsmanagement. Zuständigkeiten und Karrierechancen bei Doppelkarrierepaaren. In: Solga, H./Wimbauer, C. (Hrsg.): *„Wenn zwei das Gleiche tun ..." Ideal und Realität sozialer (Un-)Gleichheit in Dual Career Couples*. Opladen: Verlag Barbara Budrich, S. 123–139.

Bertram, Hans (2007): Keine Zeit für Liebe: Die Rushhour des Lebens. *Familiendynamik* 32: 108–116.

Bielby, William T./Bielby, Denise D. (1992): I will follow him: family ties, gender-role beliefs, and reluctance to relocate for a better job. *American Journal of Sociology* 97(5): 1241–1267.

Bihler, Sarah/Langer, Markus F./Müller, Ulrich (2010): *Familie im Profil – Vergleich der Familienorientierung ost- und westdeutscher Hochschulen*. CHE Arbeitspapier Nr. 133.

Gütersloh: CHE gemeinnütziges Zentrum für Hochschulentwicklung. (online: http://
www.che.de/downloads/CHE_AP_133_Familie_im_Profil.pdf)

Bohnsack, Ralf (2007): *Rekonstruktive Sozialforschung.* Opladen: Verlag Barbara Budrich.

Boltanski, Luc/Chiapello, Ève (2003): *Der neue Geist des Kapitalismus.* Konstanz: UVK.

Bourdieu, Pierre (2005): *Die männliche Herrschaft.* Frankfurt am Main: Suhrkamp.

Breiholz, Holger (2005): Ergebnisse des Mikrozensus 2004. *Wirtschaft und Statistik* 4/2005:
327–337.

Brunsson, Nils (1994): *The organization of hypocrisy. Talk, decisions and actions in orga-
nizations.* Chichester: Wiley.

Büchel, Felix (2000): Tied movers, tied stayers: The higher risk of overeducation among
married women in West Germany. In: Gustafsson, S. S./Meulders, D. E. (Hrsg.): *Gender and the labour market. Econometric evidence of obstacles to achieving gender
equality.* London: Macmillan Press, S. 133–146.

Büchel, Felix/Frick, Joachim R./Witte, James, C. (2002): Regionale und berufliche Mobilität von Hochqualifizierten. Ein Vergleich Deutschland – USA. In: Bellmann, L./
Velling, J. (Hrsg.): *Arbeitsmärkte für Hochqualifizierte.* Nürnberg: IAB, S. 207–244.

Campbell, Donald T./Cook, Thomas D. (1979): *Quasi-experimentation. Design and analysis
issues for field settings.* Chicago: Rand McNally College.

CEWS [Center of Excellence Women and Science] (2010): *Frauenanteile an Habilitationen,
Neu-Berufungen, Professuren und C4/W3-Professuren, 1980–2008.* (online: www.
cews.org/informationsangebote/statistiken)

Clarkberg, Marin/Moen Phyllis (2001): Understanding the time-squeeze: Married couples'
preferred and actual work-hour strategies. *American Behavioral Scientist* 44(7):
1115–1136.

Dackweiler, Regina-Maria (Hrsg.) (2007): *Willkommen im Club? Frauen und Männer in
Eliten.* Münster: Verlag Westfälisches Dampfboot.

Deters, Magdalene (1995): Sind Treue und Vertrauen männliche Beziehungsmodelle?
Überlegungen zur Ausgrenzung von Frauen aus professionalisierten Arbeitsbereichen.
Arbeit 4(1): 24–37.

Dettmer, Susanne/Hoff, Ernst-H. (2005): Berufs- und Karrierekonstellationen in Paarbeziehungen: Segmentation, Integration, Entgrenzung. In: Solga, H./Wimbauer, C.
(Hrsg.): *„Wenn zwei das Gleiche tun ...“ Ideal und Realität sozialer (Un-)Gleichheit
in Dual Career Couples.* Opladen: Verlag Barbara Budrich, S. 53–75.

England, Paula (2005): Gender inequality in labor markets: The role of motherhood and
segregation. *Social Politics* 12(2): 264–288.

Engler, Steffani (2001): *„In Einsamkeit und Freiheit“? Zur Konstruktion der wissenschaftlichen Persönlichkeit auf dem Weg zur Professur.* Konstanz: UVK.

European Commission (2009): *She Figures 2009: Statistics and Indicators on Gender
Equality in Science.* Luxembourg: Publications Office of the European Union.

Evertsson, Lars/Nyman, Charlott (2009): If not negotiation, then what? Gender equality
and the organization of everyday life in Swedish couples. *Interpersona* 3(1): 33–59.

Gash, Vanessa/McGinnity, Frances (2007): Fixed-term contracts – The new European inequality? Comparing men and women in West Germany and France. *Socio-Economic
Review* 5(3): 467–496.

Geenen, Elke M. (1994): *Blockierte Karrieren: Frauen in der Hochschule.* Opladen: Leske + Budrich.

Geenen, Elke M. (2000): Akademische Karrieren von Frauen an wissenschaftlichen Hochschulen. In: Krais, B. (Hrsg.): *Wissenschaftskultur und Geschlechterordnung. Über die verborgenen Mechanismen männlicher Dominanz in der akademischen Welt.* Frankfurt am Main: Campus, S. 83–105.

Glaser, Barney G./Strauss, Anselm L. (1967): *The discovery of grounded theory: Strategies for qualitative research.* Chicago: Aldine Publishing.

Goffman, Erving (1983): *Wir alle spielen Theater. Die Selbstdarstellung im Alltag.* München: Piper.

Gramespacher, Elke/Funk, Julika/Rothäusler, Iris (Hrsg.) (2010): *Dual Career Couples an Hochschulen.* Opladen: Verlag Barbara Budrich.

Green, Anne E./Canny, Angela (2003): *Geographical mobility: family impacts.* Bristol: Policy Press.

Grunow, Daniela/Schulz, Florian/Blossfeld, Hans-Peter (2007): Was erklärt die Traditionalisierungsprozesse häuslicher Arbeitsteilung im Eheverlauf: Soziale Normen oder ökonomische Ressourcen? *Zeitschrift für Soziologie* 36(3): 162–181.

GWK [Gemeinsame Wissenschaftskonferenz] (2009): *Chancengleichheit in Wissenschaft und Forschung. Dreizehnte Fortschreibung des Datenmaterials.* Materialien der GWK 7. Bonn: GWK.

Haffner, Yvonne (2007): *Mythen um männliche Karrieren und weibliche Leistung.* Opladen: Verlag Barbara Budrich.

Hahn, Alois (1983): Konsensfiktionen in Kleingruppen. Dargestellt am Beispiel von jungen Ehen. In: Neidhardt, F. W. (Hrsg.): *Gruppensoziologie. Perspektiven und Materialien.* Sonderheft 25 der Kölner Zeitschrift für Soziologie und Sozialpsychologie. Opladen: Westdeutscher Verlag, S. 210–233.

Hartmann, Michael (2004): *Elitesoziologie. Eine Einführung.* Frankfurt am Main: Campus.

Harvard Business Manager (2010): *Interview mit Siegfried Russwurm, Personalvorstand von Siemens,* Juni, S. 42–46.

Hawkes, Glenn R./Nicola, JoAnn/Fish, Margaret (1980): Young marrieds: Wives' employment and family role structure. In: Pepitone-Rockwell, F. (Hrsg.): *Dual-Career Couples.* Beverly Hills: Sage, S. 75–89.

Hertz, Rosanna (1986): *More equal than others: women and men in dual-career marriages.* Berkeley, CA: University of California Press.

Heintz, Bettina/Nadai, Eva/Fischer, Regula/Ummel, Hannes (1997): *Ungleich unter Gleichen. Studien zur geschlechtsspezifischen Segregation des Arbeitsmarktes.* Frankfurt am Main: Campus.

Heintz, Bettina/Merz, Martina/Schuhmacher, Christina (2004): *Wissenschaft, die Grenzen schafft. Geschlechterunterschiede im disziplinären Bereich.* Bielefeld: transcript.

Henninger, Annette/Wimbauer, Christine/Dombrowski, Rosine (2008): Demography as a push toward gender equality? Current reforms of German family policy. *Social Politics* 15(3): 287–314.

Hess, Johanna/Rusconi, Alessandra (2010, im Druck): Langlebige Rollenmuster. Wissenschaftlerinnen mit kleinen Kindern stehen meist hintan. *WZB-Mitteilungen* 129. Berlin: WZB.

Heß-Meining, Ulrike/Tölke, Angelika (2005): Familien- und Lebensformen von Frauen und Männern. In: Cornelißen, W. (Hrsg.): *Gender-Datenreport*. Berlin: BMFSFJ, S. 224–277 und 741–758. (online: http://www.bmfsfj.de/Publikationen/genderreport/root.html)

Hirschauer, Stefan (2001): Das Vergessen des Geschlechts. Zur Praxeologie einer Kategorie sozialer Ordnung. In: Heintz, B. (Hrsg.): *Geschlechtersoziologie*. Sonderheft 41 der Kölner Zeitschrift für Soziologie und Sozialpsychologie. Opladen: Westdeutscher Verlag, S. 208–235.

Hirseland, Andreas/Herma, Holger/Schneider, Werner (2005): Geld und Karriere – Biographische Synchronisation und Ungleichheit bei karriereorientierten Paaren. In: Solga, H./Wimbauer, C. (Hrsg.): *„Wenn zwei das Gleiche tun...“ Ideal und Realität sozialer (Un-) Gleichheit in Dual Career Couples*. Opladen: Verlag Barbara Budrich, S. 163–186.

Hochschild, Arlie R. (2000): Global care chains and emotional surplus value. In: Hutton, W./ Giddens, A. (Hrsg.): *On the edge: Living with global capitalism*. London: Jonathon Cape, S. 130–146.

Hochschild, Arlie R. (2006): *Keine Zeit. Wenn die Firma zum Zuhause wird und zu Hause nur Arbeit wartet*. Wiesbaden: VS Verlag.

Holst, Elke (2009): *Führungskräfte-Monitor 2001–2006*. Forschungsreihe des Bundesministeriums für Familie, Senioren, Frauen und Jugend, Band 7. Baden-Baden: Nomos.

Holst, Elke/Wiemer, Anita (2010): Frauen in Spitzengremien großer Unternehmen weiterhin massiv unterrepräsentiert. *Wochenbericht des DIW Berlin* 4/2010: 2–10.

Holzbecher, Monika/Küllchen, Hildegard/Löther, Andrea (2002): *Fach- und Fakultätsspezifische Ursachen der Unterrepräsentanz von Frauen bei Promotionen*. IFF-Forschungsreihe 14. Bielefeld: IFF.

infas – Institut für angewandte Sozialwissenschaft (2009): *Frauen auf dem Sprung. Das Update. Brigitte-Studie im Krisenjahr*. Tabellenband. Bonn. (online: www.brigitte. de/producing/pdf/frauen-auf-dem-sprung-2009-tabellenband.pdf)

Jurczyk, Karin/Rerrich, Maria S. (1993): Eine Einführung: Alltägliche Lebensführung: Der Ort, wo „alles zusammenkommt". In: Jurczyk, K./Rerrich, M. S. (Hrsg.): *Die Arbeit des Alltags. Beiträge zu einer Soziologie der alltäglichen Lebensführung*. Freiburg: Lambertus, S. 11–45.

Jürges, Hendrik (1998): Beruflich bedingte Umzüge von Doppelverdienern. *Zeitschrift für Soziologie* 27(5): 358–377.

Jürges, Hendrik (2006): Gender ideology, division of housework, and the geographic mobility of families. *Review of Economics of the Household* 4(4): 299–323.

Kalter, Frank (1998): Partnerschaft und Migration. Zur theoretischen Erklärung eines empirischen Effektes. *Kölner Zeitschrift für Soziologie und Sozialpsychologie* 50(2): 283–309.

Kanter, Rosabeth M. (1977): *Men and women of the corporation*. New York: BasicBooks.

Kassner, Karsten/Rüling, Anneli (2005): „Nicht nur am Samstag gehört Papa mir!" Väter in egalitären Arrangements von Arbeit und Leben. In: Tölke, A./Hank, K. (Hrsg.):

Männer – Das „vernachlässigte" Geschlecht in der Familienforschung. Sonderheft 4 der Zeitschrift für Familienforschung. Wiesbaden: VS Verlag, S. 235–264.

Keddi, Barbara/Pfeil, Patricia/Strehmel, Petra/Wittmann, Svendy (1999): *Lebensthemen junger Frauen. Die andere Vielfalt weiblicher Lebensentwürfe.* Opladen: Leske + Budrich.

Klein, Thomas (1996): Der Altersunterschied zwischen Ehepartnern. Ein neues Analysemodell. *Zeitschrift für Soziologie* 25(5): 346–370.

Kleinert, Corinna/Kohaut, Susanne/Brader, Doris/Lewerenz, Julia (2007): *Frauen an der Spitze. Arbeitsbedingungen und Lebenslagen weiblicher Führungskräfte.* IAB-Bibliothek, Band 2. Frankfurt am Main: Campus.

Kluge, Susann/Kelle, Udo (Hrsg.) (2001): *Methodeninnovation in der Lebenslaufforschung. Integration qualitativer und quantitativer Verfahren in der Lebenslauf- und Biographieforschung.* Weinheim: Juventa.

Koch, Angelika (2008): *Allzeitverfügbar? Rechtsansprüche auf Teilzeit in der betrieblichen Praxis bei Hochqualifizierten mit Kindern.* Münster: Westfälisches Dampfboot.

Könekamp, Bärbel (2007): *Chancengleichheit in akademischen Berufen.* Wiesbaden: VS Verlag.

Könekamp, Bärbel/Haffner, Yvonne (2005): Ein Balanceakt? Dual Career Couples in den Berufsfeldern der Natur- und Ingenieurwissenschaften. In: Solga, H./Wimbauer, C. (Hrsg.): *„Wenn zwei das Gleiche tun ..." Ideal und Realität sozialer (Un-)Gleichheit in Dual Career Couples.* Opladen: Verlag Barbara Budrich, S. 77–100.

Kohaut, Susanne/Möller, Iris (2010): Frauen kommen auf den Chefetagen nicht voran. IAB-Kurzbericht 6/2010: 1–6.

Koppetsch, Cornelia/Burkart, Günter (1999): *Die Illusion der Emanzipation. Zur Wirksamkeit latenter Geschlechtsnormen im Milieuvergleich.* Konstanz: UVK.

Kotthoff, Hermann/Wagner, Alexandra (2008): *Die Leistungsträger. Führungskräfte im Wandel der Firmenkultur – eine Follow-up-Studie.* Berlin: Edition Sigma.

Krais, Beate (Hrsg.) (2000): *Wissenschaftskultur und Geschlechterordnung. Über die verborgenen Mechanismen männlicher Dominanz in der akademischen Welt.* Frankfurt am Main: Campus.

Krell, Gertraude (2010): Führungspositionen. In: Projektgruppe GiB (Hrsg.): *Geschlechterungleichheiten im Betrieb. Arbeit, Entlohnung und Gleichstellung in der Privatwirtschaft.* Berlin: Edition Sigma, S. 423–484.

Kreyenfeld, Michaela/Geisler, Esther (2006): Müttererwerbstätigkeit in Ost- und Westdeutschland. *Zeitschrift für Familienforschung* 18(3): 333–360.

Krücken, Georg/Blümel, Albrecht/Kloke, Katharina (2010): Hochschulmanagement – Auf dem Weg zu einer neuen Profession? *WSI-Mitteilungen* 63(5): 234–241.

Krüger, Helga (2001): Geschlecht, Territorien, Institution. Beitrag zu einer Soziologie der Lebenslauf-Relationalität. In: Born, C./Krüger, H. (Hrsg.): *Individualisierung und Verflechtung. Geschlecht und Generation im Lebenslaufregime.* Weinheim: Juventa, S. 257–299.

Legewie, Heiner (1994): Globalauswertung von Dokumenten. In: Boehm, A./Mengel, A./Muhr, T. (Hrsg.): *Texte verstehen. Konzepte, Methoden, Werkzeuge.* Konstanz: UVK Verlagsgesllschaft, S. 177–182.

Levin, Irene (2004): Living apart together: A new family form. *Current Sociology* 52(2): 223–240.

Lind, Inken/Löther, Andrea (2007): Chancen für Frauen in der Wissenschaft – eine Frage der Fachkultur? Retrospektive Verlaufsanalysen und aktuelle Forschungsergebnisse. *Schweizerische Zeitschrift fuer Bildungswissenschaften* 29(2): 249–271.

Lorber, Judith (1994): *Paradoxes of gender*. New Haven, CT: Yale University Press.

Mayer, Karl U. (2001): Lebenslauf. In: Schäfers, B./Zapf, W. (Hrsg.): *Handwörterbuch zur Gesellschaft Deutschlands*. Opladen: Leske + Budrich, S. 446–460.

Menard, Scott (2002*): Applied logistic regression analysis*. 2nd edition – Sage University papers series on quantitative applications in the social sciences, series no. 07-106. Thousand Oaks, CA: Sage.

Mense-Petermann, Ursula (2009): Zwischen „Weltklasse" und „Nomaden wider Willen" – Soziologische Beiträge zur Globalisierung des Managements. *Österreichische Zeitschrift für Soziologie* 34(4): 3–12.

Mense-Petermann, Ursula/Klemm, Matthias (2009): Der „Globalmanager" als neuer Managertypus? Eine Fallstudie zu Transnationalisierungsprozessen im Management. *Zeitschrift für Soziologie* 38(6): 477–493.

Metz-Göckel, Sigrid/Selent, Petra/Schürmann, Ramona (2010): Integration und Selektion. Dem Dropout von Wissenschaftlerinnen auf der Spur. *Beiträge zur Hochschulforschung* 32(1): 8–35.

Mincer, Jacob (1978): Family migration decisions. *Journal of Political Economy* 86(5): 136–156.

Minssen, Heiner (2009): *Bindung und Entgrenzung. Eine Soziologie international tätiger Manager*. Mering: Rainer Hampp Verlag.

Moen, Phyllis (Hrsg.). (2003a): *It's about time: Couples and careers*. Ithaca: ILR Press.

Moen, Phyllis (2003b): Linked lives: Dual careers, gender, and the contingent life course. In: Heinz, W. R./Marshall, V. W. (Hrsg.): *Social dynamics of the life course. Transitions, institutions and interrelations*. New York: Aldine de Gruyter, S. 237–258.

Moen, Phyllis (2010): *From ‚work-family' to the ‚gendered life course' and ‚fit': Five challenges to the field*. WZB Discussion Paper SP I 2010-501. Berlin: WZB. (online: http://www.wzb.eu/bal/aam/pdf/2010-501_moen.pdf)

Moen, Phyllis/Roehling, Patricia (2005): *The career mystique. Cracks in the American dream*. Oxford: Rowman & Littlefield.

Morgan, Kimberly J./Zippel, Kathrin (2003): Paid to care: The origins and effects of care leave policies in Western Europe. *Social Politics* 10(1): 49–85.

Müller, Ursula (2008): De-Institutionalisierung und gendered subtexts. ‚Asymmetrische Geschlechterkultur' an der Hochschule ‚revisited'. In: Zimmermann, K./Kamphans, M./Metz-Göckel, S. (Hrsg.): *Perspektiven der Hochschulforschung*. Wiesbaden: VS Verlag, S. 143–156.

Peuckert, Rüdiger (2008): *Familienformen im sozialen Wandel*. Wiesbaden: VS Verlag.

Pfau-Effinger, Birgit (2001): Wandel wohlfahrtsstaatlicher Geschlechterpolitiken im soziokulturellen Kontext. In: Heintz, B. (Hrsg.): *Geschlechtersoziologie*. Sonderheft 41 der Kölner Zeitschrift für Soziologie und Sozialpsychologie. Opladen: Westdeutscher Verlag, S. 487–511.

Pixley, Joy E. (2008): Life course patterns of career-prioritizing decisions and occupational attainment in dual-earner couples. *Work and Occupations* 35(2): 127–163.

Pixley, Joy E./Moen, Phyllis (2003): Prioritizing careers. In: Moen, Phyllis (Hrsg.): *It's about time: Couples and careers*. Ithaca: ILR Press, S. 183–200.

Pohlmann, Markus (2009): Globale ökonomische Eliten? Eine Globalisierungsthese auf dem Prüfstand der Empirie. *Kölner Zeitschrift für Soziologie und Sozialpsychologie* 61(4): 513–534.

Pohlmann, Markus/Bär, Stefan (2009): Grenzenlose Karrieren? Hochqualifiziertes Personal und Top-Führungskräfte in Ökonomie und Medizin. *Österreichische Zeitschrift für Soziologie* 34(4): 13–40.

Projektgruppe GiB (Hrsg.) (2010): *Geschlechterungleichheiten im Betrieb. Arbeit, Entlohnung und Gleichstellung in der Privatwirtschaft*. Berlin: Edition Sigma.

Rapoport, Rhona/Rapoport, Robert N. (1969): The dual career family. A variant pattern and social change. *Human Relations* 22(1): 3–30.

Rapoport, Rhona/Rapoport, Robert N. (1971): *Dual-career families*. Harmondsworth: Penguin Books.

Reuschke, Darja (2010a): *Multilokales Wohnen. Raum-zeitliche Muster multilokaler Wohnarrangements von Shuttles und Personen in einer Fernbeziehung*. Wiesbaden: VS Verlag.

Reuschke, Darja (2010b): Living apart together over long distance – time-space patterns and consequences of a late-modern living arrangement. *Erdkunde* (im Erscheinen).

Rhodes, Angel R. (2002): Long-distance relationships in dual-career commuter couples: A review of counseling issues. *The Family Journal* 10(4): 398–404.

Ruppenthal, Silvia (2010): Vielfalt und Verbreitung berufsbedingter räumlicher Mobilität im europäischen Vergleich. *Bevölkerungsforschung Aktuell* 31(2): 2–7.

Rusconi, Alessandra/Solga, Heike (2002): *Auswertung der Befragung deutscher Hochschulen zur „Verflechtung von beruflichen Karrieren in Akademikerpartnerschaften"*. Weimar: Verlag und Datenbank für Geisteswissenschaften.

Rusconi, Alessandra/Solga, Heike (2007): Determinants of and obstacles to dual careers in Germany. *Zeitschrift für Familienforschung* 19(3): 311–336.

Rusconi, Alessandra/Solga, Heike (2008): *A systematic reflection upon dual career couples*. WZB Discussion Paper SP I 2008-505. Berlin: WZB. (online: www.wzb.eu/bal/aam/pdf/2008-505_rusconi-solga.pdf)

Rusconi, Alessandra/Solga, Heike (2010): Doppelkarrieren – eine wichtige Bedingung für die Verbesserung der Karrierechancen von Frauen. In: Gramespacher, E./Funk, J./Rothäusler, I. (Hrsg.): *Dual Career Couples an Hochschulen*. Opladen: Verlag Barbara Budrich, S. 37–56.

Rüling, Anneli (2007): *Jenseits der Traditionalisierungsfallen. Wie Eltern sich Familien- und Erwerbsarbeit teilen*. Frankfurt am Main: Campus.

Schier, Michaela/Jurczyk, Karin (2007): Familie als Herstellungsleistung in Zeiten der Entgrenzung. *Aus Politik und Zeitgeschichte B34*: 10–17.

Schimank, Uwe (2006): Rationalitätsfiktionen in der Entscheidungsgesellschaft. In: Tänzler, D./Knoblauch, H./Soeffner, H.-G. (Hrsg.): *Zur Kritik der Wissensgesellschaft*. Konstanz: UVK, S. 57–81.

Schneider, Norbert F./Limmer, Ruth/Ruckdeschel, Kerstin (2002): *Mobil, flexibel, gebunden. Familie und Beruf in der mobilen Gesellschaft.* Frankfurt am Main: Campus.

Schneider, Norbert F./Ruckdeschel, Kerstin (2003): Partnerschaften mit zwei Haushalten: Eine moderne Lebensform zwischen Partnerschaftsideal und beruflichen Erfordernissen. In: Bien, W./Marbach, J. H. (Hrsg.): *Partnerschaft und Familiengründung. Ergebnisse der dritten Welle des Familien-Survey.* Opladen: Leske + Budrich, S. 245–258.

Schulte, Jürgen (2005): Dual Career Couples und ihre Koordinierungsarrangements aus der Sicht der Unternehmen. In: Solga, H./Wimbauer, C. (Hrsg.): *„Wenn zwei das Gleiche tun...“ Ideal und Realität sozialer (Un-)Gleichheit in Dual Career Couples.* Opladen: Verlag Barbara Budrich, S. 241–261.

Schulz, Florian/Blossfeld, Hans-Peter (2006): Wie verändert sich die häusliche Arbeitsteilung im Eheverlauf. Eine Längsschnittstudie der ersten 14 Ehejahre in Westdeutschland. *Kölner Zeitschrift für Soziologie und Sozialpsychologie* 58(2): 23–49.

Sennett, Richard (1999): *Der flexible Mensch. Die Kultur des neuen Kapitalismus.* Berlin: Berlin Verlag.

Solga, Heike/Pfahl, Lisa (2009): Doing Gender im technisch-naturwissenschaftlichen Bereich. In: Milberg, J. (Hrsg.): *Förderung des Nachwuchses in Technik und Naturwissenschaft.* Berlin: Springer Verlag, S. 155–218.

Solga, Heike/Rusconi, Alessandra/Krüger, Helga (2005): Gibt der ältere Partner den Ton an? Die Alterskonstellation in Akademikerpartnerschaften und ihre Bedeutung für Doppelkarrieren. In: Solga, H./Wimbauer, C. (Hrsg.): *„Wenn zwei das Gleiche tun...“ Ideal und Realität sozialer (Un-)Gleichheit in Dual Career Couples.* Opladen: Verlag Barbara Budrich, S. 27–52.

Solga, Heike/Wimbauer, Christine (Hrsg.) (2005): *„Wenn zwei das Gleiche tun...“ Ideal und Realität sozialer (Un-)Gleichheit in Dual Career Couples.* Opladen: Verlag Barbara Budrich.

Sonnert, Gerhard (2005): Geteiltes soziales Kapital oder innerpartnerschaftliche Konkurrenz in Dual Career Couples? In: Solga, H./Wimbauer, C. (Hrsg.): *„Wenn zwei das Gleiche tun ...“ Ideal und Realität sozialer (Un-)Gleichheit in Dual Career Couples.* Opladen: Verlag Barbara Budrich, S. 101–122.

Statistisches Bundesamt (2008): *Bevölkerung und Erwerbstätigkeit. Stand und Entwicklung der Erwerbstätigkeit.* Fachserie 1 Reihe 4.1.1. Wiesbaden: Statistisches Bundesamt.

Statistisches Bundesamt (2009): *Personal an Hochschulen 2008.* Fachserie 11 Reihe 4.4. Wiesbaden: Statistisches Bundesamt.

Statistisches Bundesamt (2010): *Hochschulen auf einen Blick.* Wiesbaden: Statistisches Bundesamt.

Statistisches Bundesamt (verschiedene Jahrgänge): *Bevölkerung und Erwerbstätigkeit. Stand und Entwicklung der Erwerbstätigkeit.* Fachserie 1 Reihe 4.1.1. Wiesbaden: Statistisches Bundesamt.

Stroh, Linda K. (1999): Does relocation still benefit corporations and employees? An overview of the literature. *Human Resource Management Review* 9(3): 279–308.

Stroh, Linda K./Reilly, Anne H. (1999): Gender and careers. Present experiences and emerging trends. In: Powell, G. N. (Hrsg.): *Handbook of gender & work.* Thousand Oaks, CA: Sage, S. 307–324.

The Economist (2009): *Women in the workforce: Female power.* Dec 30 2009.

Vogel, Ulrike/Hinz, Christiana (2003): Karrieren von Wissenschaftlerinnen und Wissenschaftlern an der Hochschule – Ein Bericht über eine qualitative Studie. *Zeitschrift für Frauenforschung & Geschlechterstudien* 21(1): 23–38.

Vogel, Ulrike/Hinz, Christiana (2004): *Wissenschaftskarriere, Geschlecht und Fachkultur. Bewältigungsstrategien in Mathematik und Sozialwissenschaften.* Bielefeld: Kleine Verlag.

Walter, Kathrin/Lukoschat, Helga (2008): *Kinder und Karrieren: Die neuen Paare.* Gütersloh: Bertelsmann Stiftung.

Webber, Gretchen/Williams, Christine (2008): Mothers in „good" and „bad" part-time jobs: Different problems, same results. *Gender & Society* 22(6): 752–777.

Wippermann, Carsten (Sinus Sociovision) (2010): *Frauen in Führungspositionen – Barrieren und Brücken.* Herausgegeben vom Bundesministerium für Familie, Senioren, Frauen und Jugend, Berlin.

Witzel, Andreas (2000): Das problemzentrierte Interview. *Forum Qualitative Sozialforschung* 1(1): Art. 22. (online: http://nbn-resolving.de/urn:nbn:de:0114-fqs0001228)

Witzel, Andreas/Kühn, Thomas (2001): Biographiemanagement und Planungschaos: Arbeitsmarktplatzierung und Familiengründung bei jungen Erwachsenen. In: Born, C./ Krüger, H. (Hrsg.): *Individualisierung und Verflechtung. Geschlecht und Generation im deutschen Lebenslaufregime.* Weinheim: Juventa, S. 55–82.

Zimmer, Annette/Krimmer, Holger/Stallmann, Freia (2007): *Frauen an Hochschulen: Winners among Losers. Zur Feminisierung der deutschen Universität.* Opladen: Verlag Barbara Budrich.

Zimmermann, Karin/Kamphans, Marion/Metz-Göckel, Sigrid (Hrsg.) (2008): *Perspektiven der Hochschulforschung.* Wiesbaden: VS Verlag.

Autorinnenverzeichnis

Nina Bathmann, Diplom-Soziologin, Studium der Soziologie, Psychologie und Wirtschaftswissenschaften an der Universität Bremen. Seit 2008 wissenschaftliche Referentin im Projekt „Karriereverläufe von Frauen" am Deutschen Jugendinstitut e. V. in München. Ihre Arbeits- und Interessenschwerpunkte: Geschlechtersoziologie, soziale Ungleichheitsforschung, Soziologie persönlicher Beziehungen.

Ruth Becker, Prof'in em. Dr. rer. pol., Studium der Volkswirtschaft an den Universitäten Stuttgart, Hamburg, Tübingen und München, 1986 Promotion und 1993 Habilitation an der Universität Kassel, 1993 bis 2009 Leiterin des Fachgebiets Frauenforschung und Wohnungswesen an der TU Dortmund, 1998 bis 2009 Sprecherin des Netzwerks Frauenforschung NRW. Ihre Forschungsschwerpunkte sind raumbezogene Geschlechterforschung, emanzipative Wohnformen und Hochschulforschung.

Waltraud Cornelißen, Dr. rer. pol., Soziologin, Promotion an der Gesamthochschule Universität Duisburg, Habilitation an der Universität Oldenburg, seit 1999 am Deutschen Jugendinstitut e. V. in München, seit 2007 Leiterin des Projekts „Karriereverläufe von Frauen". Ihre Arbeitsschwerpunkte: Geschlechtersoziologie, soziale Ungleichheitsforschung, Lebensentwürfe junger Frauen und Männer, Paar- und Familiensoziologie.

Johanna Hess, Diplom-Soziologin, Studium der Soziologie, Psychologie und Ethnologie an der Freien Universität zu Berlin. Seit Januar 2009 wissenschaftliche Mitarbeiterin der Abteilung „Ausbildung und Arbeitsmarkt" am Wissenschaftszentrum Berlin für Sozialforschung (WZB) im Projekt „Gemeinsam Karriere machen". Ihre Forschungsinteressen sind Geschlechter- und Arbeitsmarktforschung sowie qualitative Methoden der Sozialforschung.

Ellen Hilf, Diplom-Politologin, Studium der Sozialwissenschaften, Geschichte und Politikwissenschaften in Oldenburg, Bremen und an der Freien Universität Berlin. Seit 2002 Stellvertretende Direktorin der Sozialforschungsstelle Dortmund, Zentrale wissenschaftliche Einrichtung der TU Dortmund. Ihre Arbeitsschwerpunkte liegen in der Dienstleistungsforschung und der arbeits- und organisationsbezogenen Geschlechterforschung.

Kerstin Köhler, Diplom-Gerontologin, Studium der Gerontologie an der Universität Vechta. Seit 2008 wissenschaftliche Mitarbeiterin der Sozialforschungsstelle Dortmund (sfs), Mitglied des Forschungsbereichs „Dienstleistungen im gesellschaftlichen Wandel". Im Rahmen ihres Arbeitsschwerpunkts Pflege- und Versorgungsforschung beschäftigt sie sich mit Fragen zu Organisations- und Personalentwicklung, Netzwerken und sozialer Innovation im Gesundheitswesen.

Shih-cheng Lien, Diplom-Ingenieurin, Studium der Raumplanung an der Technischen Universität Dortmund, 2001–2009 wissenschaftliche Mitarbeiterin am Fachgebiet Frauenforschung und Wohnungswesen in der Raumplanung an der Technischen Universität Dortmund. Ihre Arbeitsschwerpunkte sind Planerische Fragen des Wohnungswesens, Migrationsforschung, raumbezogene Geschlechterforschung.

Bärbel Meschkutat, Diplom-Pädagogin, Supervisorin, Studium der Erziehungswissenschaften an der Universität Dortmund. Seit 1986 wissenschaftliche Mitarbeiterin der Sozialforschungsstelle Dortmund, Zentrale wissenschaftliche Einrichtung der Technischen Universität Dortmund; Mitglied des Forschungsbereichs „Dienstleistungen im gesellschaftlichen Wandel". Ihre Arbeitsschwerpunkte liegen in der Personal- und Organisationsentwicklung, Chancengleichheit, Unternehmenskultur.

Dagmar Müller, Diplom-Sozialwissenschaftlerin, Studium der Sozialwissenschaften an der Universität Hannover. Seit 2007 wissenschaftliche Referentin im Projekt „Karriereverläufe von Frauen" am Deutschen Jugendinstitut e. V. in München. Ihre Arbeitsschwerpunkte: Soziale Ungleichheitsforschung, Milieuforschung, Geschlechtersoziologie, Frauen- und Menschenrechte, Vereinbarkeit von Familie und Beruf.

Darja Reuschke, Dr. rer. pol., Studium der Geographie an der Freien Universität Berlin, Humboldt-Universität zu Berlin und University of California Irvine (USA), 2009 Promotion an der Fakultät Raumplanung der TU Dortmund. Seit 2004 wissenschaftliche Mitarbeiterin im Fachgebiet Frauenforschung und Wohnungswesen der Fakultät Raumplanung (TU Dortmund), seit März 2010 ebenfalls wissenschaftliche Mitarbeiterin im Fach Kultur- und Regionalgeographie der Universität Trier. Ihre Forschungsschwerpunkte sind arbeitsbezogene räumliche Mobilität und Wohnen im Sozialen Wandel.

Alessandra Rusconi, Dr. phil., Studium der Politikwissenschaft an der Universität Florenz (Italien) und 2003 Promotion in Soziologie an der Freie Universität zu Berlin. Seit 2007 Ko-Leiterin des Projekts „Gemeinsam Karriere machen" am Wissenschaftszentrum Berlin für Sozialforschung (WZB). Ihr Forschungsinteresse gilt Fragen sozialer Ungleichheit in modernen Gesellschaften im Bereich von Familie, Arbeit und Lebensverlauf.

Heike Solga, Prof. Dr. phil., Studium der Soziologie an der Humboldt-Universität zu Berlin und Stanford University (USA), 1994 Promotion und 2003 Habilitation an der Freien Universität zu Berlin. Seit 2007 Direktorin der Abteilung „Ausbildung und Arbeitsmarkt" am Wissenschaftszentrum Berlin für Sozialforschung (WZB). Ihre Arbeitsschwerpunkte liegen in der Sozialstrukturanalyse, Lebensverlaufsforschung, Bildungssoziologie und Arbeitsmarktforschung.

Cornelia Tippel, Diplom-Ingenieurin, Studium der Raumplanung an der Technischen Universität Dortmund. Seit 2009 wissenschaftliche Mitarbeiterin am Fachgebiet Frauenforschung und Wohnungswesen in der Raumplanung an der Technischen Universität Dortmund im Projekt „Raum-zeitliche Mobilitätsanforderungen als Hemmnis beruflicher Karrieren von Frauen – Strategien zu ihrer Überwindung". Ihre Forschungsinteressen sind Frauen- und Geschlechterforschung, Bildung und Stadtentwicklung, Soziale Stadtentwicklung.

If you have any concerns about our products,
you can contact us on
ProductSafety@springernature.com

In case Publisher is established outside the EU,
the EU authorized representative is:
Springer Nature Customer Service Center GmbH
Europaplatz 3, 69115 Heidelberg, Germany

Printed by Libri Plureos GmbH
in Hamburg, Germany